もくじ
contents

英語

数学

理科

社会

国語

※国語は111ページから始まります。

1日目 be動詞・一般動詞の文

整理しよう

1 be動詞の文・There is[are] ～.の文

日本文に合うように，______に適当な語を書きなさい。

(1) 私のおじさんは有名な医者です。

My uncle ______ a famous doctor.

(2) トムとアヤはよい友だちでした。

Tom and Aya ______ good friends.

(3) スミス先生はアメリカ出身ではありません。

Mr. Smith ______ from the U.S.

(4) あなたは先週，忙《いそが》しかったですか。―― はい，忙しかったです。

______ you busy last week? ―― Yes, I ______.

(5) テーブルの上にいくつかのリンゴがあります。

There ______ some apples on the table.

(6) ベッドの上に猫《ねこ》はいましたか。―― いいえ，いませんでした。

______ there a cat on the bed? ―― No, there wasn't.

2 一般動詞の文

日本文に合うように，______に適当な語を書きなさい。

(1) ケンはこの歌が大好きです。

Ken ______ this song very much.

(2) 私は昨日，その美術館に行きました。

I ______ to the museum yesterday.

(3) 加藤先生は授業中，日本語を話しません。

Mr. Kato ______ speak Japanese in class.

(4) ジムはあなたに電話をしましたか。―― いいえ，していません。

______ Jim call you? ―― No, he ______.

1

be動詞の文

重要 be動詞は，主語に合わせて使い分ける。

主語	現在形	過去形
I	am	was
3人称単数	is	was
you・複数	are	were

※3人称単数：I, you以外のすべての単数。

be動詞の否定文・疑問文

否定文☞be動詞の直後にnot。

It is not [isn't] true.

（それは本当ではありません。）

疑問文☞be動詞を主語の前に。

Is it true?

（それは本当ですか。）

There is [are] ～.の文

be動詞は，直後の名詞の数に合わせて使い分ける。

否定文☞be動詞の直後にnot。

疑問文☞be動詞をthereの前に。

2

一般動詞の文

重要 主語や時制（現在の文か過去の文か）により，動詞が変化する。

現在☞主語が3人称単数の場合，動詞に(e)sをつける。

過去☞規則動詞は動詞に(e)dをつける。

注意 **不規則変化動詞の例**

go→went come→came
tell→told have→had

一般動詞の否定文・疑問文

否定文☞動詞の前にdo not [don't], does not [doesn't]を置き，動詞は原形に。

疑問文☞Do, Doesを主語の前に置き，動詞は原形に。

注意 過去形の文にはdo, doesのかわりにdidを使う。

定着させよう

得点：　　/50点

1　次の英文の______に適当なものを**ア～エ**から選びなさい。　[4点×5]

(1) My sister ______ a junior high school student.　〈大阪・改〉

ア am　**イ** are　**ウ** is　**エ** were

(2) There ______ a tall tree in the park then.

ア is　**イ** are　**ウ** was　**エ** were

(3) It ______ a lot in June in Japan.

ア rain　**イ** rains　**ウ** raining　**エ** rainy

(4) I ______ this computer at that shop yesterday. I really wanted it.　〈沖縄・改〉

ア buy　**イ** buys　**ウ** bought　**エ** buying

(5) We ______ practice soccer on Sundays.

ア isn't　**イ** aren't　**ウ** doesn't　**エ** don't

2　次の対話が成り立つように，______に適当なものを**ア～エ**から選びなさい。　[6点×2]

(1) A：I called Mike last Saturday, but ______.

B：He's in Okinawa now.

ア he called me　**イ** he wasn't at home

ウ he wasn't busy then　**エ** he didn't know me

(2) A：Do you use this computer?　〈栃木〉

B：______.

ア No, I'm not　**イ** No, I wasn't　**ウ** Sure, it does　**エ** Yes, I do

3　日本文に合うように，(　　)内の語を適当に並べかえなさい。ただし，文頭に来る語も小文字で示している。　[6点×3]

(1) あなたは今日の午後はひまですか。

(this / are / free / you) afternoon?

______________________________ afternoon?

(2) トモは昨夜，10時に寝《ね》ました。

(went / bed / Tomo / at / to) ten last night.

______________________________ ten last night.

(3) その部屋には絵が１枚もありません。

(not / there / any / are / pictures) in the room.

______________________________ in the room.

学習日：　月　日　解答：別冊p.2

2日目 命令文・進行形・未来の表現

整理しよう

1 命令文

日本文に合うように，＿＿＿に適当な語を書きなさい。

(1) 授業中は英語を話しなさい。

＿＿＿＿＿ English in class.

(2) ここでサッカーをしてはいけません。

＿＿＿＿＿ play soccer here.

(3) 静かにしてください。

＿＿＿＿＿ quiet, ＿＿＿＿＿.

2 現在進行形・過去進行形

日本文に合うように，＿＿＿に適当な語を書きなさい。

(1) ジェームズは今，本を読んでいます。

James ＿＿＿＿＿ ＿＿＿＿＿ a book now.

(2) 私たちはそのとき，皿を洗っていました。

We ＿＿＿＿＿ ＿＿＿＿＿ the dishes then.

(3) サキは今，料理をしていますか。―― いいえ，していません。

＿＿＿＿＿ Saki cooking now? ―― No, she ＿＿＿＿＿.

3 未来の表現

次の英文を(　　)内の指示に従って書きかえなさい。

(1) She cleans her room. (①be going to, ②willを使った文に)

① ＿＿＿＿＿＿＿＿＿＿＿＿＿＿＿＿＿＿＿＿

② ＿＿＿＿＿＿＿＿＿＿＿＿＿＿＿＿＿＿＿＿

(2) It will rain tomorrow. (①否定文，②疑問文に)

① ＿＿＿＿＿＿＿＿＿＿＿＿＿＿＿＿＿＿＿＿

② ＿＿＿＿＿＿＿＿＿＿＿＿＿＿＿＿＿＿＿＿

1

命令文

Open the window.
(窓を開けなさい。)
Don't open the window.
(窓を開けてはいけません。)
Open the window, please.
(窓を開けてください。)
Let's open the window.
(窓を開けましょう。)

重要 be動詞を用いた命令文

Be careful. (注意しなさい。)
↑Beで始める

2

現在進行形

I am helping him.
(私は彼を手伝っています。)

過去進行形

I was helping him.
(私は彼を手伝っていました。)

進行形の否定文・疑問文

否定文☞be動詞の直後にnot。
I am not helping him.
疑問文☞be動詞を主語の前に。
Are you helping him?

3

be going to ～の文

I am going to visit him.
(私は彼を訪ねるつもりです。)
否定文☞be動詞の直後にnot。
I am not going to visit him.
疑問文☞be動詞を主語の前に。
Are you going to visit him?

will ～の文

She will come to Kyoto.
(彼女は京都に来ます。)
否定文☞willの直後にnot。
She will not come to Kyoto.
疑問文☞willを主語の前に。
Will she come to Kyoto?

定着させよう

得点：　　/50点

1 次の英文の______に適当なものを**ア**～**エ**から選びなさい。 [4点×5]

(1) John, ______ up now.

ア get　**イ** gets　**ウ** getting　**エ** got

(2) ______ take a walk in the park.

ア Be　**イ** Does　**ウ** Let's　**エ** Will

(3) My brother is ______ math now. 〈大阪・改〉

ア study　**イ** studies　**ウ** studied　**エ** studying

(4) They ______ watching TV at that time. 〈沖縄・改〉

ア is　**イ** are　**ウ** was　**エ** were

(5) ______ you going to call her tonight?

ア Are　**イ** Do　**ウ** Was　**エ** Will

2 次の対話が成り立つように，______に適当な語を書きなさい。 [4点×3]

(1) A：______ Ray come to school tomorrow?

B：No, he ______.

(2) A：The river is beautiful.

B：Yes, but ______ swim in the river. It's very dangerous.

(3) A：What are you ______?

B：I'm looking for my bag.

3 日本文に合うように，(　　)内の語を適当に並べかえなさい。ただし，文頭に来る語も小文字で示している。 [6点×3]

(1) エミは明日，そのホテルに泊《と》まります。

Emi (hotel / stay / the / will / at) tomorrow.

Emi ______________________________ tomorrow.

(2) 私は彼の言うことを聞いていませんでした。

I (not / listening / him / was / to).

I ______________________________.

(3) ほかの人たちに親切にしなさい。 〈愛媛・改〉

(kind / people / other / be / to).

______________________________.

3日目 助動詞

整理しよう

1 助動詞を用いた文

日本文に合うように，＿＿＿に適当な語を書きなさい。

(1) 彼は上手にテニスをすることができます。

He ＿＿＿＿＿ play tennis well.

(2) あなたは夕食前に宿題をしなければなりません。

You ＿＿＿＿＿ do your homework before dinner.

(3) ケイトは今日，忙《いそが》しいかもしれません。

Kate ＿＿＿＿＿ be busy today.

2 助動詞の否定文・疑問文

次の英文を(　　)内の指示に従って書きかえなさい。

(1) Jack can sing the song.　(①否定文，②疑問文に)

① ＿＿＿＿＿＿＿＿＿＿＿＿＿＿＿＿＿＿＿＿

② ＿＿＿＿＿＿＿＿＿＿＿＿＿＿＿＿＿＿＿＿

(2) I should buy the computer.　(①否定文，②疑問文に)

① ＿＿＿＿＿＿＿＿＿＿＿＿＿＿＿＿＿＿＿＿

② ＿＿＿＿＿＿＿＿＿＿＿＿＿＿＿＿＿＿＿＿

3 be able to・have toを用いた文

日本文に合うように，＿＿＿に適当な語を書きなさい。

(1) 私は早く家を出ることができます。

I ＿＿＿＿＿ ＿＿＿＿＿ ＿＿＿＿＿ leave home early.

(2) あなたは急がなくてもかまいません。

You ＿＿＿＿＿ ＿＿＿＿＿ ＿＿＿＿＿ hurry.

(3) 私たちはその試合に勝たなければなりませんでした。

We ＿＿＿＿＿ ＿＿＿＿＿ win the game.

1

助動詞を用いた文

Tom can swim.
(トムは泳ぐことができます。)

注意 動詞は常に，原形にする。

重要 助動詞の意味

can	～することができる/～してもよい
may	～してもよい/～かもしれない
must	～しなければならない/～に違《ちが》いない
should	～すべきだ
could	＝canの過去形

2

助動詞の否定文・疑問文

否定文☞助動詞の直後にnot。

Tom cannot [can't] swim.

疑問文☞助動詞を主語の前に。

Can Tom swim?

否定の短縮形

cannot→can't
could not→couldn't
must not→mustn't
should not→shouldn't

3

重要 can・mustの書きかえ

can＝be able to
must＝have [has] to

注意 must notとdon't have toの意味の違い

You must not run.
(走ってはいけません。)
You don't have to run.
(走らなくてもかまいません。)

注意 mustの過去の表現はhad to

He had to go home.
(彼は家に帰らなければなりませんでした。)

定着させよう

得点：　　/50点

1 次の英文の______に適当なものを**ア**～**エ**から選びなさい。 [4点×5]

(1) Aki can ______ delicious curry.

ア cook　**イ** cooks　**ウ** cooked　**エ** cooking

(2) She ______ to write a letter to Misaki by next week.

ア must　**イ** have　**ウ** has　**エ** should

(3) ______ I open the window? —— Sure. It's hot here. 〈北海道・改〉

ア Can　**イ** Do　**ウ** Have　**エ** Will

(4) This bag is too heavy! —— ______ I carry it for you?

ア Am　**イ** Do　**ウ** Shall　**エ** Will

(5) ______ help me? —— Of course. What can I do for you?

ア Could I　**イ** Could you　**ウ** May I　**エ** May you

2 次の各組の英文がほぼ同じ内容を表すように，______に適当な語を書きなさい。 [4点×3]

(1) Don't play the guitar at night.

You ______ ______ play the guitar at night.

(2) You can see a lot of old temples in this city.

You are ______ ______ see a lot of old temples in this city.

(3) Let's have a cup of coffee.

______ ______ have a cup of coffee?

3 日本文に合うように，(　　)内の語を適当に並べかえなさい。ただし，文頭に来る語も小文字で示している。 [6点×3]

(1) あなたはそこにバスで行くべきです。

You (by / should / there / go / bus).

You ______________________________.

(2) マイクに代わってもらえますか。 〈秋田・改〉

(to / may / speak / I / Mike), please?

______________________________, please?

(3) 何回言わなくちゃいけないの。 〈沖縄・改〉

How many times (I / have / you / do / tell / to)?

How many times ______________________________?

学習日：　月　日　解答：別冊p.3

4日目 疑問詞・接続詞

整理しよう

1 疑問詞を用いた文

日本文に合うように，______に適当な語を書きなさい。

(1) あなたは手に何を持っているのですか。

______ do you have in your hands?

(2) ジョニーはいつその女の子を見かけたのですか。

______ did Johnny see the girl?

(3) どちらのペンがあなたのものですか。

______ ______ is yours?

(4) あなたはどれくらい長くピアノの練習をしますか。

______ ______ do you practice the piano?

2 接続詞を用いた文

日本文に合うように，______に適当な語を，□内から選んで書きなさい。同じ語を２回以上使ってもかまいません。

(1) このシャツ，またはあのシャツを手に入れることができます。

You can get this shirt ______ that one.

(2) 私は英語が好きですが，上手に話せません。

I like English, ______ I can't speak it well.

(3) 私たちは彼が有名な歌手だと知っています。

We know ______ he is a famous singer.

(4) 彼は子どものとき，ニンジンを食べませんでした。

______ he was a boy, he didn't eat carrots.

(5) エマは親切なので，私たちは彼女が好きです。

We like Emma ______ she is kind.

(6) 私はきっと彼はここに来るだろうと思います。

I'm sure ______ he will come here.

because	but	that	or	when

1

疑問詞の意味

what	何，何の，どんな
which	どちら，どれ，どの
who	だれ
whose	だれの，だれのもの
when	いつ
where	どこに[で]
why	なぜ
how	どう，どうやって

重要 連語の疑問詞

what time	何時
how many	いくつの[数]
how much	いくらの[量]
how old	何歳《なんさい》
how long	どれくらい長く[期間・距離]

2

等位接続詞

語句・文どうしをつなぐ。
and「そして」，but「しかし」，or「または」，so「だから」，など。

従属接続詞

主･従の関係で文と文をつなぐ。
that「～ということ」，if「もし～なら」，when「～するとき」，because「～なので」，など。

注意 if（もし～なら），when（～するとき）のあとは，未来のことでも現在形で表す。

〈動詞＋人＋that節〉

He told me (that) he was fine.
（彼は私に元気だと言いました。）

〈be動詞＋形容詞＋that節〉

I was glad (that) I met her.
（私は彼女に会ってうれしかったです。）

定着させよう

得点：　　/50点

1 次の英文の______に適当なものを**ア**～**エ**から選びなさい。 [4点×5]

(1) ______ cooked this pizza? —— I did. 〈岩手・改〉

ア Who　**イ** When　**ウ** Which　**エ** Where

(2) How ______ is this T-shirt? —— It's thirty dollars.

ア long　**イ** many　**ウ** much　**エ** tall

(3) He often tells me ______ he likes to play baseball.

ア and　**イ** because　**ウ** or　**エ** that

(4) I was busy, ______ I couldn't go to the concert.

ア because　**イ** but　**ウ** or　**エ** so

(5) Let's play soccer ______ it is sunny tomorrow. 〈宮崎・改〉

ア and　**イ** because　**ウ** if　**エ** or

2 次の対話が成り立つように，______に適当なものを**ア**～**エ**から選びなさい。 [6点×2]

(1) A：Wow, beautiful pictures! ______ 〈北海道・改〉

B：I took them in New Zealand.

ア When did you take this one?　**イ** Where did you take them?

ウ Which is the best picture?　**エ** How do you like them?

(2) A：Is this your grandfather? ______ 〈北海道・改〉

B：He's sixty-five years old.

ア What is his name?　**イ** Shall I help you?

ウ How old is he?　**エ** Where does he live?

3 日本文に合うように，(　　)内の語を適当に並べかえなさい。ただし，文頭に来る語も小文字で示している。 [6点×3]

(1) 私が帰宅したとき，両親は外出していました。

(home / when / came / I), my parents were out.

______, my parents were out.

(2) 学校が終わったらそこに行きます。 〈宮崎・改〉

I will (after / there / school / is / go) over.

I will ______ over.

(3) 私は彼らが楽しい時間を過ごせてうれしかったです。 〈香川・改〉

I (they / a / glad / had / was) good time.

I ______ good time.

学習日：　月　日　解答：別冊p.4

5日目 文の構造

整理しよう

1 〈主語＋動詞＋補語〉の文

日本文に合うように，______に適当な語を□内から選び，適当な形にかえて書きなさい。同じ語を２回以上使ってはいけません。

(1) ミアは看護師になりました。　Mia ______ a nurse.

(2) 暑くなってきています。　It is ______ hot.

(3) 彼は疲《つか》れているように見えます。　He ______ tired.

(4) それはよさそうですね。　That ______ good.

sound	get	become	look

2 〈主語＋動詞＋目的語＋目的語〉の文

日本文に合うように，______に適当な語を書きなさい。

(1) 佐藤先生は私たちに英語を教えてくれます。

Mr. Sato ______ ______ English.

＝ Mr. Sato ______ English ______ us.

(2) 私は彼女にコーヒーカップを買ってあげました。

I ______ ______ a coffee cup.

＝ I ______ a coffee cup ______ her.

3 〈主語＋動詞＋目的語＋補語〉の文

日本文に合うように，______に適当な語を書きなさい。

(1) 私をエイミーと呼んでください。

Please ______ ______ Amy.

(2) あなたはお母さんを何と呼びますか。

______ do you ______ your mother?

(3) そのニュースは彼らを幸せにしました。

The news ______ ______ ______.

1

重要 補語をとる動詞

be動詞（＋名詞・形容詞）
　～である
become（＋名詞・形容詞）
　～になる
get（＋形容詞）
　～になる
look（＋形容詞）
　～に見える
sound（＋形容詞）
　～に聞こえる

2

〈主語＋動詞＋人＋もの〉

He gave me a car.
「（人）に」「（もの）を」
（彼は私に車をくれました。）
＝He gave a car to me.
「（もの）を」「（人）に」

注意 「もの」を「人」の前に置く場合，to / for が必要。

toをとる動詞
give, show, teach, tell など。

forをとる動詞
buy, make など。

3

〈call＋人・もの＋名前〉

We call this flower *sakura*.
「（人・もの）を」「（名前）と」
（私たちはこの花をサクラと呼びます。）

〈make＋人・もの＋形容詞〉

The song makes me sad.
「（人・もの）を」「～に」
（その歌は私を悲しい気持ちにさせます。）

定着させよう

得点：　　/50点

1 次の英文の______に適当なものを**ア**～**エ**から選びなさい。 [4点×5]

(1) Nanami ______ surprised when she heard the news.

ア looked　**イ** made　**ウ** saw　**エ** watched

(2) Kevin ______ an engineer after college.

ア came　**イ** became　**ウ** got　**エ** went

(3) The man ______ me the way to the station.

ア said　**イ** spoke　**ウ** talked　**エ** told

(4) I'll buy some clothes ______ you this weekend.

ア at　**イ** for　**ウ** in　**エ** to

(5) The book ______ the writer very famous.

ア became　**イ** got　**ウ** made　**エ** turned

2 日本文に合うように，(　　)内の語を適当に並べかえなさい。ただし，文頭に来る語も小文字で示している。 [6点×3]

(1) 彼はすぐによくなるでしょう。

(get / he / well / will) soon.

______________________________ soon.

(2) メアリーは私の誕生日に腕《うで》時計をくれました。 〈富山・改〉

Mary (watch / to / gave / me / a) for my birthday.

Mary ______________________________ for my birthday.

(3) 私の両親は，私をヒロと呼びます。 〈秋田・改〉

(parents / call / my / me / Hiro) .

______________________________.

3 次の日本文を(　　)内の語数の英文に直しなさい。ただし，「. , ? !」は語数にふくめない。 [6点×2]

(1) それはおもしろそうに聞こえますね。 (3語)

____

(2) 友だちが私にケーキを作ってくれました。 (6語) 〈栃木・改〉

____

6日目 不定詞・動名詞

整理しよう

1 不定詞の３つの用法・動名詞

日本文に合うように，______に適当な語を書きなさい。

(1) ホワイトさんはバイオリンを弾《ひ》くことが好きです。

Ms. White likes ______ ______ the violin.

(2) 私はおばを訪ねるためにロンドンに行きました。

I went to London ______ ______ my aunt.

(3) 何か食べるものをください。

Give me something ______ ______.

(4) 本を読むことは私の趣味《しゅみ》の１つです。

______ books is one of my hobbies.

(5) 私たちはその映画を英語で見ることを楽しみました。

We ______ ______ the movie in English.

2 不定詞を使ったいろいろな文

日本文に合うように，______に適当な語を書きなさい。

(1) 釣《つ》りに行くことは楽しいです。

______ is fun ______ go fishing.

(2) このコンピューターを使うことは私にとって簡単です。

______ is easy ______ me to use this computer.

(3) 私は彼に日本に来てほしいです。

I want ______ ______ come to Japan.

(4) 姉は私にその薬を飲むように言いました。

My sister ______ me ______ take the medicine.

(5) あなたは運転の仕方を知ってますか。

Do you know ______ ______ drive?

(6) 母は私が皿を洗うのを手伝いました。

My mother ______ me ______ the dishes.

1

不定詞〈to＋動詞の原形〉

名詞的用法

He likes to swim.

（彼は泳ぐことが好きです。）

副詞的用法

I work to live.

（私は生きるために働きます。）

形容詞的用法

Kyoto has many places to see.

（京都には見るべき場所がたくさんあります。）

動名詞(-ing)「～すること」

I like walking.

（私は歩くことが好きです。）

重要 不定詞？ 動名詞？

目的語に不定詞をとる動詞

want，hope，decide など。

目的語に動名詞をとる動詞

enjoy，finish，stop など。

2

〈It is ～ for ― to ... .〉

It is fun for me to dance.

（私にとって踊《おど》ることは楽しいです。）

重要 〈動詞＋人＋to ～〉

want＋人＋to ～

「(人)に～してほしい」

tell＋人＋to ～

「(人)に～するように言う」

ask＋人＋to ～

「(人)に～するように頼《たの》む」

〈疑問詞＋to ～〉

how to cook　(料理の仕方)

what to do(何をしたらよいか)

when to go(いつ行けばよいか)

〈原形不定詞〉

toのつかない不定詞

〈let＋人＋原形不定詞〉

「(人)に～させる，させておく」

〈help＋人＋原形不定詞〉

「(人)が～するのを手伝う」

〈make＋人＋原形不定詞〉

「(人)に～させる」

定着させよう

得点：　　/50点

1 次の英文の＿＿に適当なものを**ア**～**エ**から選びなさい。 [4点×5]

(1) Yui went to Hokkaido ＿＿＿＿＿＿ with her friends.

ア ski　**イ** to ski　**ウ** skied　**エ** skiing

(2) Takuma hopes ＿＿＿＿＿＿ music in Germany.

ア study　**イ** studying　**ウ** studied　**エ** to study

(3) I'll finish ＿＿＿＿＿＿ the Internet soon. 〈岩手・改〉

ア use　**イ** using　**ウ** used　**エ** to use

(4) My father is good at ＿＿＿＿＿＿ baseball.

ア play　**イ** playing　**ウ** played　**エ** to play

(5) Could you let me ＿＿＿＿＿＿ your notebook?

ア see　**イ** seeing　**ウ** saw　**エ** to see

2 次の各組の英文がほぼ同じ内容を表すように，＿＿に適当な語を書きなさい。 [4点×3]

(1) It began to rain around noon.

It began ＿＿＿＿＿＿ around noon.

(2) Eating breakfast is important for us.

＿＿＿＿＿＿ is important ＿＿＿＿＿＿ us ＿＿＿＿＿＿ eat breakfast.

(3) Jamie said to me, "Please buy the book."

Jamie ＿＿＿＿＿＿ me ＿＿＿＿＿＿ buy the book.

3 日本文に合うように，(　　)内の語(句)を適当に並べかえなさい。 [6点×3]

(1) 私は将来，あなたのようになりたいです。 〈千葉・改〉

I (be / you / want / like / to) in the future.

I ＿＿＿＿＿＿＿＿＿＿＿＿＿＿＿＿＿＿＿＿＿＿＿＿ in the future.

(2) どこで電車を乗り換《か》えればよいか教えていただけませんか。 〈千葉・改〉

Would you (me / change / where / tell / to) trains?

Would you ＿＿＿＿＿＿＿＿＿＿＿＿＿＿＿＿＿＿＿＿＿＿＿＿ trains?

(3) 今日は，しなければならない仕事がたくさんあります。

There is (do / of / to / a lot / work) today.

There is ＿＿＿＿＿＿＿＿＿＿＿＿＿＿＿＿＿＿＿＿＿＿＿＿ today.

学習日：　月　日　解答：別冊p.5

7日目 比較の表現・受け身の表現

整理しよう

1 比較の表現

日本文に合うように，______に適当な語を書きなさい。

(1) この橋はあの橋よりも長いです。

This bridge is ______ ______ that one.

(2) 私にとって数学は英語よりおもしろいです。

Math is ______ ______ than English for me.

(3) アカリは家族の中で最も早く起きます。

Akari gets up the ______ ______ her family.

(4) この映画はすべての中で最もワクワクします。

The movie is the ______ exciting ______ all.

(5) ヒロトはマイと同い年です。

Hiroto is ______ ______ ______ Mai.

(6) 私はあなたほど上手に踊《おど》れません。

I ______ dance ______ well ______ you.

2 受け身の表現

次の英文を(　)内の指示に従って書きかえるとき，______に適当な語を書きなさい。

(1) Young people love the actor. (受け身の文に)

The actor ______ ______ ______ young people.

(2) Ben took these pictures. (受け身の文に)

These pictures ______ ______ ______ Ben.

(3) We are invited to the party. (否定文に)

We ______ ______ ______ to the party.

(4) English is spoken in Canada. (疑問文に)

______ ______ ______ in Canada?

1

比較級の文

I'm older than Anna.
(私はアナよりも年上です。)

This photo is more beautiful than that one.
(この写真はあの写真よりも美しいです。)

最上級の文

I'm the youngest of the four.
(私は4人の中で最も若いです。)

This plate is the most beautiful in the shop.
(この皿は店で最も美しいです。)

〈as＋原級＋as〉

I'm as tall as my father.
(私は父と同じくらいの背の高さです。)

I'm not as tall as my father.
(私は父ほど背が高くないです。)

注意 否定文は「…ほど～ない」の意味になる。

2

受け身〈be動詞＋過去分詞〉

This room is used by him.
(この部屋は彼によって使われます。)

重要 規則変化する動詞の過去分詞は，過去形と同じ形になる。

play-played-played

注意 **不規則変化動詞の例**

take - took - taken
go - went - gone
have - had - had
read - read [réd]《レッド》 - read [réd]《レッド》

受け身の否定文・疑問文

否定文☞be動詞の直後にnot。

This room is not used by him.

疑問文☞be動詞を主語の前に。

Is this room used by him?

定着させよう

得点：　　/50点

1 次の英文の＿＿＿に適当なものを**ア～エ**から選びなさい。 [4点×5]

(1) China is as ＿＿＿＿＿ as the U.S.

ア large　**イ** larger　**ウ** wider　**エ** widest

(2) What is the ＿＿＿＿＿ month in Japan? 〈島根・改〉

ア hot　**イ** hotter　**ウ** hottest　**エ** most hot

(3) I like history ＿＿＿＿＿ than science.

ア good　**イ** well　**ウ** better　**エ** best

(4) I think this is the most beautiful place ＿＿＿＿＿ the five.

ア at　**イ** for　**ウ** in　**エ** of

(5) His books ＿＿＿＿＿ more than thirty years ago.

ア are writing　**イ** were writing　**ウ** are written　**エ** were written

2 次の各組の英文がほぼ同じ内容を表すように，＿＿＿に適当な語を書きなさい。 [4点×3]

(1) This question is easier than that one.
That question is ＿＿＿＿＿ ＿＿＿＿＿ ＿＿＿＿＿ this one.

(2) This train doesn't run as fast as the Shinkansen.
The Shinkansen runs ＿＿＿＿＿ ＿＿＿＿＿ this train.

(3) Many tourists visit Kyoto and Nara every year.
Kyoto and Nara ＿＿＿＿＿ ＿＿＿＿＿ ＿＿＿＿＿ many tourists every year.

3 日本文に合うように，(　　)内の語(句)を適当に並べかえなさい。ただし，文頭に来る語(句)も小文字で示している。 [6点×3]

(1) 富士山は日本のすべての山の中で最も高いです。
Mt. Fuji is (all / of / the mountains / the / highest) in Japan.
Mt. Fuji is ＿＿＿＿＿＿＿＿＿＿＿＿＿＿＿＿＿＿＿＿ in Japan.

(2) このカメラは日本製です。 〈北海道・改〉
This camera (Japan / made / in / is).
This camera ＿＿＿＿＿＿＿＿＿＿＿＿＿＿＿＿＿＿＿＿.

(3) そのお寺はいつ建てられたのですか。 〈岩手・改〉
(built / the / was / when / temple) ?
＿＿＿＿＿＿＿＿＿＿＿＿＿＿＿＿＿＿＿＿＿＿＿＿?

8日目 現在完了形

整理しよう

1 現在完了形の完了用法

日本文に合うように，______に適当な語を書きなさい。

(1) 私はもう宿題をやってしまいました。

I ______ ______ done the homework.

(2) 授業はちょうど終わったところです。

The class ______ ______ ended.

(3) あなたはもうチケットを買いましたか。

——いいえ，買っていません。

______ you ______ the ticket ______?

—— No, I ______.

2 現在完了形の経験用法

日本文に合うように，______に適当な語を書きなさい。

(1) 私は１回その本を読んだことがあります。

I ______ ______ the book ______.

(2) ミナトは１度もタイ料理を食べたことがありません。

Minato ______ ______ ______ Thai food.

(3) あなたは今までに忍者《にんじゃ》を見たことがありますか。

______ you ______ ______ a *ninja*?

3 現在完了形の継続用法・現在完了進行形

日本文に合うように，______に適当な語を書きなさい。

(1) 私は３年間大阪に住んでいます。

I ______ ______ in Osaka ______ three years.

(2) アレックスは今朝から具合が悪いです。

Alex ______ ______ sick ______ this morning.

(3) 私は昨年から中国語を勉強しています。

I ______ ______ ______ Chinese since last year.

1

完了用法

I have eaten dinner.
(私は夕食を食べてしまいました。)

否定文・疑問文

否定文☞ have [has] の直後に not。

I have not [haven't] eaten dinner yet.

疑問文☞ have [has] を主語の前に。

Have you eaten dinner yet?

完了用法でよく使う語句

already	もう，すでに
just	ちょうど
yet	(否定文で)まだ (疑問文で)もう

2

経験用法

He has visited Canada.
(彼はカナダを訪《おとず》れたことがあります。)

経験用法でよく使う語句

once, twice	１回，２回
before	以前に
never	１度も～ない
ever	今までに(主に疑問文で)

3

継続《けいぞく》用法

I have been busy this week.
(私は今週ずっと忙《いそが》しいです。)

継続用法でよく使う語句

for ～	～の間
since ～	～以来[から]

現在完了進行形

I have been listening to music for two hours.
(私は２時間ずっと音楽を聞いています。)

定着させよう

得点：　　/50点

1 次の英文の______に適当なものを**ア**～**エ**から選びなさい。 [4点×5]

(1) We've ______ in Paris since last week.

ア be　　**イ** are　　**ウ** were　　**エ** been

(2) The bus has just ______. 〈沖縄・改〉

ア go　　**イ** went　　**ウ** gone　　**エ** going

(3) My father hasn't driven his car ______ about two months.

ア between　　**イ** during　　**ウ** for　　**エ** since

(4) ______ have you played tennis? —— Only twice.

ア What day　　**イ** What time　　**ウ** How much　　**エ** How many times

(5) I have been ______ at this company since 2015.

ア work　　**イ** worked　　**ウ** working　　**エ** to work

2 次の英文を(　　)内の指示に従って書きかえなさい。 [4点×3]

(1) Erika saw the woman. (three timesを文末につけて現在完了形の文に)

____

(2) I didn't wash my face. (yetを文末につけて現在完了形の否定文に)

____

(3) Haruto has had a headache <u>for a few days</u>. (下線部を問う疑問文に)

____

3 日本文に合うように，(　　)内の語を適当に並べかえなさい。ただし，文頭に来る語も小文字で示している。 [6点×3]

(1) 雨はすでにやみました。

(stopped / has / it / raining / already) .

______________________________.

(2) 私は，その動物園に行ったことがありません。 〈北海道〉

I (been / have / to / never) the zoo.

I ______________________________ the zoo.

(3) あなたはもう部屋の掃《そう》除《じ》をしましたか。 〈秋田・改〉

(cleaned / have / your / you / room) yet?

______________________________ yet?

学習日：　月　日　　解答：別冊p.7

9日目 後置修飾・関係代名詞・間接疑問

整理しよう

1 現在分詞・過去分詞の後置修飾

日本文に合うように，______に適当な語を書きなさい。

(1) 向こうで走っている女の子はハナです。

The ______ ______ over there is Hana.

(2) これは多くの学生に使われているペンです。

This is a ______ ______ by many students.

(3) 私は300年前に建てられたホテルに泊《と》まりました。

I stayed at a ______ ______ 300 years ago.

2 関係代名詞

次の英文に合うように，(　　)に適当な日本語を書きなさい。

(1) Is that the bus which goes to Sapporo?

あれは(　　　　　　　　　　　　　　)ですか。

(2) I have a friend who lives in New York.

私には(　　　　　　　　　　　　　　)がいます。

(3) The bag which she bought was expensive.

(　　　　　　　　　　　　　　)は高価でした。

3 間接疑問

次の2文を1文にするとき，______に適当な語を書きなさい。

(1) I don't know.　Who is he?

I don't know who ______ ______.

(2) Tell me.　Where does Sophia live?

Tell me where ______ ______.

(3) Do you know that?　What are they looking for?

Do you know what ______ ______ looking for?

1

〈名詞＋現在分詞(-ing)〉
「～している…」

the man singing a song
名詞　現在分詞
(歌を歌っている男の人)

〈名詞＋過去分詞〉
「～される[された]…」

the window broken by Elsa
名詞　過去分詞
(エルサによって割られた窓)

2

関係代名詞

先行詞	主格	目的格
人	who	that
人以外	which	which
すべて	that	that

主格の関係代名詞

the girl who [that] has long hair ↖先行詞が「人」
(長い髪を持っている女の子)

目的格の関係代名詞

the animal (which [that]) I like ↖先行詞が「人以外」
(私が好きな動物)

注意 目的格の関係代名詞は省略されることがある。

3

間接疑問

What is this?
肯定文の語順に
I know what this is.
疑問詞　主語　動詞
(私はこれが何か知っています。)

What does she want?
want に s をつける
I know what she wants.
疑問詞　主語　動詞
(私は彼女が何が欲しいか知っています。)

定着させよう

得点：　　/50点

1 次の英文の＿＿に適当なものを**ア～エ**から選びなさい。 [4点×5]

(1) Look at that dog ＿＿＿＿ on the sofa.

ア sleep　　**イ** slept　　**ウ** sleeping　　**エ** to sleep

(2) I received a letter ＿＿＿＿ in French. 〈千葉・改〉

ア write　　**イ** wrote　　**ウ** written　　**エ** writing

(3) The movie ＿＿＿＿ I watched yesterday was interesting.

ア what　　**イ** which　　**ウ** who　　**エ** where

(4) We found many students ＿＿＿＿ interested in volunteer work.

ア who is　　**イ** that is　　**ウ** which was　　**エ** who were

(5) Lucy wants to know how ＿＿＿＿.

ア old she is　　**イ** old is she　　**ウ** she is old　　**エ** is she old

2 次の各組の英文がほぼ同じ内容を表すように，＿＿に適当な語を書きなさい。 [4点×3]

(1) I like the curry. It was cooked by my mother.
I like the curry ＿＿＿＿ ＿＿＿＿ my mother.

(2) Mr. Smith works for a company. It makes robots.
Mr. Smith works for a company ＿＿＿＿ ＿＿＿＿ robots.

(3) Please tell me. When will he come back?
Please tell me when ＿＿＿＿ ＿＿＿＿ come back.

3 日本文に合うように，(　　)内の語(句)を適当に並べかえなさい。 [6点×3]

(1) あなたの左に立っている少年は私の弟です。 〈千葉・改〉
The boy (left / on / is / your / standing) my brother.
The boy ＿＿＿＿＿＿＿＿＿＿＿＿＿＿＿＿ my brother.

(2) 彼は女の子の間で人気があるサッカー選手です。 〈高知・改〉
He is (who / popular / a soccer player / is / among) girls.
He is ＿＿＿＿＿＿＿＿＿＿＿＿＿＿＿＿ girls.

(3) カナがどの季節が最も好きか知っていますか。 〈栃木・改〉
Do you (which / likes / Kana / season / know) the best?
Do you ＿＿＿＿＿＿＿＿＿＿＿＿＿＿＿＿ the best?

学習日：　月　日　解答：別冊p.8

10日目 仮定法・感嘆文・会話表現

整理しよう

1 仮定法

日本文に合うように，______に適当な語を書きなさい。

(1) もし私が東京に住んでいれば，すぐに彼に会えるのに。

If I ____________ in Tokyo, I could see him soon.

(2) もし今日が晴れなら，ハイキングに行くのに。

If it ____________ sunny today, I ____________ go hiking.

(3) もっとうまく英語を話すことができたらなあ。

I wish I ____________ speak English better.

(4) この機械の使い方を知っていたらなあ。

I wish I ____________ how to use this machine.

2 感嘆文

次の英文の______に，HowかWhatのいずれか適切な語を書きなさい。

(1) ____________ a tall tree this is!

(2) ____________ well Yukiko draws pictures!

(3) ____________ good students they are!

3 電話・道案内・買い物の表現

日本文に合うように，______に適当な語を書きなさい。

(1) （電話で）デイブをお願いできますか。

____________ ____________ speak to Dave, please?

(2) 美術館への道を教えていただけますか。

Could ____________ tell me the ____________ to the museum?

(3) いらっしゃいませ。―― はい，私はシャツをさがしています。

May I ____________ you? ―― Yes, I'm ____________ for a shirt.

(4) そのジャケットが気に入りました。それをいただきます。

I like the jacket. I'll ____________ it.

1

仮定法

〈If＋主語＋(助)動詞の過去形 ～，主語＋助動詞の過去形＋動詞の原形 … .〉

If I had more money, I could buy a new car.

（もしもっとお金があれば，新しい車が買えるのに。）

〈I wish＋主語＋(助)動詞の過去形 ～.〉

I wish he were here.

（彼がここにいたらいいのに。）

重要 仮定法の文では，ふつうbe動詞は主語に関係なくwereを使う。

2

感嘆文《かんたんぶん》

What a big dog it is!

（なんて大きなイヌだろう。）

How fast he swims!

（彼はなんて速く泳ぐのだろう。）

3

電話の表現

This is Tim (speaking).

（こちらはティムです。）

May I speak to Sam, please?

（サムをお願いできますか。）

Can I leave a message?

（伝言をお願いできますか。）

道案内の表現

Could you tell me the way to the station?

（駅への道を教えていただけますか。）

Turn left at the corner.

（その角を左に曲がってください。）

買い物の表現

May I help you?

（いらっしゃいませ。）

I'd like a cap, please.

（帽子《ぼうし》が欲しいのですが。）

I'll take it.

（それをいただきます。）

定着させよう

得点：　　/50点

1 次の対話が成り立つように，＿＿＿に適当なものを**ア**～**エ**から選びなさい。 [5点×3]

(1) A：＿＿＿＿＿＿

B：Yes. She is the best singer in this school.

ア What song does she sing?　　**イ** How well does that girl sing?

ウ How well that girl sings!　　**エ** Who is the best singer?

(2) A：Hello. This is Kaito. May I speak to Chris, please?

B：Sorry, he's out now. He'll be back in an hour.

A：I see. ＿＿＿＿＿＿

ア You have the wrong number.　　**イ** Who's calling, please?

ウ Shall I take a message?　　**エ** Could I leave a message?

(3) A：Excuse me. Do you have any white sweaters? 〈徳島・改〉

B：Well..., how about this one? That's two thousand yen.

A：I like it. ＿＿＿＿＿＿

ア Would you like some more?　　**イ** Will you find it?

ウ Shall I show them to you?　　**エ** Can I try it on?

2 日本文に合うように，(　　)内の語(句)や符号を適当に並べかえなさい。ただし，文頭に来る語も小文字で示している。 [7点×3]

(1) もし時間があれば，もっとたくさん本を読めるのに。

(could / I / if / time / had / read / I / ,) more books.

＿＿＿＿＿＿＿＿＿＿＿＿＿＿＿＿＿＿＿＿ more books.

(2) 母が動物が好きだったらなあ。　(my mother / wish / liked / I / animals) .

＿＿＿＿＿＿＿＿＿＿＿＿＿＿＿＿＿＿＿＿ .

(3) 彼女に折り返し電話をするよう頼《たの》んでいただけますか。 〈宮崎・改〉

Could you (her / me / to / call / ask) back?

Could you ＿＿＿＿＿＿＿＿＿＿＿＿＿＿＿＿ back?

3 次のような場合に，あなたなら何と言いますか。英語で書きなさい。 [7点×2]

(1) 雨の日に外を見ながら，晴れだったらいいのにと言うとき。

＿＿＿＿＿＿＿＿＿＿＿＿＿＿＿＿＿＿＿＿

(2) 相手に，３番目の角を左に曲がるよう伝えるとき。

＿＿＿＿＿＿＿＿＿＿＿＿＿＿＿＿＿＿＿＿

解答：別冊p.9

英語　入試にチャレンジ

時間：30分	得点：　　／100点

1　次の英文が成り立つように，______に適当なものを**ア**～**エ**から選びなさい。　[7点×5]

(1) The computer is ______ to look for books in the library.　〈秋田〉

ア use　**イ** to use　**ウ** using　**エ** used

(2) The girl ______ by the window is my friend.　〈大阪・改〉

ア sit　**イ** sat　**ウ** sitting　**エ** to sit

(3) I get up ______ than my brother every morning.　〈大阪・改〉

ア early　**イ** earlier　**ウ** earliest　**エ** more early

(4) I talked with a woman ______ was working at the hospital.　〈長崎・改〉

ア what　**イ** when　**ウ** which　**エ** who

(5) A：______ do you think about his new book?　〈栃木〉

B：It's good. I like it very much.

ア How　**イ** What　**ウ** When　**エ** Where

(1)		(2)		(3)		(4)		(5)	

2　次の対話が成り立つように，(　　)内の語を適当に並べかえ，対話文を完成させなさい。　[9点×3]

(1) A：Where is Karen? Did she go home?　〈千葉〉

B：Yes. She (classroom / saying / left / without / the) goodbye.

(2) A：Look at this picture. This is the longest river in Japan.　〈富山〉

B：Do (long / is / you / how / know / it) ?

A：Sorry, I don't know.

(3) A：How do you like the cake?　〈沖縄・改〉

B：It is very good. It is the best cake (eaten / ever / I / have / that) .

(1)	She	goodbye.
(2)	Do	?
(3)	It is the best cake	.

3 次の英文は，それぞれある場面での会話文です。2人の会話が交互に自然につながるように**ア**～**エ**の文を正しく並べかえ，その並べかえた記号をすべて書きなさい。 [9点×2]

(1) (電話での会話) 〈沖縄〉

ア OK. I'll call back later.

イ This is Tom Smith. Can I speak to Mr. Brown?

ウ Hello. Mr. Brown's office.

エ I'm sorry, he is busy now.

(2) (友人同士の会話) 〈北海道・改〉

ア Of course. You can borrow it if you like.

イ Yes. Celine Green. This song is the most popular song in America.

ウ I see. I want to listen to this song again. Do you have the CD?

エ This song is very good, Lisa. Do you know who sings this?

(1)	→ → →	(2)	→ → →

4 次の英文を読んで，問いに答えなさい。 [10点×2]〈千葉・改〉

Akira's grandmother sends him a postcard every month. On the card she always draws a picture and writes some words. Her pictures are always good. One day in June, Akira got a postcard with a picture of a potato saying, "Eat me!" He remembered that his grandmother grew potatoes. The postcards from her always make him happy because he loves her very much and he can learn how she spends her time. After seeing the card with the potato picture, Akira wanted to visit her house to enjoy her potato dishes.

(注) postcard はがき spend 過ごす dish 料理

(1) 本文の内容に関する次の質問に，英語で答えなさい。

What did Akira's grandmother draw on the postcard she sent him in June?

(2) 本文の内容に合っているものを，次の**ア**～**エ**のうちから1つ選び，その記号を書きなさい。

ア アキラは，祖母からのはがきで，大好きな祖母の近況《きんきょう》を知ることができる。

イ アキラの祖母は，自分で収穫《しゅうかく》した野菜を写真に撮《と》って，彼に送ってくれる。

ウ アキラの祖母は，毎月アキラの家で，野菜を使った料理を振《ふ》る舞《ま》ってくれる。

エ アキラは，祖母からのはがきを見た後で，祖母に手紙を書くことに決めた。

(1)		(2)	

学習日：　月　日　解答：別冊p.10

1 日目 数と式①

整理しよう

1 正の数・負の数

(1) 絶対値が4より小さい整数は，全部でいくつありますか。

(　　　　　)

(2) 次の計算をしなさい。

① $(-4)-(-7)$　　② $(-8)^2\div(-3)+6$

③ $-\dfrac{6}{7}\times\left(\dfrac{4}{5}-\dfrac{1}{3}\right)$　　④ $-\dfrac{3}{7}\div\dfrac{8}{21}-(-2)^3$

2 式の計算

(1) 底面が1辺の長さ a cmの正方形で，高さが b cmである正四角柱の表面積を S cm^2 とするとき，S を a，b を用いて表しなさい。

(　　　　　)

(2) $x=-2$，$y=5$ のとき，$2(3x+4y)+3(x-5y)$ の値を求めなさい。

(　　　　　)

(3) 次の計算をしなさい。

① $12a^2b^3\div(-4ab)$　　② $(3a)^2\times(-2b)^3$

③ $x^2\div4xy\times3xy^2$　　④ $4(3x+1)-5(x+2)$

⑤ $\dfrac{3a+b}{2}+\dfrac{a+2b}{3}$　　⑥ $\dfrac{6x-y}{6}-\dfrac{x-y}{9}$

1

絶対値

数直線上で，0とその数との距離《きょり》。

例 5の絶対値は5
　−6の絶対値は6

注意 **累乗《るいじょう》の計算**

指数が(　)の外にあるかどうかに注意。

例 $(-4)^2=(-4)\times(-4)=16$
　$-4^2=-(4\times4)=-16$

重要 **逆数**

分数の除法は，逆数を用いて**乗法に変え**，計算する。

2

注意 **文字式のきまり**

数量を，文字を使った式で表すときは，

・×《かける》記号は書かない。
・文字と数の積は，数を前に書く。
・同じ文字の積は，累乗の指数を用いて表す。
・係数の1は書かない。

などの文字式のきまりにしたがうこと。

重要 **代入**

式の値の計算では，**式を簡単にしてから**数を代入する。また，負の数を代入するときは，**(　)をつけて**代入する。

分配法則

$a(b+c)=ab+ac$
$a(b-c)=ab-ac$
$-a(b+c)=-ab-ac$
$-a(b-c)=-ab+ac$

定着させよう

得点：　/50点

1 次の計算をしなさい。 [4点×4]

(1) $7-4\times(-2)$ 〈静岡〉

(2) $-20\div5-(3-5)$ 〈秋田〉

(3) $-3^2+16\times\frac{3}{4}$ 〈千葉〉

(4) $6\div\left(-\frac{2}{3}\right)+(-5)^2$ 〈京都〉

2 次の問いに答えなさい。 [3点×2]

(1) ある生徒の3教科のテストのそれぞれの点数が70点，80点，a点で，その平均点はb点であった。このときのaを，bを用いた式で表しなさい。 〈秋田〉

〔　　　　　　〕

(2) えんぴつ1本の値段をa円，ノート1冊の値段をb円とする。「えんぴつ3本とノート1冊の代金として300円払《はら》うと，おつりがもらえた」という数量の関係を，不等式で表しなさい。ただし，値段は税込《こ》みとする。 〈群馬・改〉

〔　　　　　　〕

3 $x=3$，$y=2$のとき，$(-6xy^2)\div3y$の値を求めなさい。 [4点]〈長崎〉

〔　　　　　　〕

4 次の計算をしなさい。 [4点×6]

(1) $5a^2b^2\div10a^2b\times(-4b)$ 〈愛知〉

(2) $8a\times(-6ab^3)\div(-ab)^2$ 〈鹿児島〉

(3) $-3(x+2)+(7-9x)$ 〈佐賀〉

(4) $4(2a-3b)-7(a-2b)$ 〈和歌山〉

(5) $\frac{3a-1}{5}-\frac{a-2}{3}$ 〈大阪〉

(6) $\frac{x-3y}{4}+\frac{-x+y}{6}$ 〈大分〉

学習日：　月　日　解答：別冊p.10

2日目 数と式②

整理しよう

1 式の展開と因数分解

(1) 次の式を展開しなさい。

① $(x+3)(x-8)$　　② $(x+6)^2$

③ $(x-9)(x+9)$　　④ $(x+2)(x-6)-(x-3)^2$

(2) 次の式を因数分解しなさい。

① $x^2-8x+16$　　② x^2-9

③ $x^2+3x-28$　　④ $2x^2+14x+24$

2 平方根

(1) $3\sqrt{3}$と$2\sqrt{7}$のうち，小さいほうを書きなさい。

(　　　　　)

(2) 次の計算をしなさい。

① $(-5\sqrt{7})\times3\sqrt{14}$　　② $6\div2\sqrt{3}$

③ $\sqrt{50}+\sqrt{32}$　　④ $\sqrt{20}-\sqrt{5}+\sqrt{45}$

⑤ $(\sqrt{10}-2\sqrt{5})^2$　　⑥ $(2\sqrt{3}-\sqrt{2})(\sqrt{3}+3\sqrt{2})$

1

重要 乗法公式

$(x+a)(x+b)$
$=x^2+(a+b)x+ab$
$(a+b)^2=a^2+2ab+b^2$
$(a-b)^2=a^2-2ab+b^2$
$(a+b)(a-b)=a^2-b^2$

同類項《どうるいこう》の整理

展開したあとは，同類項をまとめて整理する。

重要 因数分解

因数分解をするときは，**乗法公式を逆にたどる。**

$x^2+(a+b)x+ab$
$=(x+a)(x+b)$
$a^2+2ab+b^2=(a+b)^2$
$a^2-2ab+b^2=(a-b)^2$
$a^2-b^2=(a+b)(a-b)$

2

平方根の大小

$0<a<b$のとき，
$\sqrt{a}<\sqrt{b}$

平方根の計算

$a>0$，$b>0$のとき，
$\sqrt{a}\times\sqrt{b}=\sqrt{ab}$
$\dfrac{\sqrt{a}}{\sqrt{b}}=\sqrt{\dfrac{a}{b}}$
$\sqrt{a^2b}=a\sqrt{b}$

注意 根号のあつかい

根号の中は，できるだけ小さい自然数にする。また，分母は有理化する。

例 $\sqrt{98}=\sqrt{7^2\times2}=7\sqrt{2}$

$\dfrac{3}{\sqrt{20}}=\dfrac{3}{2\sqrt{5}}$
$=\dfrac{3\times\sqrt{5}}{2\sqrt{5}\times\sqrt{5}}$
$=\dfrac{3\sqrt{5}}{10}$

定着させよう

得点：　　/50点

1 次の式を展開しなさい。 [3点×2]

(1) $(x+5)(x-3)$ 〈群馬〉

(2) $(x+3y)(x-3y)$ 〈大阪〉

2 次の計算をしなさい。 [4点×2]

(1) $(48a^2-18ab)\div 6a$ 〈静岡〉

(2) $(x+3)^2-x(x-9)$ 〈高知〉

3 次の式を因数分解しなさい。 [4点×4]

(1) $x^2+5x-14$ 〈佐賀〉

(2) $2x^2+4x-48$ 〈京都〉

(3) $(x+2)(x-6)-9$ 〈千葉〉

(4) $(3x+1)^2-2(3x+25)$ 〈愛知〉

4 次の計算をしなさい。 [3点×4]

(1) $\sqrt{12}+8\sqrt{3}$ 〈埼玉〉

(2) $\sqrt{125}-\dfrac{10}{\sqrt{5}}$ 〈和歌山〉

(3) $(\sqrt{2}-\sqrt{5})^2$ 〈千葉〉

(4) $(\sqrt{3}+\sqrt{5})(3\sqrt{3}-\sqrt{5})$ 〈三重〉

5 次の問いに答えなさい。 [4点×2]

(1) $a=2+\sqrt{6}$，$b=2-\sqrt{6}$のとき，式a^2-b^2の値を求めなさい。 〈滋賀〉

〔　　　　　　〕

(2) 絶対値が$\sqrt{3}$より小さい整数nをすべて求めなさい。 〈愛知〉

〔　　　　　　〕

3日目 方程式

整理しよう

1　1次方程式と連立方程式

(1)　次の1次方程式または比例式を満たすxの値を求めなさい。

①　$5x+8=7x-4$　　②　$0.5x+3=0.1x-0.2$

③　$\dfrac{4x-5}{3}=\dfrac{3x-2}{4}$　　④　$(x+7):(5x-4)=4:7$

(2)　次の連立方程式を解きなさい。

①　$\begin{cases} 3x+y=1 \\ x-2y=-16 \end{cases}$　　②　$\begin{cases} 5x+2y=5 \\ y=-2x+1 \end{cases}$

(3)　方程式$x-y=2x+3y=5$を解きなさい。

1

重要　比例式の性質

外項《がいこう》の積＝内項《ないこう》の積

内項の積

$a:b=c:d$のとき，

外項の積

$ad=bc$

重要　連立方程式の解法

加減法

一方の文字の係数の絶対値をそろえて，左辺どうし，右辺どうしの和や差を求め，その文字を消去して解く方法を加減法という。

代入法

一方の式を他方の式に代入し，文字を消去して解く方法を代入法という。

$A=B=C$の方程式

$A=B$，$B=C$，$A=C$のうち2式を用いて解く。

2　2次方程式

次の2次方程式を解きなさい。

(1)　$x^2-7x=0$　　(2)　$x^2-6x-16=0$

(3)　$x^2-25=0$　　(4)　$x^2+8x+16=0$

(5)　$x^2+6x+4=0$　　(6)　$(x-6)^2=8$

2

重要　2次方程式の解法

因数分解の利用

$(x+p)(x+q)=0$のとき，
$x=-p,\ -q$

平方根の利用

$(x+m)^2=k$のとき，
$x=-m\pm\sqrt{k}$

解の公式

$ax^2+bx+c=0$のとき，
$x=\dfrac{-b\pm\sqrt{b^2-4ac}}{2a}$

定着させよう

得点：　　/50点

1　次の1次方程式を解きなさい。　[3点×2]

(1)　$3x-2=-4x+5$　〈沖縄〉

(2)　$x+3.5=0.5(3x-1)$　〈千葉〉

2　次の連立方程式を解きなさい。　[4点×4]

(1)　$\begin{cases} 2x+y=8 \\ x-y=1 \end{cases}$　〈大阪〉

(2)　$\begin{cases} 2x-3y=-4 \\ -x+2y=3 \end{cases}$　〈埼玉〉

(3)　$\begin{cases} y=3x+8 \\ 4x+3y=11 \end{cases}$　〈秋田〉

(4)　$\begin{cases} x+2y=-5 \\ 0.2x-0.15y=0.1 \end{cases}$　〈滋賀〉

3　次の2次方程式を解きなさい。　[4点×6]

(1)　$x^2+5x-6=0$　〈東京〉

(2)　$x^2=x+2$　〈愛媛〉

(3)　$x^2+3x-2=0$　〈京都〉

(4)　$3x^2+4x-1=0$　〈埼玉〉

(5)　$(x-7)(x+4)=4x-10$　〈秋田〉

(6)　$2(x-4)(x+4)-9x=(x-2)^2$　〈大阪〉

4　$x=-6$，$x=3$がともに2次方程式$x^2+ax-b=0$の解であるとき，a，bの値の組$(a,\ b)$を求めなさい。　[4点]〈岐阜〉

〔　　　　　　〕

4日目 方程式の利用

整理しよう

1 1次方程式と連立方程式の利用

(1) A地点からB地点まで，行きは分速50m，帰りは分速45mで歩くと，往復で3時間10分かかった。A地点からB地点までの道のりを求めなさい。

（　　　　　　　）

(2) ある中学校の生徒数は，男女合わせて270人で，男子と女子の人数の比は5：4である。このとき，男子と女子の人数をそれぞれ求めなさい。

男子（　　　　　　　）
女子（　　　　　　　）

(3) 2種類のケーキA，Bがある。A3個とB2個の代金の合計は1000円，A4個とB6個の代金の合計は2100円である。A，Bそれぞれの1個の値段を求めなさい。

A（　　　　　　　）
B（　　　　　　　）

1

方程式の利用

①何をxで表すか決める。
②数量の間の関係を見つけ，xを使った方程式をつくる。
③方程式を解く。
④解が問題に適しているか確かめる。

数量の間の関係

道のり＝速さ×時間
食塩の量＝食塩水の量×濃度《のうど》
などの関係はきちんと覚えておくこと。

注意 単位の確認

方程式をつくるときは，**左辺と右辺で単位をそろえること。**

比例式の利用

2つの数量の比がわかっているときは，**比例式を利用して解けばよい。**

連立方程式の利用

わからない数量が2つあるとき，**それらをx，yとおいて連立方程式をつくって解けばよい。**

2 2次方程式の利用

ある正方形の縦の長さを2cm短くし，横の長さを4cm長くしてできる長方形の面積が72cm^2であるとき，もとの正方形の1辺の長さを求めなさい。

（　　　　　　　）

2

注意 解の確認

2次方程式を解いて解が2つ得られたとき，問題に適しているものを答えること。
例 長さ，面積，体積は正であるから，負の値は適さない。

定着させよう　得点：　　/50点

1　ある本を，はじめの日に全体のページ数の$\frac{1}{4}$を読み，次の日に残ったページ数の半分を読んだところ，まだ102ページ残っていた。この本の全体のページ数は何ページか，求めなさい。

［8点］〈愛知〉

〔　　　　〕

2　1個200円のケーキと1個130円のシュークリームを合わせて14個買ったところ，代金の合計が2380円になった。このとき，次の問いに答えなさい。

［6点×3］〈富山〉

(1)　買ったケーキの個数をx個，シュークリームの個数をy個として，連立方程式をつくりなさい。

〔　　　　〕

(2)　買ったケーキとシュークリームの個数をそれぞれ求めなさい。

ケーキ〔　　　　〕

シュークリーム〔　　　　〕

3　右の図のように，縦の長さが7cm，横の長さが1cmの長方形がある。縦と横の長さをそれぞれのばして，周の長さが38cmの長方形をつくる。縦の長さを$x$cmだけのばしたとき，次の問いに答えなさい。

［8点×3］〈佐賀〉

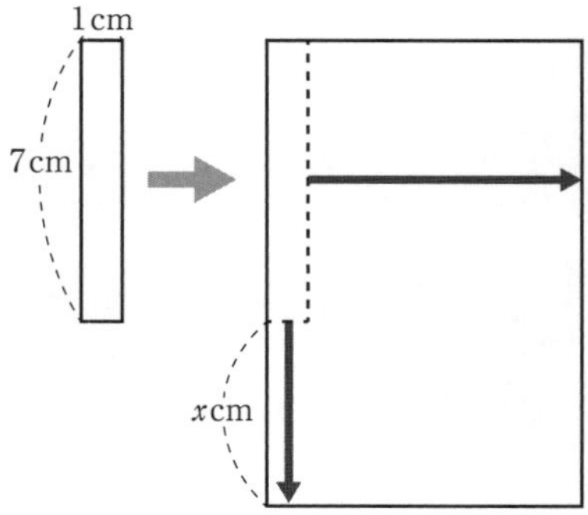

(1)　縦の長さを3cmだけのばしたとき，のばしてできる長方形の横の長さを求めなさい。

〔　　　　〕

(2)　縦の長さを$x$cmだけのばしたとき，のばしてできる長方形の横の長さをxを用いて表しなさい。

〔　　　　〕

(3)　のばしてできる長方形の面積が$60\,\mathrm{cm}^2$になるのは，縦の長さを何cmだけのばしたときか，求めなさい。

〔　　　　〕

5日目 比例・反比例と１次関数

整理しよう

1 比例・反比例

(1) yはxに比例し，$x=8$のとき$y=-32$である。

① yをxの式で表しなさい。

(　　　　　　)

② ①で求めた式の比例定数を書きなさい。

(　　　　　　)

(2) yはxに反比例し，$x=-3$のとき$y=4$である。

① yをxの式で表しなさい。

(　　　　　　)

② xの変域が$2 \leqq x \leqq 4$のとき，yの変域を求めなさい。

(　　　　　　)

2 １次関数とその利用

(1) 傾《かたむ》きが-3で，点$(4,\ -2)$を通る直線の式を求めなさい。

(　　　　　　)

(2) 辺ABが4cm，辺BCが5cmの長方形ABCDがある。点Pは辺AD上をAからDまで動く。APの長さを$x$cm，台形PBCDの面積を$y\text{cm}^2$とするとき，yをxの式で表しなさい。ただし，点Pが点Dの位置にあるときは，yは△DBCの面積とする。

(　　　　　　)

1

比例の式

yがxに比例しているとき，

$y=ax$

aを比例定数という。

反比例の式

yがxに反比例しているとき，

$y=\dfrac{a}{x}$

aを比例定数という。

注意 変域の求め方

変域を求めるときは，**グラフ**を利用する。

2

重要 １次関数

yがxの１次式，すなわち$y=ax+b$と表される関数を１次関数という。

１次関数のグラフ

１次関数$y=ax+b$のグラフは，**傾きa**，**切片b**の直線である。切片は，グラフとy軸《じく》との交点のy座標である。

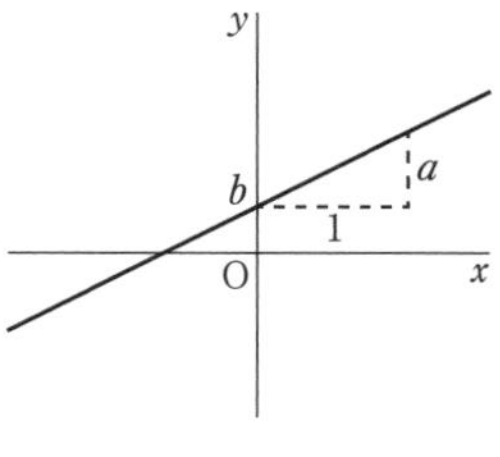

重要 変化の割合

$$\text{変化の割合}=\frac{y\text{の増加量}}{x\text{の増加量}}$$

定着させよう

得点：　　/50点

1 次の問いに答えなさい。 [10点×3]

(1) yはxに反比例し，$x=3$のとき$y=-6$である。$x=-2$のときのyの値を求めなさい。

〈富山〉

〔　　　　　　〕

(2) 1次関数$y=\frac{5}{3}x+2$について，xの増加量が6のときのyの増加量を求めなさい。〈鹿児島〉

〔　　　　　　〕

(3) 水が4L入っている大きな水そうに，一定の割合で水を入れる。下の表は，水を入れはじめてからx分後の，水そうの水の量をyLとするとき，xとyの関係を表したものである。この表の□にあてはまる数を求めなさい。

〈山口〉

x	0	1	2	3	…	7	…	10
y	4	6	8	10	…	□	…	24

〔　　　　　　〕

2 右の図のように，3点A(6, 5)，B(−2, 3)，C(2, 1)を頂点とする△ABCがある。このとき，次の問いに答えなさい。

[(3)8点，他6点×2]〈佐賀・改〉

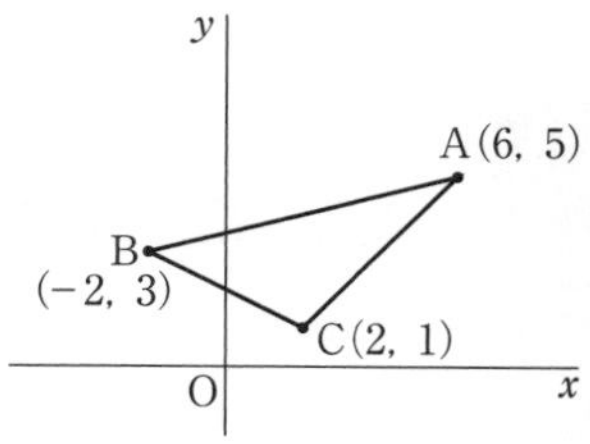

(1) △ABCの面積を求めなさい。

〔　　　　　　〕

(2) 点Aを通り，直線BCに平行な直線の式を求めなさい。

〔　　　　　　〕

(3) y軸上に点Pをとり，△PBCと△ABCの面積が等しくなるようにする。このとき，点Pの座標を求めなさい。ただし，点Pのy座標は正とする。

〔　　　　　　〕

6日目 関数 $y=ax^2$

整理しよう

1 関数 $y=ax^2$ とそのグラフ

(1) y は x の2乗に比例し，$x=-2$ のとき $y=12$ である。このとき，y を x の式で表しなさい。

(　　　　　　　　)

(2) 関数 $y=-4x^2$ について，次の**ア**～**エ**のうち正しいものをすべて選びなさい。

ア　グラフは点(2, 16)を通る。

イ　グラフは下に開いている。

ウ　$y=-8$ となるのは $x=\sqrt{2}$ のときだけである。

エ　グラフは y 軸《じく》について対称《たいしょう》な放物線である。

(　　　　　　　　)

(3) 関数 $y=-2x^2$ について，x の変域が $-3 \leqq x \leqq 1$ のとき，y の変域を求めなさい。

(　　　　　　　　)

(4) 関数 $y=3x^2$ について，x の値が -2 から 4 まで増加するときの変化の割合を求めなさい。

(　　　　　　　　)

1

関数 $y=ax^2$
y が x の2乗に比例する関数は，$y=ax^2$ と表され，a を比例定数という。

重要 グラフの形状
$y=ax^2$ のグラフは，原点を通り，y 軸について対称な放物線である。
$a>0$ のとき**上に開いた形**で，$a<0$ のとき**下に開いた形**となり，a の絶対値が大きいほど，グラフの開き方は小さくなる。

注意 変域
関数 $y=ax^2$ では，x の変域に0がふくまれるとき，$a>0$ ならば**yの最小値が0**，$a<0$ ならば**yの最大値が0**になる。グラフを利用するとよい。

変化の割合

$$\text{変化の割合}=\frac{y\text{の増加量}}{x\text{の増加量}}$$

2 いろいろな関数

AB = 5cm，BC = 3cmの長方形ABCDがある。点Pは辺AB上を点Aから点Bまで動く。点Qは辺BC上を点Bから点Cまで動き，点Cに到着《とうちゃく》したあとは動かない。2点P，Qは同時に出発し，それぞれ毎秒1cmの速さで移動する。2点が出発してから x 秒後の△APQの面積を $y\text{cm}^2$ とするとき，出発してから点Pが点Bに着くまでについて，y を x の式で表しなさい。ただし，$x=0$ のとき $y=0$ とする。

(　　　　　　　　)

2

注意 いろいろな関数
y を x の式で表すとき，変域によって，式が変わることがある。このようなときは，式とともに変域も答えること。

定着させよう

得点：　　/50点

1 yはxの2乗に比例し，$x=3$のとき$y=-36$である。このとき，yをxの式で表しなさい。

[10点]〈秋田〉

〔　　　　　　　　〕

2 関数$y=ax^2$について，xの変域が$-2 \leqq x \leqq 3$のとき，yの変域は$0 \leqq y \leqq 18$である。このとき，aの値を求めなさい。

[10点]〈富山〉

〔　　　　　　　　〕

3 関数$y=ax^2$（aは定数）と関数$y=-8x+7$について，xの値が1から3まで増加するときの変化の割合が等しいとき，aの値を求めなさい。

[10点]〈愛知〉

〔　　　　　　　　〕

4 右の図のように，関数$y=ax^2$のグラフ上に2点A，Bがあり，Aの座標は$(-4,\ -8)$である。線分ABはx軸に平行で，この線分とy軸との交点をCとする。また，点Pは線分OC上の点である。次の問いに答えなさい。

[(3)8点，他6点×2]〈和歌山〉

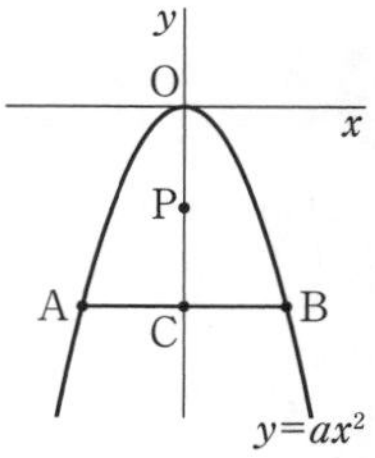

(1) aの値を求めなさい。

〔　　　　　　　　〕

(2) $\angle \mathrm{APB}=60^\circ$であるとき，線分BPの長さを求めなさい。

〔　　　　　　　　〕

(3) Pのy座標が-4のとき，直線APとx軸との交点をQとする。このとき，Qを通り，△ABQの面積を2等分する直線の式を求めなさい。

〔　　　　　　　　〕

7日目 図形①

整理しよう

1 平面図形

(1) 直線ℓ上にない点Pを通る，直線ℓの垂線を作図しなさい。

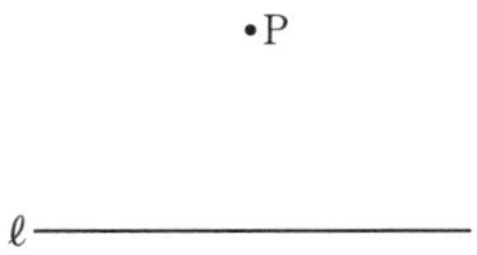

(2) 半径が6cm，中心角が80°であるおうぎ形の弧《こ》の長さと面積をそれぞれ求めなさい。

弧の長さ（　　　　　　）　面積（　　　　　　）

2 空間図形

(1) 右の図の直方体ABCD-EFGHにおいて，辺DHとねじれの位置にある辺をすべて答えなさい。

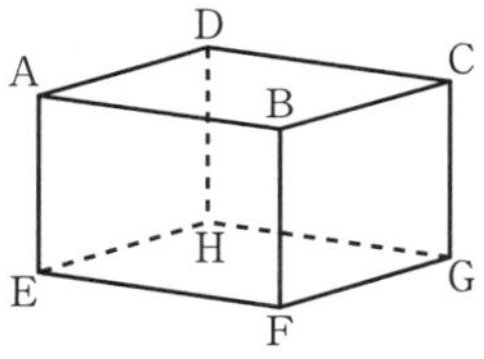

（　　　　　　）

(2) 右の図のような，母線の長さが6cm，底面の円の半径が3cmである円錐《すい》の底面積と側面積を求めなさい。

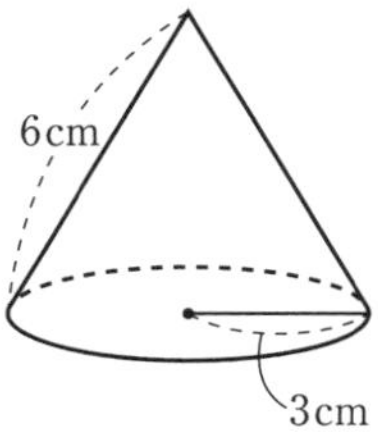

底面積（　　　　　　）　側面積（　　　　　　）

(3) 半径4cmの球の表面積と体積を求めなさい。

表面積（　　　　　　）　体積（　　　　　　）

1

注意 作図

使うのは**定規**と**コンパス**だけ。作図するときにかいた線は消さないこと。

おうぎ形の弧の長さと面積

半径r，中心角$a°$のおうぎ形の弧の長さをℓ，面積をSとすると，

$$\ell = 2\pi r \times \frac{a}{360}$$

$$S = \pi r^2 \times \frac{a}{360} = \frac{1}{2}\ell r$$

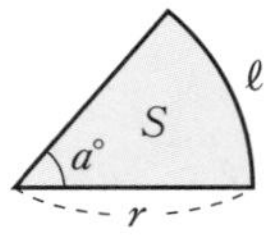

2

ねじれの位置

空間内の2直線が平行ではなく，交わりもしないとき，その2直線は**ねじれの位置**にあるという。

重要 柱・錐の体積

底面積をS，高さをh，体積をVとすると，

角柱，円柱☞ $V = Sh$

角錐，円錐☞ $V = \frac{1}{3}Sh$

重要 球の表面積と体積

半径をr，表面積をS，体積をVとすると，

$$S = 4\pi r^2$$

$$V = \frac{4}{3}\pi r^3$$

定着させよう

得点：　　/50点

1 右の図のように，直線 ℓ と直線 ℓ 上の点A，直線 ℓ 上にない点Bがある。点Aで直線 ℓ に接し，点Bを通る円の中心Oを定規とコンパスを用いて作図しなさい。ただし，作図に用いた線は消さないこと。 [10点]〈秋田〉

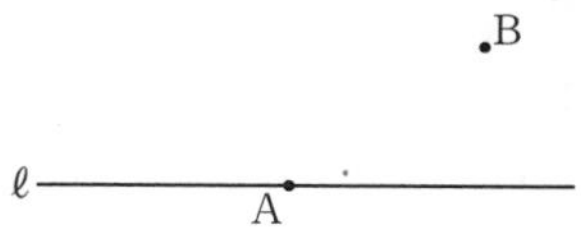

2 右の図は，円錐の展開図であり，側面のおうぎ形の中心角は120°で，底面の円の半径は4cmである。このとき，側面のおうぎ形の半径を求めなさい。 [10点]〈和歌山〉

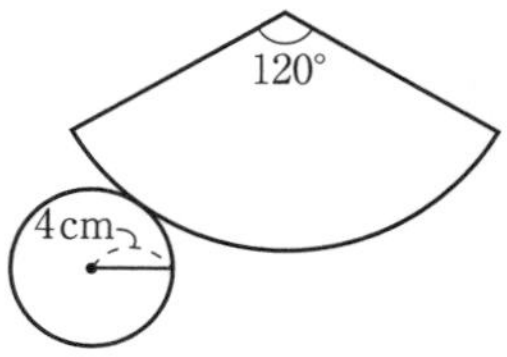

〔　　　　　〕

3 右の図は，円柱の投影《とうえい》図である。立面図は縦4cm，横6cmの長方形であり，平面図は円である。このとき，この円柱の体積を求めなさい。 [10点]〈佐賀〉

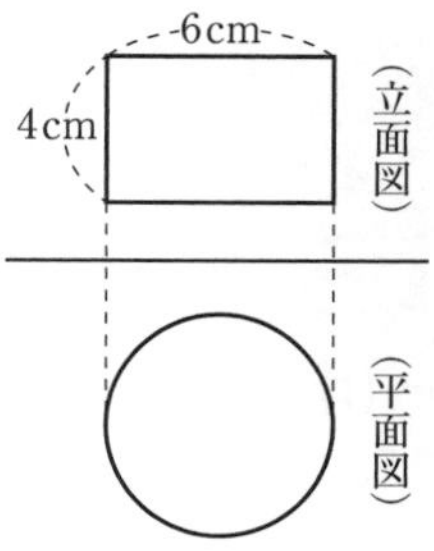

〔　　　　　〕

4 右の図は，底面の対角線の長さが4cm，高さが3cmの正四角錐である。この正四角錐の体積を求めなさい。 [10点]〈岐阜〉

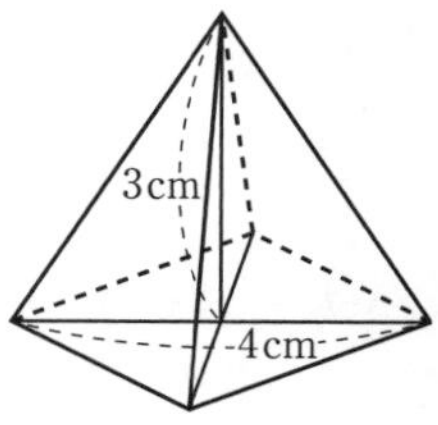

〔　　　　　〕

5 右の図のように，底面の半径が1cm，母線の長さが3cmの円錐がある。この円錐の表面積を求めなさい。 [10点]〈富山〉

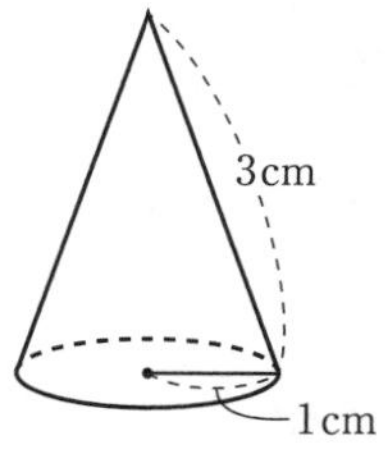

〔　　　　　〕

学習日：　月　日　解答：別冊p.14

8日目 図形②

整理しよう

1 平行線と角

(1) 次の図で，$\angle x$，$\angle y$の大きさをそれぞれ求めなさい。

① $\ell \parallel m$

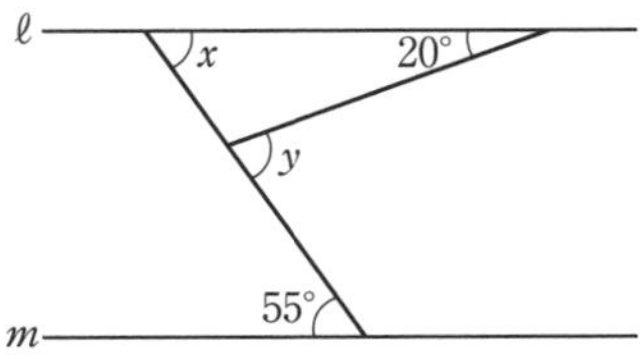

② AB＝AC＝BD

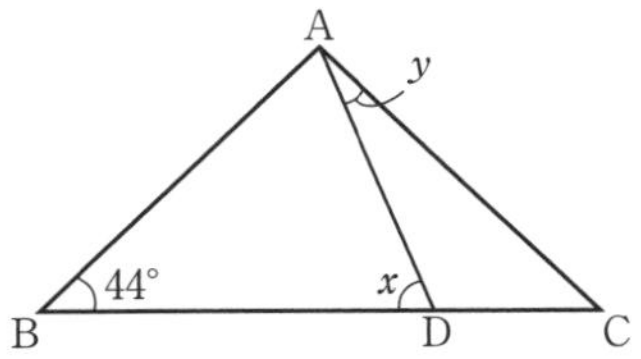

①
$\angle x$＝(　　　　　　)
$\angle y$＝(　　　　　　)

②
$\angle x$＝(　　　　　　)
$\angle y$＝(　　　　　　)

(2) 正九角形の１つの内角の大きさを求めなさい。

(　　　　　　)

2 証明・三角形と四角形・円

(1) AB＝ACの二等辺三角形ABCで，∠BACの二等分線と辺BCとの交点をDとするとき，△ABD≡△ACDを証明しなさい。

(2) 平行四辺形ABCDの辺AD，BC上に，AE＝CFとなるように点E，Fをとるとき，四角形EBFDはどのような四角形か。

(　　　　　　)

(3) 点Oを中心とする円で，右の図のように，円周上に点A，B，C，Dをとり，AOとCBとの交点をPとする。AC∥BD，∠ACB＝25°のとき，∠APBの大きさを求めなさい。

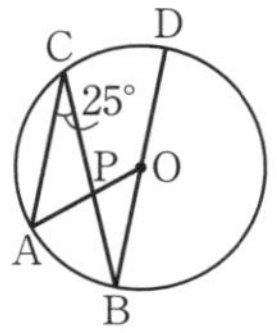

(　　　　　　)

1

平行線と角

・**対頂角**は等しい。
・**平行線の同位角・錯角《さっかく》**は等しい。

三角形の外角

三角形の外角は，それととなり合わない**2つの内角の和**に等しい。

重要 n角形の角の和

内角の和＝180°×$(n-2)$
外角の和＝**360°**

2

重要 三角形の合同条件

・3組の辺がそれぞれ等しい。
・2組の辺とその間の角がそれぞれ等しい。
・1組の辺とその両端の角がそれぞれ等しい。

二等辺三角形の性質

・2つの底角は等しい。
・頂角の二等分線は，**底辺を垂直に2等分**する。

平行四辺形になる条件

・2組の対辺がそれぞれ平行である。(定義)
・2組の対辺がそれぞれ等しい。
・2組の対角がそれぞれ等しい。
・対角線がそれぞれの中点で交わる。
・1組の対辺が平行で，その長さが等しい。

円周角と中心角の関係

・円周角は**中心角の半分**。
・**半円の弧《こ》**に対する円周角は90°である。

定着させよう

得点：　　/50点

1 次の図で，$\angle x$の大きさをそれぞれ求めなさい。 〔10点×2〕

(1) $\ell \parallel m$ 〈秋田〉

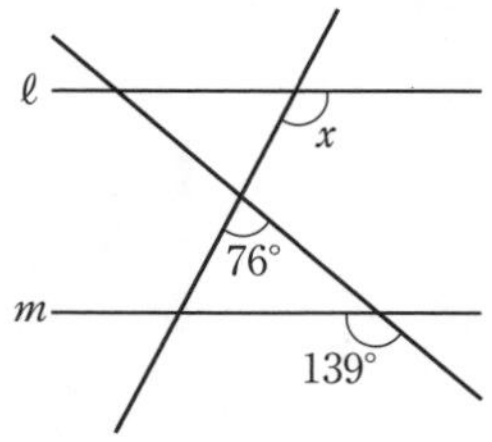

〔　　　　　　　〕

(2) $\ell \parallel m$，AB = BC，CD = DA 〈長崎〉

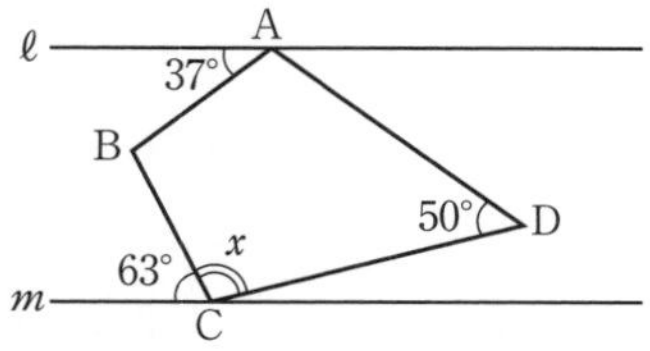

〔　　　　　　　〕

2 右の図のように，∠ABC = 78°のひし形ABCDがある。辺BC上にAB = AEとなる点Eをとる。点Dから線分AEに垂線をひき，線分AEとの交点をFとする。このとき，∠FDCの大きさを求めなさい。 〔10点〕〈高知〉

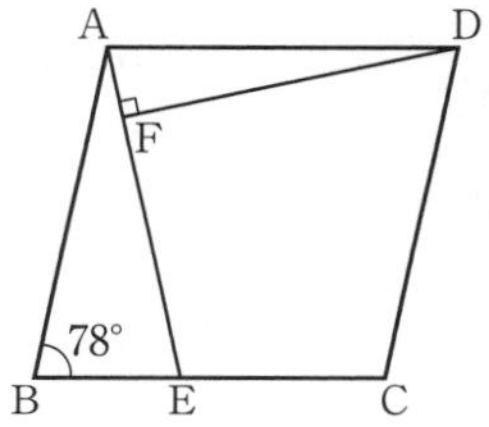

〔　　　　　　　〕

3 右の図のように，AB = ACの二等辺三角形ABCの辺BC上に，2点D，Eがあり，BE = CDである。また，四角形AFBEは，平行四辺形である。このとき，△AFB ≡ △CDAであることを証明しなさい。 〔10点〕〈山口〉

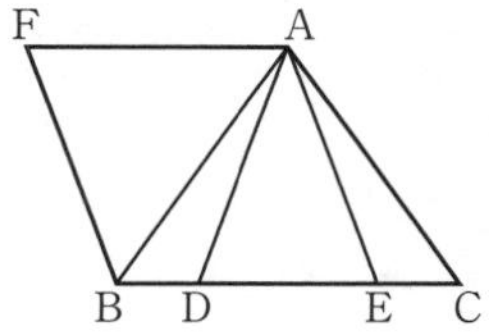

4 右の図のように，ABを直径とする円の周上に点Cをとり，直径ABをBのほうに延長した直線上に点Dをとる。CD = $\frac{1}{2}$AB，∠BCD = 27°のとき，∠CABの大きさxを求めなさい。〔10点〕〈埼玉〉

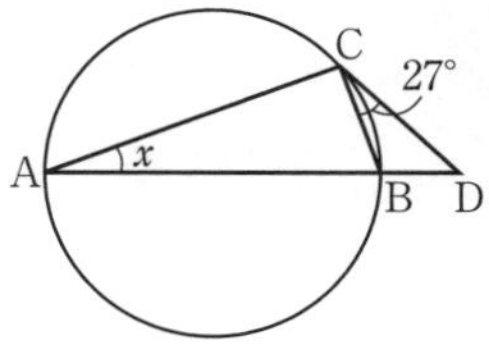

〔　　　　　　　〕

9日目 図形③

整理しよう

1 図形と相似

(1) 平行四辺形ABCDにおいて，辺CD上にCE：ED＝3：2となる点Eをとり，ACとBEの交点をFとするとき，BF：FEを求めなさい。

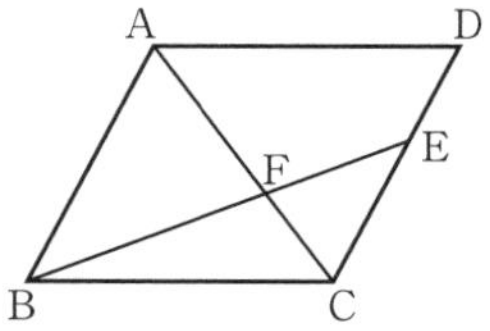

(　　　　　　　　)

(2) AB＝15cm，AC＝10cmである△ABCにおいて，辺AB上に点P，辺AC上に点Qを，AP＝CQとなるようにとると，PQ∥BCとなった。このとき，APの長さを求めなさい。

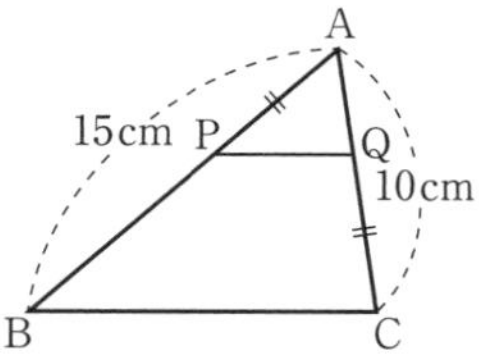

(　　　　　　　　)

(3) 対角線の長さが6cmと8cmであるひし形の，各辺の中点を結んでできる四角形の面積を求めなさい。

(　　　　　　　　)

1

重要 三角形の相似条件

①3組の辺の比がすべて等しい。
②2組の辺の比とその間の角がそれぞれ等しい。
③2組の角がそれぞれ等しい。

三角形と比

△ABCにおいて，辺AB上に点P，辺AC上に点Qがあり，PQ∥BCとなるとき，

①AP：AB＝AQ：AC＝PQ：BC
②AP：PB＝AQ：QC

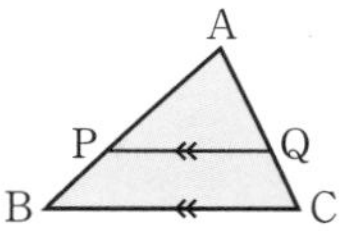

重要 中点連結定理

△ABCにおいて，M，Nがそれぞれ辺AB，ACの中点であるとき，

MN∥BC，$MN=\frac{1}{2}BC$

2 三平方の定理

(1) 1辺の長さが4cmである正三角形の面積を求めなさい。

(　　　　　　　　)

(2) 半径4cmの円の直径をABとし，円周上に点Cをとって△ABCをつくると，AC＝6cmになった。このとき，△ABCの面積を求めなさい。

(　　　　　　　　)

2

三平方の定理

直角三角形の直角をはさむ2辺の長さをa，b，斜辺《しゃへん》の長さをcとすると，

$a^2+b^2=c^2$

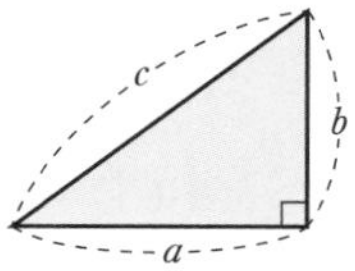

定着させよう

得点：　　/50点

1　右の図のように，△ABCの辺AB上に点D，辺AC上に点Eがあり，AD：DB = AE：EC = 1 ： 3，ED：EB = 1 ： 2のとき，△BED∽△CBEを証明しなさい。　〔10点〕〈北海道〉

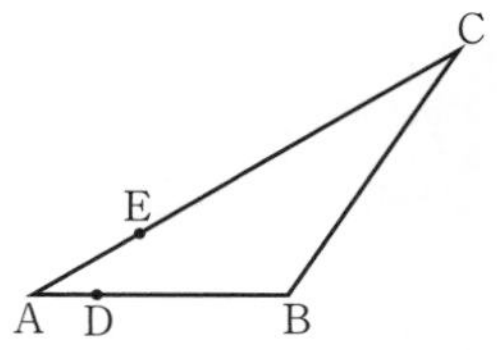

2　右の図において，AB∥CD，AB∥EF，BG = GH = HD，AB = 2cm，CD = 4cmとし，EF = $x$cmとする。xの値を求めなさい。　〔10点〕〈沖縄〉

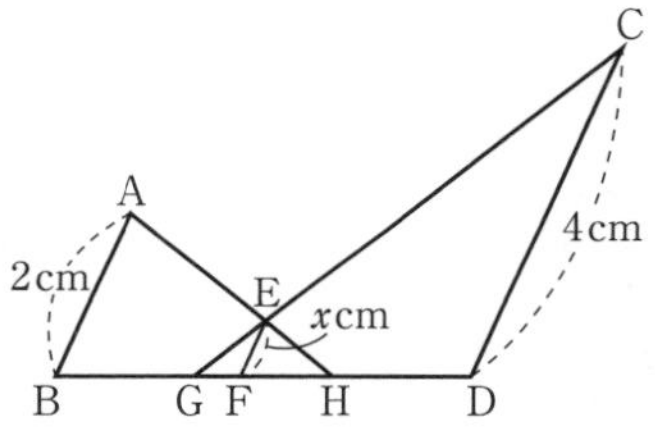

〔　　　　　　〕

3　相似な2つの三角錐《すい》P，Qがあり，その相似比は3 ： 5である。PとQの体積比を求めなさい。　〔10点〕〈富山〉

〔　　　　　　〕

4　右の図で，三角形ABCはAB = AC = 6cm，BC = 4cmの二等辺三角形であり，点Dは辺AC上の点である。線分BDの長さが最も短くなるとき，線分BDの長さを求めなさい。　〔10点〕〈秋田〉

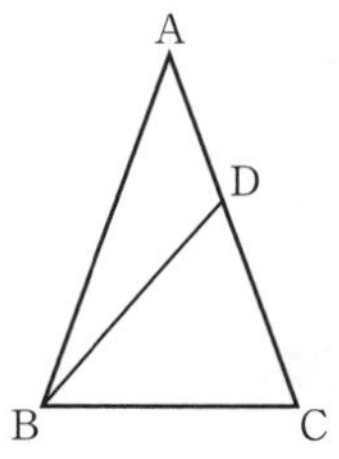

〔　　　　　　〕

5　右の図のように，底面が1辺6cmの正方形ABCDで，他の辺の長さがすべて5cmである正四角錐OABCDがある。正四角錐OABCDの体積を求めなさい。　〔10点〕〈愛媛〉

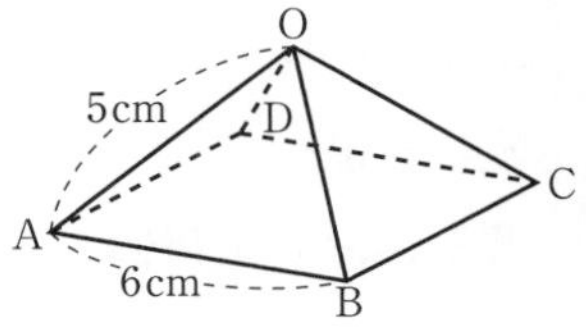

〔　　　　　　〕

10日目 データの活用

学習日：　月　日　解答：別冊p.16

整理しよう

1　データの活用

次のデータは，10人の生徒が受けた5点満点のテストの得点である。

2，5，3，2，2，0，3，4，1，4　（単位：点）

(1)　得点の平均値，最頻《さいひん》値《ち》，第1四分位数，中央値，第3四分位数をそれぞれ求めなさい。

平均値（　　　　）　最頻値（　　　　）

第1四分位数（　　　　）　中央値（　　　　）

第3四分位数（　　　　）

(2)　データをもとに，箱ひげ図をかきなさい。

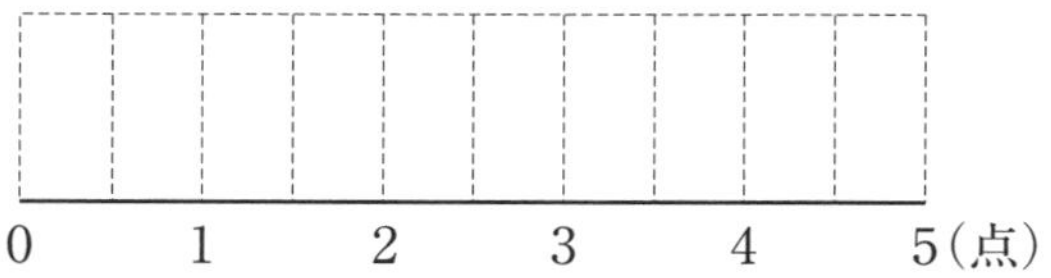

2　確率

(1)　3枚の硬《こう》貨《か》を同時に投げるとき，2枚が表で1枚が裏になる確率を求めなさい。

（　　　　）

(2)　赤玉が2個，白玉が3個，青玉が1個入っているふくろから1個の玉をとり出すとき，赤玉が出ない確率を求めなさい。

（　　　　）

3　標本調査

ふくろの中に黒と白の碁石《ごいし》が合わせて400個ある。この中から，よくかき混ぜて30個とり出すと，黒が12個あった。400個のうち黒の碁石はおよそ何個あると考えられるか求めなさい。

（　　　　）

1

平均値

データの個々の値の合計を，データの個数でわった値。

平均値＝合計÷個数

中央値

データの値を大きさの順に並べたとき，中央にくる値。データの個数が偶数《ぐうすう》のときは，**中央にくる2つの値の平均値。**

最頻値

データの中で最も多く現れる値。度数分布表に整理したときは，度数の最も大きい階級の階級値。

2

重要 確率

起こりうる場合が全部でn**通り**で，そのどれが起こることも**同様に確からしい**とする。そのうち，ことがらAの起こる場合がa**通り**であるとき，

①Aの起こる確率pは，

$p=\frac{a}{n}$

②Aの起こらない確率は，

$1-p$

注意 確率のとる値

あることがらが**起こる確率**pのとる値の範囲は，

$0 \leqq p \leqq 1$

3

標本調査

集団の**一部を取り出して**調査し，その結果から全体の傾向《けいこう》を推測する調査。

標本におけるあることがらの比率と，**母集団**における比率は等しいと考える。

定着させよう

得点：　　/50点

1 次の問いに答えなさい。 [10点×3]

(1) 次の表は，魚釣《つ》りをしていた50人に対して，釣れた魚の数(ひき)を調査し，まとめたものである。この調査結果から，釣れた魚の数の中央値(メジアン)と最頻値(モード)を，それぞれ求めなさい。 〈京都〉

釣れた魚の数(ひき)	0	1	2	3	4	5	6	7	8	9	10	計
人数(人)	0	4	8	6	2	4	5	6	6	6	3	50

中央値〔　　　　〕　最頻値〔　　　　〕

(2) ある中学校の生徒10人が，10点満点の数学のテストを受けた。10人のテストの結果を箱ひげ図に表すと，右のようになった。この図からわかることとして適当なものを，下の**ア**～**エ**のうちから1つ選びなさい。

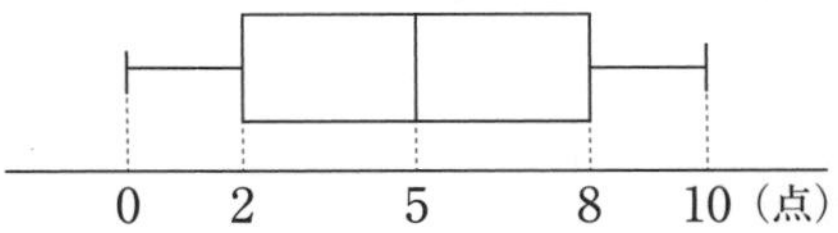

ア 生徒10人の平均点は必ず5点である。

イ 得点が中央値である生徒が必ず存在する。

ウ 10人の得点は，必ず全員が2点以上8点以下である。

エ 得点が2点，8点の生徒がそれぞれ必ず存在する。

〔　　　　〕

2 右の図のように，0から3までの数字が1つずつ書かれた4枚のカードがある。この4枚のカードをよくきってから1枚ずつ2回続けてひく。ひいた2枚のカードに書かれた数の積が3以下である確率を求めなさい。ただし，どのカードをひくことも同様に確からしいものとする。 [10点]〈大分〉

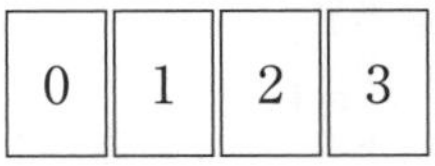

〔　　　　〕

3 箱の中に，25本の当たりをふくむたくさんのくじが入っている。このくじをよくかき混ぜた後，48人がこの箱から1人1回ずつくじをひいたところ，当たりが2本出た。箱の中に最初に入っていたくじの本数は，およそ何本であったと推定できるか，求めなさい。

[10点]〈群馬〉

〔　　　　〕

解答：別冊p.16

数学　入試にチャレンジ

時間：30分　得点：　／100点

1　次の問いに答えなさい。

［4点×13］

(1)　次の計算をしなさい。

①　$(-2)^3 \div 4 - 3^2$　〈大分〉

②　$2(3x-y)-(4x-3y)$　〈富山〉

③　$(-2x)^2 \div 3xy \times (-6x^2y)$　〈秋田〉

④　$(4x+y)(4x-y)-(x-5y)^2$　〈大阪〉

⑤　$\sqrt{30} \div \sqrt{5} - \sqrt{42} \times \sqrt{7}$　〈京都〉

⑥　$\dfrac{9}{\sqrt{3}} + (\sqrt{3}-1)^2$　〈愛媛〉

(2)　次の式を因数分解しなさい。

①　$x^2-2x-35$　〈大阪〉

②　$(a+b)^2-16$　〈兵庫〉

(3)　次の連立方程式，２次方程式を解きなさい。

①　$\begin{cases} 9x-5y=-7 \\ -3x+2y=4 \end{cases}$　〈東京〉

②　$x^2+x=3$　〈群馬〉

(4)　nは３けたの自然数であり，nの一の位の数は８である。nの百の位の数と十の位の数と一の位の数との和の28倍がnと等しくなるようなnの値をすべて求めなさい。　〈大阪〉

(5)　２つのさいころを同時に投げるとき，出る目の数の和が５の倍数である確率はいくらか。１から６までのどの目が出ることも同様に確からしいものとして答えなさい。　〈大阪〉

(6)　アルミかんとスチールかんの空きかんを合わせて960個回収した。これらの回収した空きかんの中から48個を無作為《むさくい》に抽出《ちゅうしゅつ》したところ，スチールかんが22個ふくまれていた。回収した空きかんのうち，スチールかんの個数はおよそ何個か推定しなさい。　〈鹿児島〉

(1)	①		②		③	
	④		⑤		⑥	
(2)	①		②			
(3)	①		②			
(4)			(5)		(6)	

2 右の図のように，関数 $y = ax^2$…㋐のグラフ上に点A(4, 4)がある。点Aを通り，x軸《じく》に平行な直線をひき，関数㋐のグラフと交わる点をBとする。四角形OABCが平行四辺形となるように，x軸上に点Cをとる。このとき，あとの各問いに答えなさい。ただし，原点をOとし，座標の１目もりを1cmとする。 ［7点×4］〈三重〉

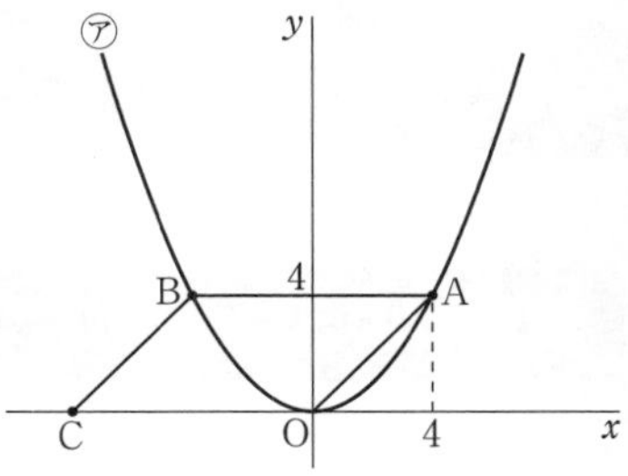

(1) aの値を求めなさい。

(2) 関数㋐について，xの変域が $-6 \leqq x \leqq 4$ のときのyの変域を求めなさい。

(3) ２点A，Cを通る直線の式を求めなさい。

(4) ２点B，Cを通る直線とy軸との交点をDとするとき，△ADCの面積を求めなさい。

(1)		(2)	
(3)		(4)	

3 右の図のように，円Oの周上に４点A，B，C，Dがあり，AB = AC，∠BAC = ∠CADである。また，線分ACと線分BDとの交点をEとする。このとき，次の問いに答えなさい。

［10点×2］〈富山〉

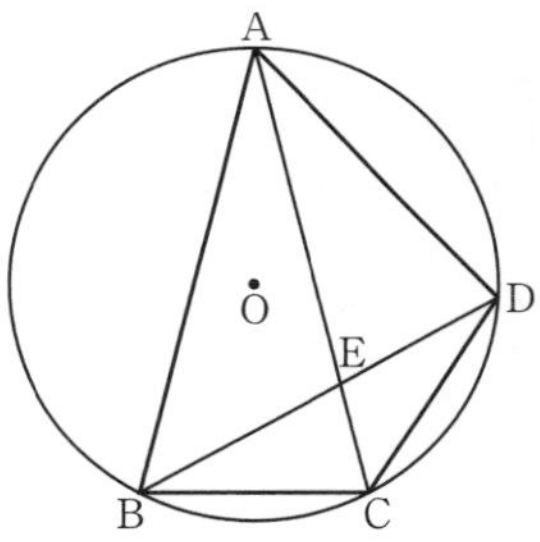

(1) △ABE ≡ △ACDを証明しなさい。

(2) AB = AC = 4cm，AD = 3cmとする。このとき，線分BDの長さを求めなさい。

(1)	
(2)	

学習日：　月　日 解答：別冊p.18

1日目 身のまわりの物質

整理しよう

1 気体の性質

(1) 二酸化マンガンにうすい過酸化水素水を加えたときに発生する気体を集める方法として適当なものを，次の**ア**～**ウ**から１つ選び，記号を書きなさい。（　　）

ア 水上置換《ちかん》法　**イ** 上方置換法　**ウ** 下方置換法

(2) 石灰石《せっかいせき》にうすい塩酸を加えたときに発生する気体を石灰水に通すと，石灰水はどのように変化しますか。

（　　　　　　　　　　）

2 水溶液《すいようえき》

(1) 30℃の水170gに食塩30gをすべてとかした。このときできた食塩水の質量パーセント濃度《のうど》は何%ですか。（　　）

(2) 物質が，100gの水にとけることのできる最大量を何といいますか。（　　）

(3) 物質を一度溶媒《ようばい》にとかしてから，再び結晶《けっしょう》としてとり出すことを何といいますか。（　　）

3 状態変化

(1) 右の図は，物質の状態変化のようすを粒子のモデルで模式的に表したものである。加熱を表している矢印はどれか。図の**ア**～**カ**からすべて選び，記号を書きなさい。（　　）

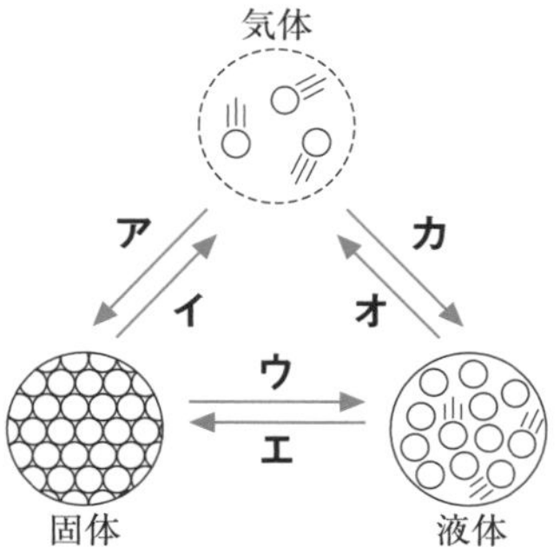

(2) 水が液体から固体に変化すると，密度はどのように変化しますか。（　　）

1

気体の集め方

水にとけにくい気体

↓

水上置換法

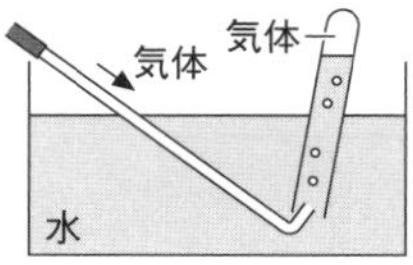

水にとけやすい気体

空気より密度が大きい → **下方置換法**

空気より密度が小さい → **上方置換法**

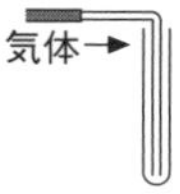

2

溶質《ようしつ》・溶媒・溶液

溶質☞溶液にとけている**物質**。

溶媒☞溶質をとかしている**液体**。

溶液☞溶質が溶媒にとけている液。

重要 **質量パーセント濃度〔%〕**

$$\frac{\text{溶質の質量〔g〕}}{\text{溶液の質量〔g〕}}\times 100$$

3

融点《ゆうてん》と沸点《ふってん》

融点☞固体がとけて液体に変化するときの温度。

沸点☞液体が沸騰《ふっとう》して気体に変化するときの温度。

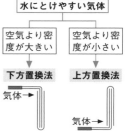

定着させよう

得点：　　/50点

1 アンモニアが入ったフラスコを用い，図のような装置をつくった。次に，水の入ったスポイトを用いてフラスコの中に少量の水を入れると，水槽《すいそう》内のフェノールフタレイン溶液を加えた水がガラス管を上り，フラスコ内で噴水《ふんすい》が観察された。これについて，次の問いに答えなさい。　[6点×3]〈群馬〉

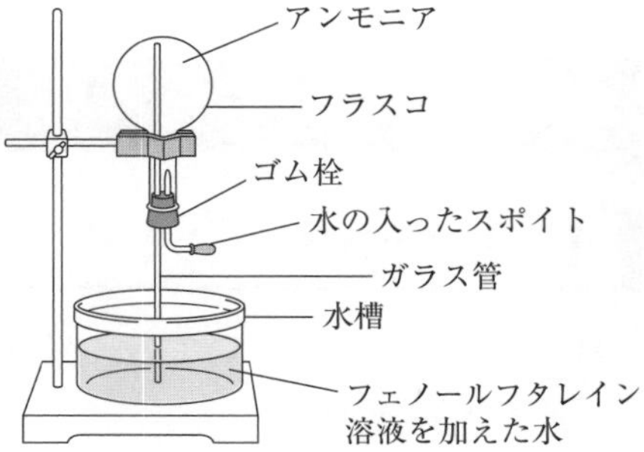

(1) アンモニアを発生させたときの集め方として適切なものを，次の**ア**～**ウ**から１つ選び，記号を書きなさい。　〔　　〕

ア　上方置換法　　**イ**　下方置換法　　**ウ**　水上置換法

(2) アンモニアのにおいを確かめるとき，どのような方法が適切か，書きなさい。

〔　　〕

(3) 水槽内のフェノールフタレイン溶液を加えた水が，フラスコ内にふき出したときの色は何色になるか，書きなさい。　〔　　〕

2 ビーカーに水を50.0g入れて，塩化カリウムを10.0gとかした。これについて，次の問いに答えなさい。　[7点×2]〈宮城〉

(1) 塩化カリウム水溶液における水のように，物質をとかしている液体を何というか，書きなさい。　〔　　〕

(2) この水溶液を60℃にし，塩化カリウムをさらに加えて飽和水溶液にするためには，少なくとも何g加えることが必要か，求めなさい。ただし，60℃での塩化カリウムの溶解度は45.8gであり，水の蒸発は考えないものとする。　〔　　〕

3 次の実験①～③について，あとの問いに答えなさい。　[6点×3]〈栃木・改〉

①　ろう25.0gをビーカーに入れ，ゆっくりと温めて，固体から液体に変化させた。

②　①のあと，液体のろうの質量をはかったところ，変化していなかった。

③　ビーカーのろうの液面の位置にペンで印をつけ，ろうがすべて固体に変化するまで放置したところ，ろうは中央付近がくぼみ，体積が小さくなっていた。このとき，ろうの質量は変化していなかった。また，固体となったろうの体積は$27.0\,cm^3$であった。

(1) 固体が液体に変化する温度を何というか，書きなさい。　〔　　〕

(2) 液体のろうが冷えて固体になったとき，ろうを構成する粒子《りゅうし》の何が変化したのか。次の**ア**～**エ**から１つ選び，記号を書きなさい。　〔　　〕

ア　大きさ　　**イ**　数　　**ウ**　運動のようす　　**エ**　種類

(3) 固体のろうの密度は何g/cm^3か，小数第２位まで求めなさい。　〔　　〕

学習日：　月　日　解答：別冊p.19

2日目 化学変化と原子・分子

整理しよう

1 原子と分子

(1) 次の①～④についての説明を，あとの**ア**～**エ**からそれぞれ選び，記号を書きなさい。

① 原子　② 分子　③ 単体　④ 化合物

①(　　　)　②(　　　)　③(　　　)　④(　　　)

ア　２種類以上の元素からできている物質

イ　１種類の元素だけからできている物質

ウ　それ以上分割することができない小さな粒子《りゅうし》

エ　原子がいくつか結びついてできた，その物質の性質を表す最小の粒子

(2) 次の①～③の元素記号が示す元素の名称《めいしょう》を，それぞれ書きなさい。

① O　② C　③ H

①(　　　)　②(　　　)　③(　　　)

2 化学変化

(1) 次の①～③の物質を表す化学式を，それぞれ書きなさい。

① 二酸化炭素　② 水　③ 塩化ナトリウム

①(　　　)　②(　　　)　③(　　　)

(2) 水を電気分解したときに起こる化学変化を，化学反応式で表しなさい。(　　　)

(3) 鉄と硫黄《いおう》が反応したときにできる物質を何といいますか。

(　　　)

(4) 酸化銅の粉末と炭素の粉末の混合物を加熱したときにできる物質は何か。化学式で２つ書きなさい。

(　　　)(　　　)

(5) 化学変化の前後で，化学変化に関係した物質の全体の質量は変化しない。この法則を何といいますか。

(　　　)

1

元素記号

元素名	記号
酸素	O
炭素	C
水素	H
銅	Cu
ナトリウム	Na

おもな化学式

	物質名	化学式
単体	酸素	O_2
	銅	Cu
化合物	二酸化炭素	CO_2
	水	H_2O
	塩化ナトリウム	NaCl

2

重要 酸化銀の熱分解

いろいろな化学変化

・炭酸水素ナトリウム⟶炭酸ナトリウム＋水＋二酸化炭素

・銅＋硫黄⟶硫化銅《りゅうかどう》

・銅＋酸素⟶酸化銅

・硫酸＋水酸化バリウム⟶硫酸バリウム＋水（白色沈殿《ちんでん》）

定着させよう

得点：　　/50点

1　右の図のように，試験管Aに酸化銀の粉末を入れて加熱し，発生した気体を水上置換《ちかん》法で試験管Bに集めた。気体が発生しなくなってから，ガラス管を水の中からとり出し，加熱をやめた。そのあと，試験管Aに残っていた白い固体は銀，試験管Bに集めた気体は酸素であることがわかった。これについて，次の問いに答えなさい。

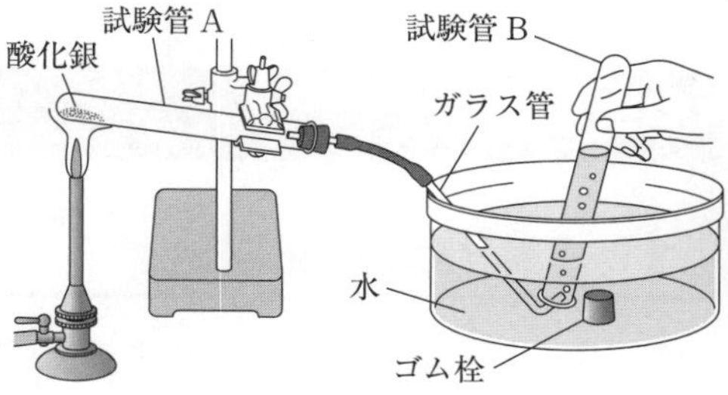

[6点×3]〈香川〉

(1)　加熱をやめる前にガラス管を水の中からとり出すのはなぜか。その理由を簡単に書きなさい。　〔　　〕

(2)　次の文は，酸化銀の加熱により得られた2つの物質について述べようとしたものである。文中の①，②の｛　　｝内にあてはまる言葉を，**ア**，**イ**から1つ，**ウ**～**オ**から1つ選び，それぞれ記号を書きなさい。　①〔　　〕　②〔　　〕

　試験管Aに残った銀は，薬さじでこすると光沢が出て，電流を①｛**ア**．流す　**イ**．流さない｝という，金属特有の性質がある。また，試験管Bに集めた気体は酸素である。これは，試験管Bに②｛**ウ**．石灰水《せっかいすい》を加えてふる　**エ**．火のついた線香を入れる　**オ**．水でしめらせた赤色リトマス紙を入れる｝ことで確認することができる。

2　酸化銅の粉末に，炭の粉末をよく混ぜ，右の図のような装置で混合物を加熱した。火を消す前に石灰水を入れた試験管Bからガラス管を抜き，ⓐ<u>加熱をやめて，ピンチコックでゴム管を閉じた</u>。このとき，試験管Aには銅が残り，ⓑ<u>発生した気体により，試験管Bの石灰水にも変化が起こった</u>。これについて，次の問いに答えなさい。　[8点×4]〈茨城・改〉

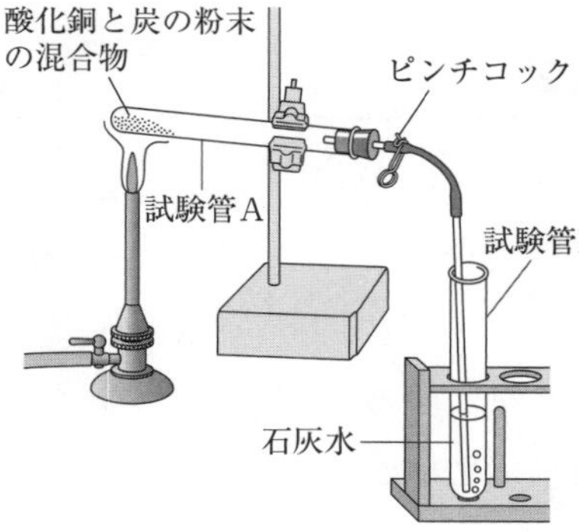

(1)　下線部ⓐについて，加熱をやめたらピンチコックでゴム管を閉じる理由を書きなさい。
〔　　〕

(2)　下線部ⓑについて，試験管Bの石灰水はどのように変化したか，書きなさい。
〔　　〕

(3)　この実験で起こった化学変化を，化学反応式で書きなさい。
〔　　〕

(4)　この実験で酸化銅に起こった変化のように，酸化物から酸素をとり去る化学変化を何というか，書きなさい。　〔　　〕

3日目 イオン

整理しよう

1 電気分解と電池

(1) 塩化銅水溶液《すいようえき》を電気分解すると，陽極と陰極《いんきょく》でそれぞれ何が生じますか。

陽極（　　　　　　）陰極（　　　　　　）

(2) 塩酸を電気分解したときのようすを，化学反応式で表しなさい。

（　　　　　　　　　　　　　　）

(3) 水にとかしたとき，その水溶液に電流が流れる物質を何といいますか。（　　　　　）

(4) 化学電池で，水溶液にとけて陽イオンとなる金属は，＋極と－極のどちらになりますか。（　　　　　）

(5) 化学電池に用いる水溶液として適当でないものを，次の**ア**～**ウ**から１つ選び，記号を書きなさい。（　　）

ア　食塩水　　**イ**　砂糖水　　**ウ**　うすい塩酸

2 中和と塩《えん》

(1) 次の文中の（　①　），（　②　）にあてはまる言葉を，それぞれ書きなさい。ただし,「陽」と「陰」という語は除きます。

①（　　　　　　）②（　　　　　　）

酸の（　①　）イオンとアルカリの（　②　）イオンが結びついて水ができ，たがいの性質を打ち消し合う反応のことを中和という。

(2) 塩酸と水酸化ナトリウム水溶液を混合したときの反応のようすを，化学反応式で表しなさい。

（　　　　　　　　　　　　　　）

(3) (2)の反応でできた水以外の物質のように，酸の陰イオンとアルカリの陽イオンが結びついてできた物質を何といいますか。

（　　　　　）

(4) 硫酸《りゅうさん》と水酸化バリウム水溶液の反応によってできる(3)の物質を，化学式で書きなさい。（　　　　　）

1

ダニエル電池

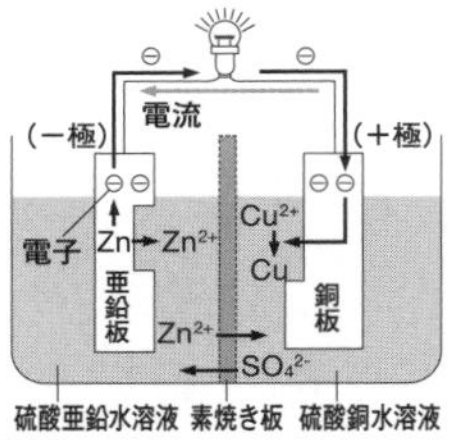

亜鉛《あえん》板☞－極となり，亜鉛がとけ出す。

$Zn \longrightarrow Zn^{2+} + 2e^-$

銅板☞＋極となり，銅が付着する。

$Cu^{2+} + 2e^- \longrightarrow Cu$

2

重要 **塩酸と水酸化ナトリウム水溶液の中和のモデル**

塩酸＋水酸化ナトリウム水溶液
$\longrightarrow$塩化ナトリウム＋水
（塩）

$HCl + NaOH$
$\longrightarrow NaCl + H_2O$

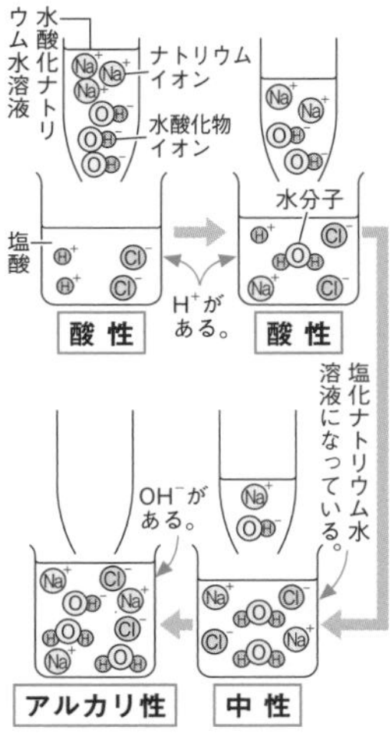

定着させよう

得点：　　/50点

1 右の図のように，容器を素焼き板で仕切り，一方には硫酸亜鉛水溶液を入れて亜鉛板をひたし，他方には硫酸銅水溶液を入れて銅板をひたした。その後，亜鉛板と豆電球，銅板を導線でつないだところ，豆電球が点灯した。次の問いに答えなさい。 〔8点×4〕

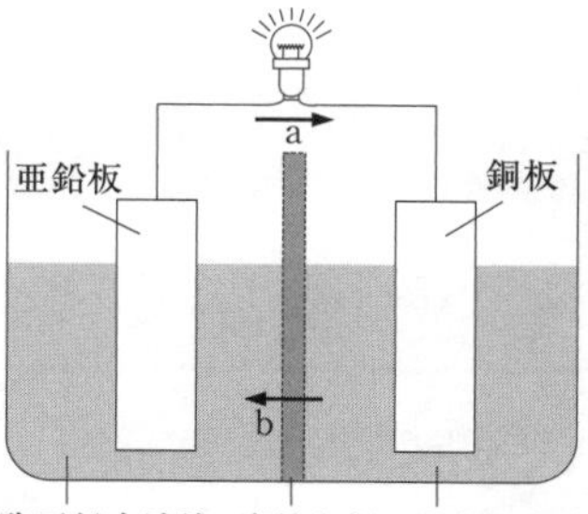

(1) 亜鉛板は，この電池の＋極か－極か答えなさい。 〔　　〕

(2) 図中の矢印 a の向きに流れるのは，電子または電流のどちらか答えなさい。〔　　〕

(3) 銅板の表面で起こっている変化を表したものを，次の**ア**～**エ**から 1 つ選び，記号で答えなさい。ただし，e^-は電子を表している。 〔　　〕

ア　$Cu \longrightarrow Cu^{+} + e^{-}$

イ　$Cu^{+} + e^{-} \longrightarrow Cu$

ウ　$Cu \longrightarrow Cu^{2+} + 2e^{-}$

エ　$Cu^{2+} + 2e^{-} \longrightarrow Cu$

(4) 図中の矢印 b の向きに移動するイオンを，化学式で答えなさい。 〔　　〕

2 うすい塩酸を用意し，4 個のビーカー A～D にそれぞれ 10 cm^3 ずつとったあと，BTB 溶液を数滴《すうてき》ずつ加えた。次に，うすい水酸化ナトリウム水溶液を用意し，ビーカー B～D にそれぞれ 4，8，12 cm^3 ずつ加えて水溶液の色の変化を観察した。下の表は，その結果をまとめたものである。これについて，あとの問いに答えなさい。 〔6点×3〕〈愛媛〉

ビーカー	A	B	C	D
うすい塩酸〔cm^3〕	10	10	10	10
うすい水酸化ナトリウム水溶液〔cm^3〕	0	4	8	12
反応後の水溶液の色	黄色	黄色	緑色	青色

(1) 酸の水素イオンとアルカリの水酸化物イオンが結びついて［　　］ができ，たがいの性質を打ち消し合う反応を中和という。［　　］にあてはまる物質の名称《めいしょう》を書きなさい。 〔　　〕

(2) ビーカー A～D のうち，水溶液中に存在する水素イオンの数が最も多いものはどれか。A～D から 1 つ選び，記号を書きなさい。 〔　　〕

(3) この実験で使用したうすい塩酸 4 cm^3 をビーカー D の水溶液に加えた。この水溶液を中性にするには，この実験で使用した，うすい塩酸，うすい水酸化ナトリウム水溶液のうち，どちらを何 cm^3 加えればよいですか。 〔　　〕

学習日：　月　日　解答：別冊p.20

4日目 光・音・力・電流

整理しよう

1 光・音・力

(1) 下の①，②で，正しい光の進み方を表したものを，図中の**ア**～**エ**から1つずつ選び，記号を書きなさい。

①（　　　）②（　　　）

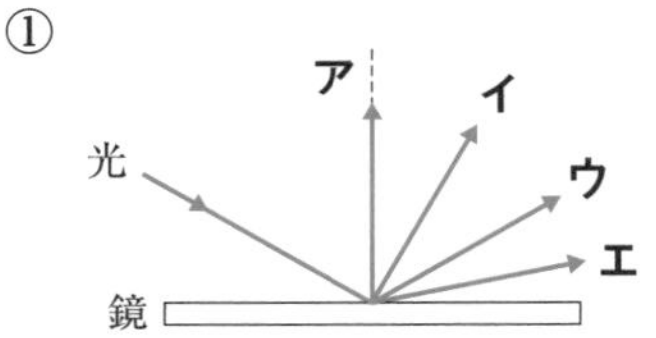

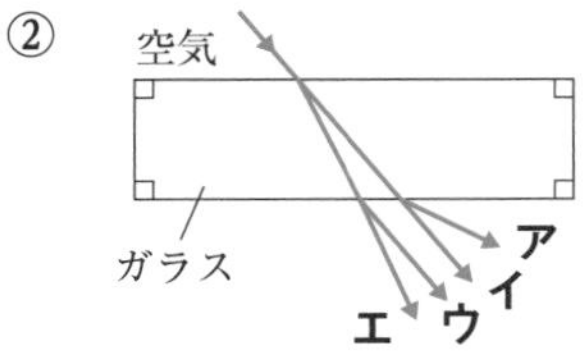

(2) 次の**ア**～**エ**の中で，最も低くて小さい音の波形を示したオシロスコープの画像を選び，記号を書きなさい。（　　　）

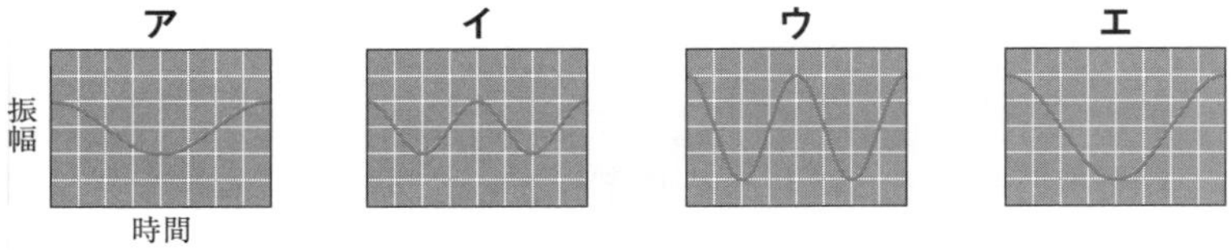

(3) ばねに物体をつるしたところ，ばねはのびて物体が静止した。このとき，物体にはたらく重力とつり合っている力を何といいますか。（　　　）

2 電流

(1) ある電熱線に6Vの電圧を加えると2Aの電流が流れた。この電熱線の抵抗は何Ωですか。（　　　）

(2) (1)のとき，電熱線で消費された電力は何Wですか。（　　　）

(3) 10Ωの電熱線を2つ並列につないだとき，回路全体の抵抗は何Ωですか。（　　　）

(4) コイルの中の磁界を変化させたとき，コイルに電流を流そうとする電圧が生じる現象を何といいますか。（　　　）

1

光の反射の法則

入射角＝反射角

光の屈折《くっせつ》

①空気⇨ガラス・水
入射角＞屈折角

②ガラス・水⇨空気
入射角＜屈折角

2力がつり合う条件

①2力の大きさが等しい。
②2力の向きが反対である。
③2力が同一直線上にある。

2

重要 **回路と電流・電圧・抵抗**

直列回路

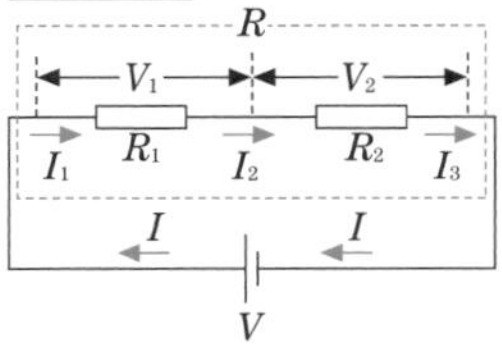

$$I=I_1=I_2=I_3$$
$$V=V_1+V_2$$
$$R=R_1+R_2$$

並列回路

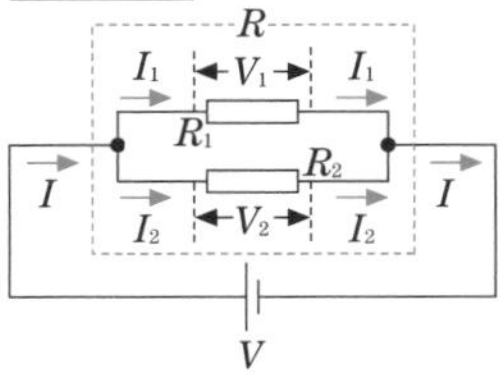

$$I=I_1+I_2$$
$$V=V_1=V_2$$
$$\frac{1}{R}=\frac{1}{R_1}+\frac{1}{R_2}$$

定着させよう

得点： /50点

1 光と音について，次の問いに答えなさい。 [8点×2]〈兵庫〉

(1) 光と音に共通する性質として適切なものを，次の**ア**～**エ**から１つ選び，記号を書きなさい。

〔　　　〕

ア 金属の中や真空中で伝わる。　**イ** 水中や空気中で伝わる。

ウ 金属の中や水中では伝わらない。　**エ** 水中や真空中では伝わらない。

(2) 海面に静止している船から，深さ4500mの海底に向かって観測装置を用いて音を出すと，海底面で反射して返ってくる音を６秒後に観測した。海水中を伝わる音の速さは何m/sか，求めなさい。

〔　　　〕

2 ばねとてんびんを用い，物体の質量や物体にはたらく力を測定する実験を行った。グラフは，実験で用いたばねを引く力の大きさとばねののびの関係を表している。実験で用いたてんびんは，支点から糸をつるすところまでの長さが左右で等しい。図のように，てんびんの左側にばねと物体Aをつるし，右側に質量270gのおもりXをつるしたところ，てんびんは水平につり合った。ばねと糸の質量や体積は考えないものとし，質量100gの物体にはたらく重力の大きさを1Nとして，次の問いに答えなさい。 [8点×2]〈福島〉

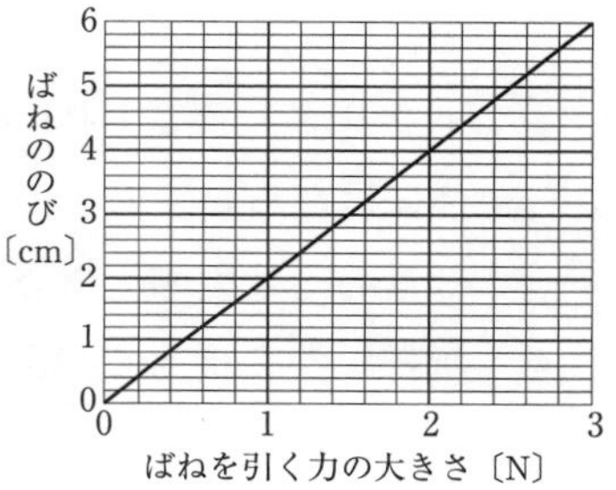

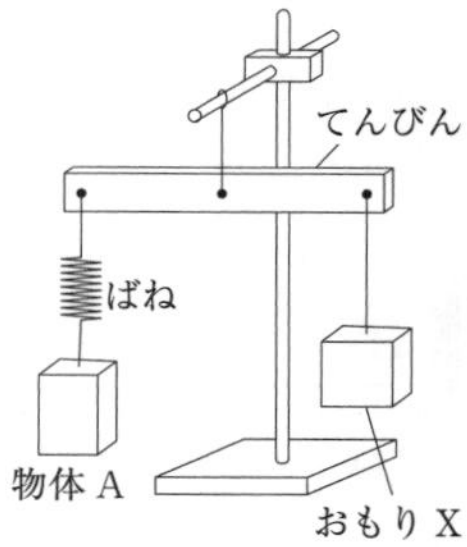

(1) 次の文は，ばねを引く力の大きさとばねののびの関係について述べたものである。［　　］にあてはまることばを書きなさい。

〔　　　〕

ばねを引く力の大きさとばねののびの間には比例関係がある。このことは，発表したイギリスの科学者の名から，［　　］の法則とよばれている。

(2) このときのばねののびは何cmか，求めなさい。

〔　　　〕

3 抵抗を流れる電流や，抵抗で消費する電力について調べるために，図のような回路をつくった。これについて，次の問いに答えなさい。 [6点×3]〈長崎〉

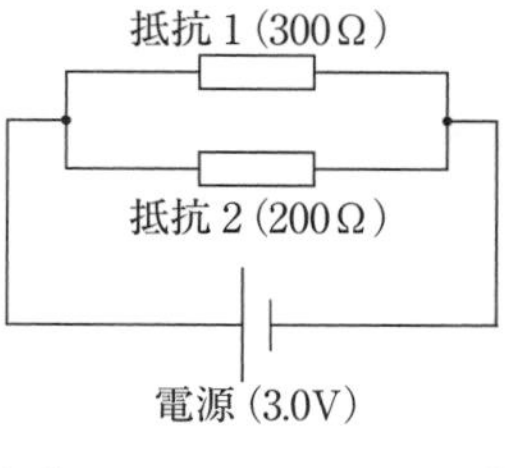

(1) 次の文中の［①］，［②］に，大きい，小さいのいずれかを入れ，文を完成しなさい。ただし，同じ語句を２度用いてもよいものとする。

①〔　　　〕　②〔　　　〕

抵抗１に流れる電流は，抵抗２に流れる電流より［①］。また，抵抗１で消費する電力は，抵抗２で消費する電力より［②］。

(2) 図の回路全体の抵抗は何Ωか，求めなさい。

〔　　　〕

学習日：　月　日　解答：別冊p.21

5日目 力と運動・仕事とエネルギー

整理しよう

1 力と運動

(1) 2つの力と同じはたらきをする1つの力を求めることを何といいますか。（　　　）

(2) 1つの力を，同じはたらきをする2つの力に分けたとき，分けられた2つの力を，もとの力の何といいますか。

（　　　）

(3) 重さ10Nで体積1500cm^{3}の物体が水に浮《う》いているとき，この物体にはたらいている浮力《ふりょく》は何Nですか。ただし，100gの物体にはたらく重力の大きさを1Nとする。（　　　）

(4) 新幹線が2時間で450km移動した。このときの新幹線の平均の速さは何km/hですか。（　　　）

(5) 新幹線の速度計が256km/hを示していた。このように，ごく短い時間に移動した距離《きょり》をもとに求めた速さを何といいますか。

（　　　）

2 仕事とエネルギー

(1) 右の図のように，重さ30Nの物体をゆっくりと手で持ち上げた。

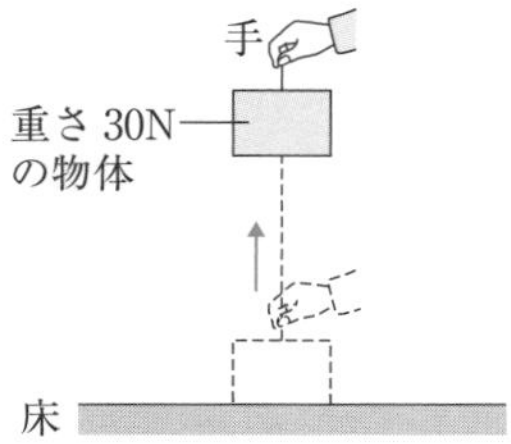

① このとき，手が物体に加えた力の大きさは何Nですか。

（　　　）

② 物体を1.5m持ち上げたとき，手が物体にした仕事は何Jですか。（　　　）

(2) ふりこの運動のように，物体のもつ位置エネルギーと運動エネルギーの和が一定に保たれることを何といいますか。

（　　　）

(3) 電気エネルギーなどのエネルギーが運動エネルギーなどの他のエネルギーに変換《へんかん》されても，エネルギーの総量は変化しない。これを何といいますか。（　　　）

1

慣性の法則

外から力が加わらなければ，静止している物体は静止し続け，運動している物体はそのときの速さのままで等速直線運動を続ける。このことを**慣性の法則**といい，物体がもつこのような性質を**慣性**という。

重要 等速直線運動

速さが一定で，一直線上を進む運動。

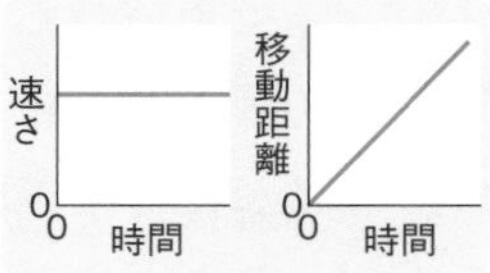

2

重要 仕事と仕事率

仕事〔J〕＝
物体に加えた力〔N〕×力の向きに移動させた距離〔m〕

仕事率〔W〕＝ $\frac{仕事〔J〕}{時間〔s〕}$

仕事の原理☞道具や斜面《しゃめん》を使っても，仕事の大きさは変わらない。

注意 仕事の大きさが0になる場合

物体に力を加えても，加えた力の向きに物体が移動しない場合，仕事の大きさは0なので注意が必要。

例 かばんを同じ高さで持ったままゆっくりと水平に移動したとき。

定着させよう

得点：　　/50点

1 次の実験について，あとの問いに答えなさい。ただし，摩擦《まさつ》と空気の抵抗は考えないものとし，質量100gの物体にはたらく重力の大きさを1Nとする。　[(2)6点×2，他7点×2]〈宮城・改〉

［実験］ 図1のような装置をつくり，台車が動かないように手で止めておもりと床《ゆか》の間隔《かんかく》を測ったところ，22.5cmであった。台車から手をはなすと台車は動き始め，その後，おもりは床に達して静止したが，台車は運動を続けた。このときの台車の運動のようすを1秒間に点を50回打つ記録タイマーで調べた。図2は，このとき得られた記録テープで，基準点から5打点ごとにA～Eの区間に分けている。

図1

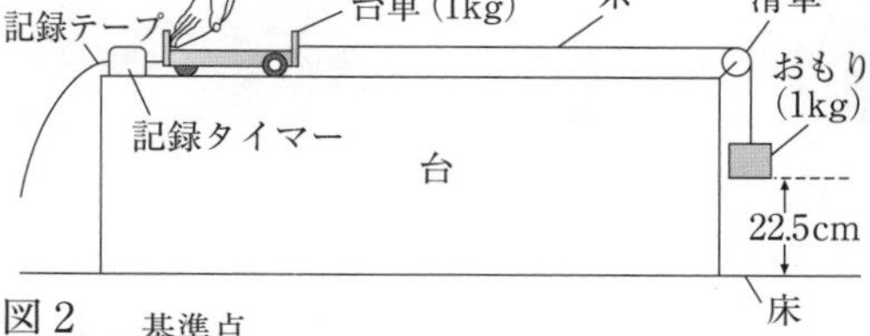

図2

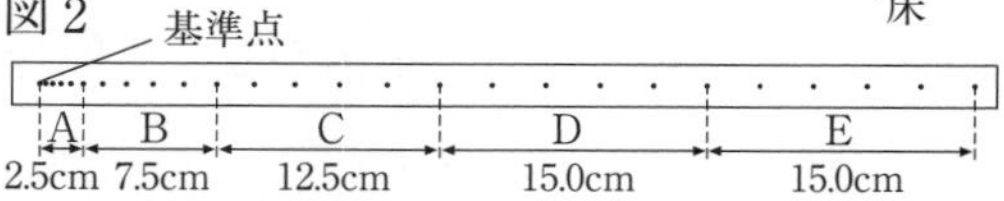

(1) 図2のDおよびEの区間における台車の運動を何というか，答えなさい。

〔　　　　　　〕

(2) Aの区間とB～Cの区間における台車の平均の速さは何cm/sか，それぞれ求めなさい。

Aの区間〔　　　　　　〕　B～Cの区間〔　　　　　　〕

(3) おもりが動き始めてから床に達するまでの間に，重力がおもりにした仕事は何Jか，求めなさい。

〔　　　　　　〕

2 次の実験1，2について，あとの問いに答えなさい。ただし，台車は同じものを用い，台車にはたらく摩擦力はないものとする。　[6点×4]〈岐阜・改〉

［実験1］ 図1のように，台車を一定の速さで手で上向きに0.20m引き上げた。このとき，ばねばかりの示す力の大きさは10.0Nであった。

図1

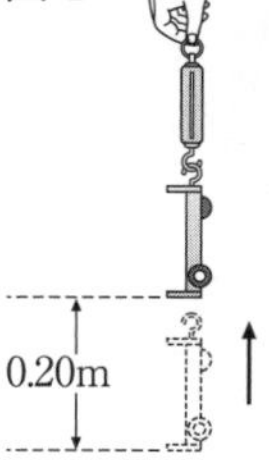

［実験2］ 図2のように，なめらかな斜面に置いた台車を一定の速さで手で斜面にそって0.40m引き上げると，台車はもとの位置より0.20m高くなった。このとき，ばねばかりが示す力の大きさは5.0Nであった。

(1) 実験1で，手がした仕事は何Jか，求めなさい。　〔　　　　　　〕

(2) 実験2で，手が加えた力の大きさは5.0Nであった。このとき，①，②を求めなさい。

① 手を動かした距離　② 手がした仕事

①〔　　　　　　〕　②〔　　　　　　〕

図2

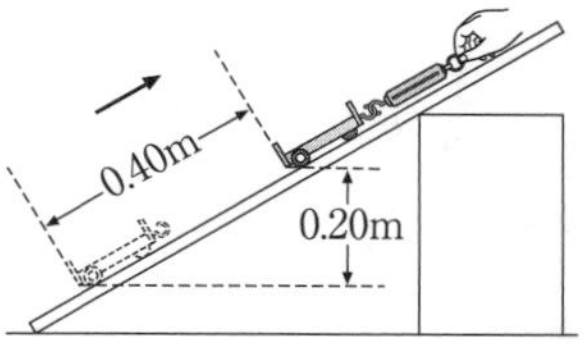

(3) 実験2で，手がした仕事率は0.50Wであった。このとき手を動かした速さは何m/sか，求めなさい。

〔　　　　　　〕

英語
数学
理科
社会
国語
1日目
2日目
3日目
4日目
5日目
6日目
7日目
8日目
9日目
10日目

6日目 生物の特徴《とくちょう》と分類

整理しよう

1 植物のつくりと分類

(1) 花をさかせ，種子をつくる植物を何といいますか。

(　　　　　　　)

(2) (1)の植物のうち，子房《しぼう》がなく，胚珠《はいしゅ》がむき出しの花をつける植物を何といいますか。　(　　　　　　　)

(3) 右の図は，花のつくりを示した模式図である。

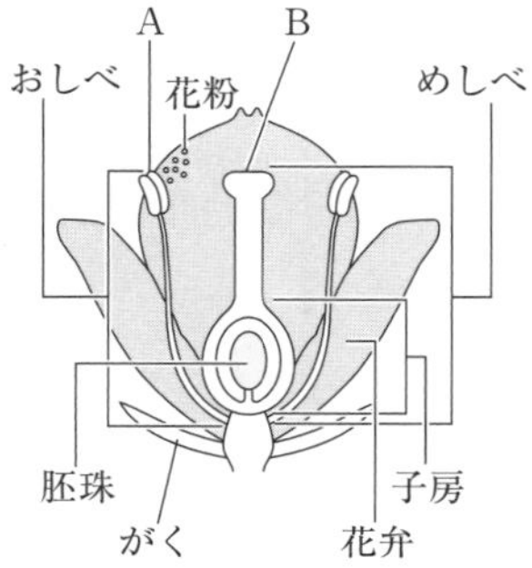

① 図のA，Bの部分を，それぞれ何といいますか。

A (　　　　　　　)

B (　　　　　　　)

② Aでつくられた花粉がBにつくことを何といいますか。　(　　　　　　　)

1

重要 植物の分類

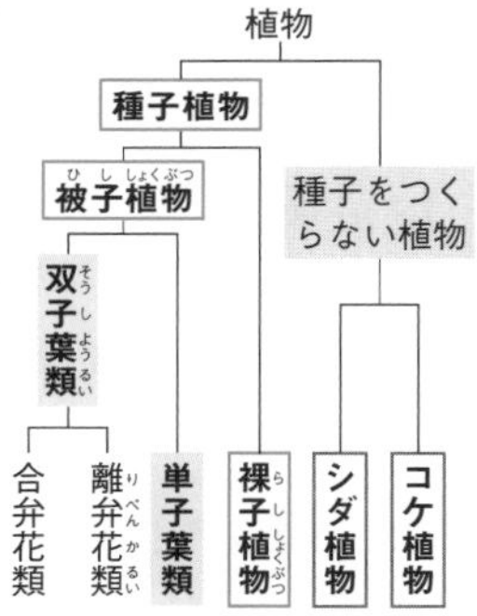

2 動物のつくりと分類

(1) 次の①～③のセキツイ動物は何類か。あとの**ア**～**オ**から1つずつ選び，記号を書きなさい。

① コウモリ　　② タツノオトシゴ　　③ カメ

①(　　　　) ②(　　　　) ③(　　　　)

ア 魚類　**イ** 両生類　**ウ** ハチュウ類

エ 鳥類　**オ** ホニュウ類

(2) 次の①，②にあてはまる動物をあとの**ア**～**エ**から1つずつ選び，記号を書きなさい。

① アサリのように内臓が外《がい》とう膜《まく》でおおわれている動物。

② クモのようにからだやあしに節がある動物。

①(　　　　) ②(　　　　)

ア ミミズ　**イ** カニ　**ウ** マイマイ　**エ** イモリ

2

セキツイ動物の分類

	魚類	両生類	ハチュウ類	鳥類	ホニュウ類
呼吸	えら	(幼生)えら・皮膚《ひふ》 (成体)肺・皮膚	肺		
うまれ方	卵生 (殻《から》がない)		(殻がある)		胎生《たいせい》
体表	うろこ	しめった皮膚	うろこ 甲ら	羽毛	毛
なかま	メダカ ウナギ	カエル イモリ	ヤモリ カメ	ハト ペンギン	ウサギ クジラ

定着させよう

得点：　　/50点

1 下の図のa～dは，双子葉類のアブラナの花を分解して並べたものである。これについて，あとの問いに答えなさい。

[9点×2]〈石川〉

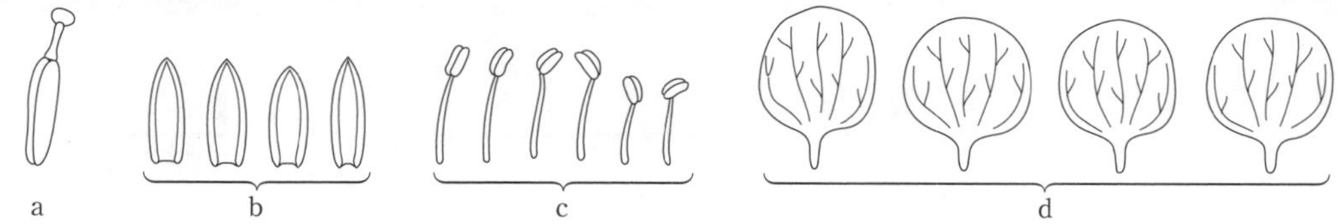

(1) a～dを，花の外側からついている順に並べなさい。〔　　→　　→　　→　　〕

(2) 双子葉類のアブラナとタンポポは，花の特徴によってそれぞれ別のなかまに分けられる。このとき，アブラナは何というなかまに分けられるか，書きなさい。〔　　〕

2 右の図は，翔太さんたちが見つけた生物をスケッチしたものである。次に示した先生と生徒の会話について，あとの問いに答えなさい。

[8点×4]〈広島〉

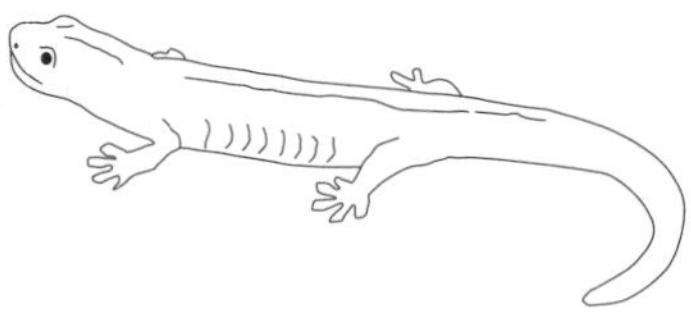

翔太：この生物って，どの動物のなかまなのかな。

先生：しっかりと観察して，その結果をまとめて，みんなで考えてみましょう。

【まとめ】・背骨がある。　・あしがある。　・うろこがない。　・体長は約12cmである。

先生：このまとめを見て，みなさんはどの動物のなかまだと思いますか。

翔太：背骨があるということは，①無セキツイ動物ではなくセキツイ動物ですね。

希実：見た目がトカゲに似ているから，私はハチュウ類だと思うわ。

翔太：僕《ぼく》は，②この生物はハチュウ類ではないと思うよ。両生類じゃないかな。

希実：この生物が両生類であるとすると，ほかにどんな特徴が観察できるかな。

翔太：③子のうまれ方も特徴の一つだよね。

(1) 下線部①について，無セキツイ動物のなかまには，軟体《なんたい》動物がいる。軟体動物のからだの特徴を次の**ア**，**イ**から選び，記号を書きなさい。また，次の**ウ**～**キ**のうち，軟体動物をすべて選び，記号を書きなさい。　からだの特徴〔　　〕 生物名〔　　〕

からだの特徴：**ア**　外骨格　**イ**　外とう膜

生物名　：**ウ**　バッタ　**エ**　アサリ　**オ**　クモ　**カ**　イカ　**キ**　メダカ

(2) 下線部②について，翔太さんがこの生物はハチュウ類ではないと考えた理由を，まとめをもとに，簡潔に書きなさい。〔　　〕

(3) 下線部③について，次の**ア**～**オ**のセキツイ動物のうち，殻のない卵をうむなかまはどれか。記号をすべて書きなさい。〔　　〕

ア　ホニュウ類　**イ**　鳥類　**ウ**　ハチュウ類　**エ**　両生類　**オ**　魚類

7日目 生物のからだのつくりとはたらき

整理しよう

1 植物のからだのつくりとはたらき

(1) 図1はホウセンカの茎の断面の模式図，図2は葉の断面の模式図である。図1，2のa～eを，それぞれ何といいますか。

a（　　　　　　）　b（　　　　　　）
c（　　　　　　）　d（　　　　　　）
e（　　　　　　）

図1
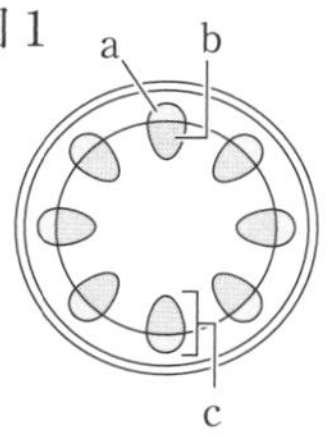

図2
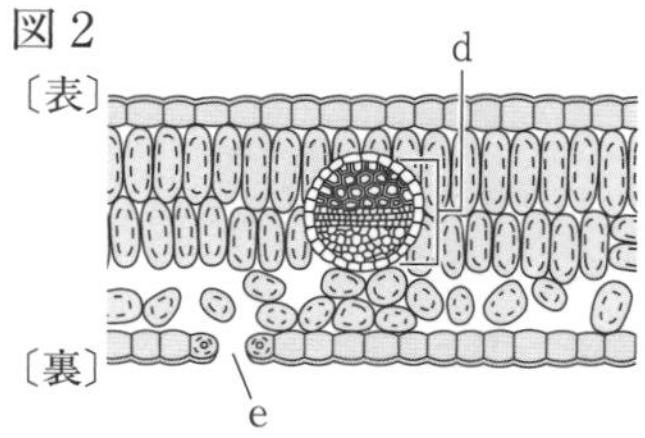

(2) 植物が光を受けて養分をつくるはたらきを何といいますか。

（　　　　　　）

2 動物のからだのつくりとはたらき

(1) だ液にふくまれる消化酵素《こうそ》は何ですか。（　　　　　　）

(2) デンプンは，小腸で吸収されるとき，何という物質になっていますか。（　　　　　　）

(3) 右の図は，肺のつくりを模式的に示したものである。図のAの小さいふくろとBの細い血管を，それぞれ何といいますか。

A（　　　　　　）
B（　　　　　　）

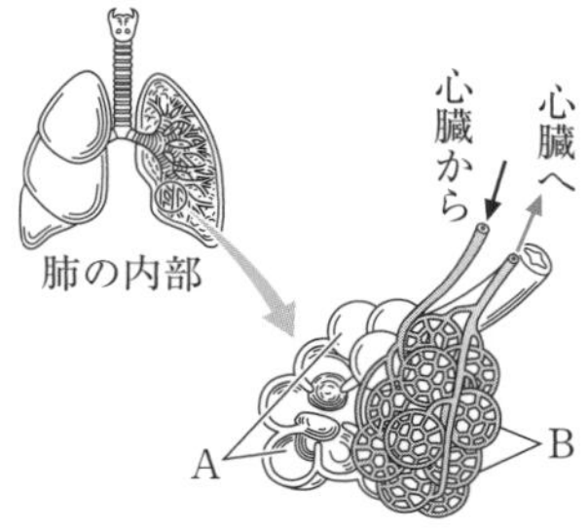

(4) ヒトの血液の成分で，酸素を運んでいるものは何ですか。

（　　　　　　）

(5) 感覚器官から中枢《ちゅうすう》神経へ信号を伝える神経を何といいますか。

（　　　　　　）

1

重要 光合成のしくみ

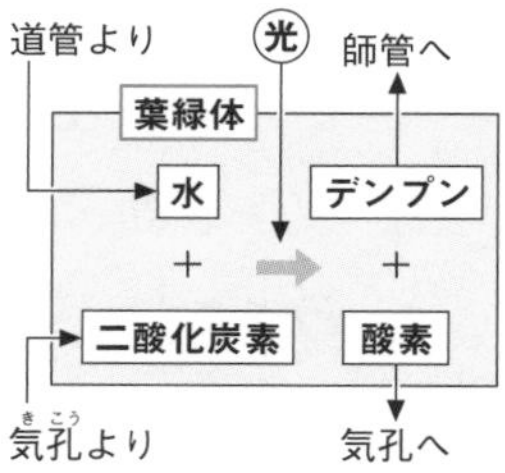

2

重要 血液の循環《じゅんかん》

①心臓☞血液を送り出すポンプのはたらきをする。
②じん臓☞血液中の不要物をこし出して尿《にょう》をつくる。
③肝臓《かんぞう》☞有害なアンモニアを尿素に変える。

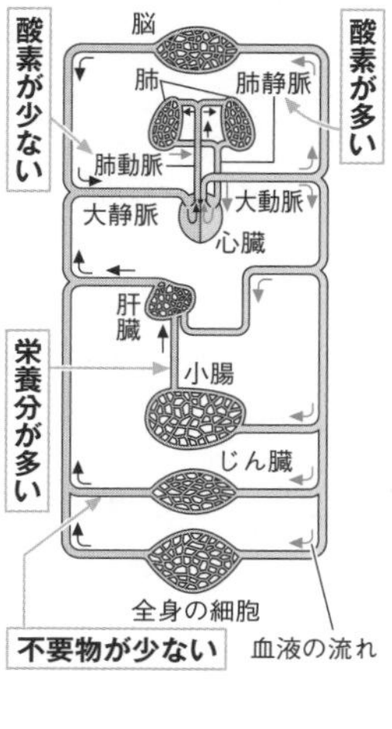

定着させよう

得点：　　/50点

1 図1のホウセンカを用意し，図1のXで茎を切断してつくりを調べた。図2は，茎の断面を模式的に表したものである。次に，図1のYで葉をうすく切り，顕《けん》微《び》鏡《きょう》で観察した。図3は，このときの断面のスケッチである。これについて，あとの問いに答えなさい。

[9点×2]〈栃木・改〉

図1

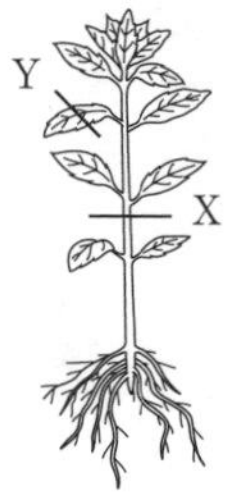

図2

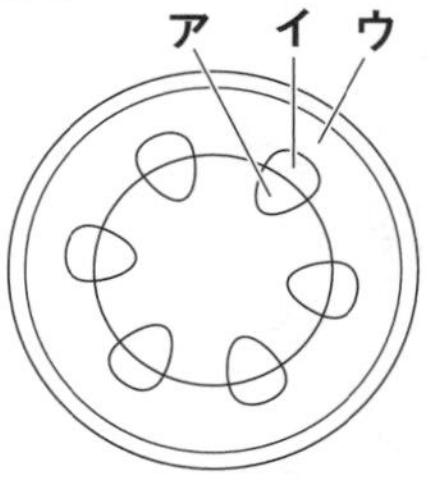

Xでの茎の断面

図3

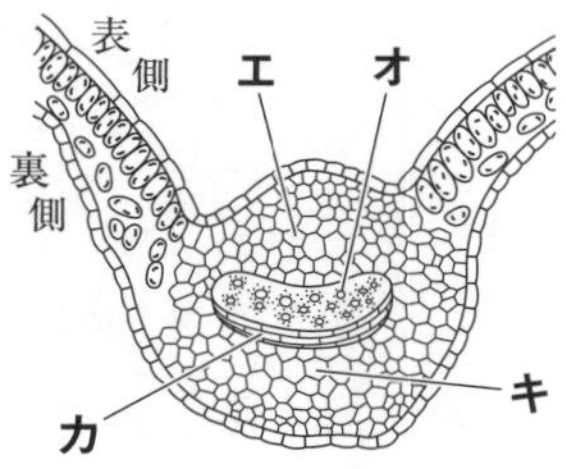

Yでの葉の断面の一部

図4

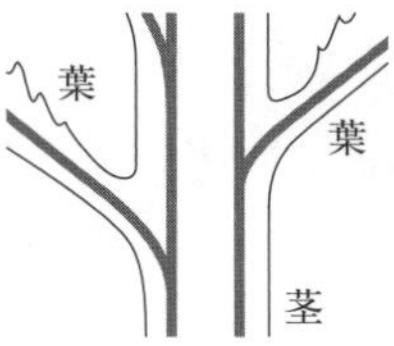

(1) 赤い色水を根から吸収させると，根から茎，茎から葉へと水が運ばれるようすを観察することができる。図4は，茎から葉に分かれた部分で色水が通る道すじを模式的に表したものである。ホウセンカでこのような実験を行うとき，赤い色水が通り，よく染まる部分はどこか。図2，図3の**ア**～**キ**からすべて選び，記号を書きなさい。

〔　　　　　　〕

(2) 根から吸い上げられた水が通る管を何というか，書きなさい。 〔　　　　　　〕

2 図1は，ヒトの体内での血液循環を表した模式図である。これについて，次の問いに答えなさい。

[8点×4]〈富山〉

(1) 下の表は，肺，小腸，じん臓の各器官を通過したあとの，血液にふくまれている物質A～Cの量の変化をまとめたものである。物質A～Cは，酸素，二酸化炭素，養分のいずれかである。物質Aと物質Bは何か，それぞれ書きなさい。

	肺	小腸	じん臓
物質A	増える	減る	減る
物質B	減る	増える	減る
物質C	減る	増える	増える

物質A〔　　　　　　〕 物質B〔　　　　　　〕

図1

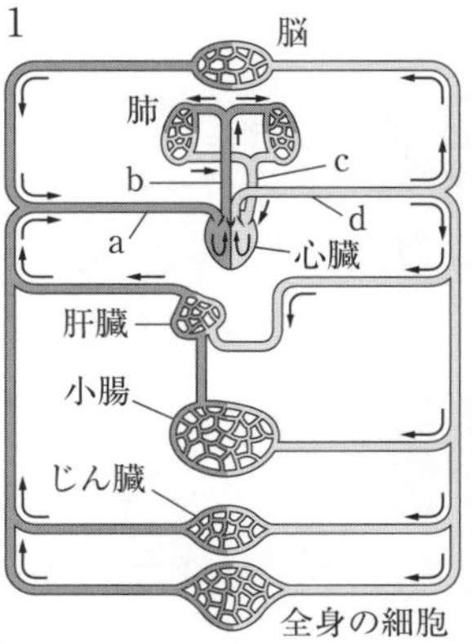

(2) 図1において，静脈血の流れる動脈はどれか。a～dから1つ選び，記号を書きなさい。 〔　　　　〕

(3) 小腸の内側の壁《かべ》を拡大すると，図2のような突《とっ》起《き》が多く見られる。この突起を何というか，書きなさい。 〔　　　　〕

図2

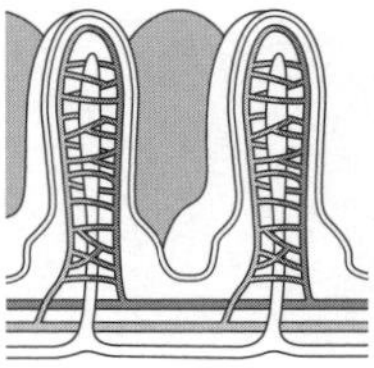

8日目 生物のふえ方と遺伝・生態系

整理しよう

1 生物のふえ方と遺伝

(1) 植物の細胞分裂《さいぼうぶんれつ》の順に，次の**ア**～**カ**を並べなさい。

(　　→　　→　　→　　→　　→　　)

ア　2本の染色体がさけるように，両端《りょうたん》へ移動する。

イ　細胞質が2つに分かれ，2個の新しい細胞ができる。

ウ　核《かく》の中に，複製された染色体が見えてくる。

エ　分かれた染色体がそれぞれ核となる。

オ　それぞれの染色体が複製され，細胞分裂の準備に入る。

カ　染色体が中央に並ぶ。

(2) 無性生殖《せいしょく》を，次の**ア**～**ウ**から1つ選び，記号を書きなさい。

(　　　)

ア　メダカが，卵をうんでなかまをふやすこと。

イ　ジャガイモが，いもから芽を出してなかまをふやすこと。

ウ　ヒマワリが，種子をつくってなかまをふやすこと。

(3) 対立形質をもつ純系の親どうしを交配させたとき，子に現れる形質を何といいますか。(　　　　)

2 生態系

(1) 食物連鎖《しょくもつれんさ》を正しく表しているものを，次の**ア**～**ウ**から1つ選び，記号を書きなさい。ただし，A→Bは，BがAを食べることを表しているものとする。(　　　)

ア　落ち葉→ミミズ→ダンゴムシ

イ　イネ→バッタ→カエル

ウ　アブラムシ→アリ→テントウムシ

(2) 食物連鎖による網《あみ》の目のようなつながりのことを何といいますか。(　　　　)

(3) 有機物をつくる生物を生産者というのに対して，有機物を食べてとり入れる生物を何といいますか。(　　　　)

1

重要 **遺伝の規則性**

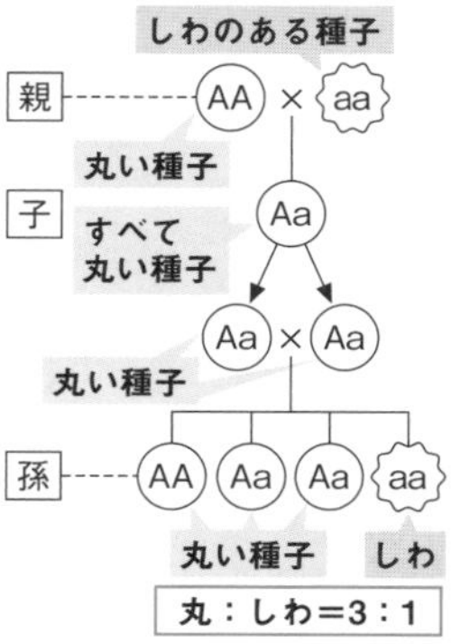

次世代の遺伝子の組み合わせの求め方

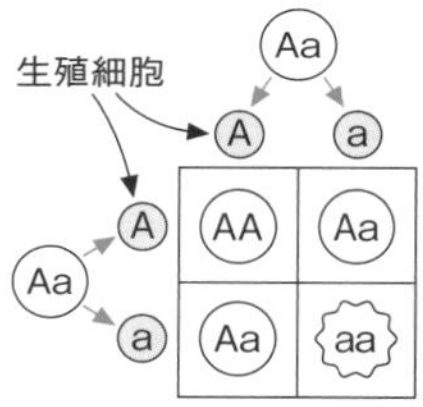

2

生態系と食物連鎖

生態系☞ある地域の生物と生物以外の環境《かんきょう》を総合的にとらえたもの。

食物連鎖☞**「食べる・食べられる」**という関係でのつながり。

食物網☞食物連鎖による網の目のようなつながり。

生物の個体数

いっぱんに，食物連鎖の上位の生物ほど個体数が少ない。

定着させよう

得点：　　/50点

1 タマネギの根の先端付近の細胞を観察し，体細胞分裂のようすを調べた。これについて，次の問いに答えなさい。 [10点×2]〈香川・改〉

(1) 次の**ア**～**カ**は，観察した体細胞分裂のいろいろな段階の細胞のようすを模式的に表したものである。**ア**を始まりとして，**カ**が最後になるように，**イ**～**オ**を体細胞分裂の順に並べかえなさい。 〔**ア**→　　→　　→　　→　　→**カ**〕

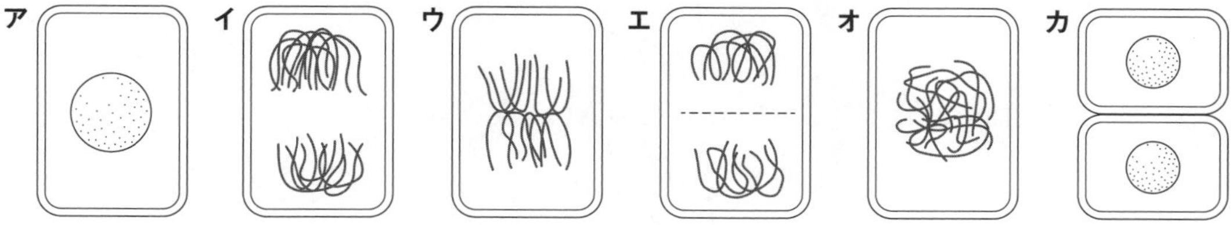

(2) 右の図は，体細胞分裂における，１つの細胞の中にある，複製される前の染色体のようすを模式的に示したものである。この細胞が体細胞分裂した直後の，１個の細胞の中の染色体のようすを模式的に示したものとして，最も適当なものはどれか。次の**ア**～**エ**から１つ選び，記号を書きなさい。 〔　　　〕

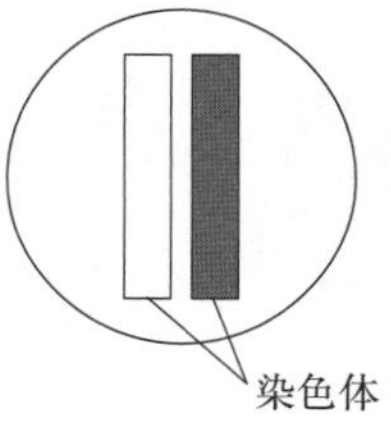

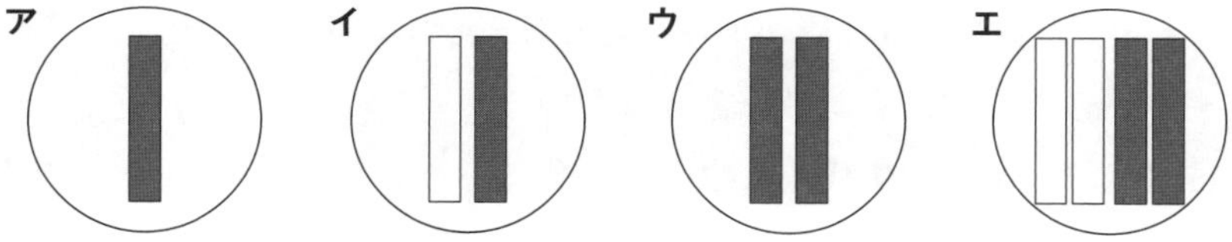

2 右の図は，自然界における炭素の循環《じゅんかん》を模式的に表したものである。(あ)は大気中の気体，(い)～(お)は，菌類《きんるい》・細菌類，植物，草食動物，肉食動物のいずれかを示しており，矢印は，炭素をふくむ物質の流れを表す。これについて，次の問いに答えなさい。 [10点×3]〈福井・改〉

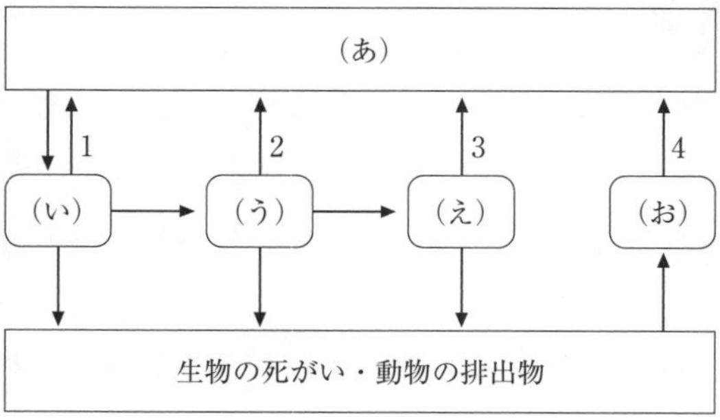

(1) (あ)にあてはまる気体は何か，書きなさい。 〔　　　〕

(2) 図で，ウサギはどこにあてはまるか。最も適当なものを(い)～(お)から１つ選び，記号を書きなさい。 〔　　　〕

(3) 図の１，２，３，４の流れは，細胞の「ある活動」によって生じたものである。この「ある活動」とは何か，書きなさい。 〔　　　〕

9日目 地震《じしん》・火山・天気

整理しよう

1 地震，火山と地層

(1) P波が到着《とうちゃく》してからS波が到着するまでの時間を何といいますか。（　　　　　　　）

(2) 地球の表面をおおう厚さ100kmほどの岩盤《がんばん》を何といいますか。（　　　　　　　）

(3) 今後も，ずれが生じて地震を引き起こすことがあると考えられる断層を，特に何といいますか。（　　　　　　　）

(4) 黒っぽい火成岩をつくるマグマのねばりけは，大きいですか，小さいですか。（　　　　　　　）

(5) 地層が堆積《たいせき》した当時の環境《かんきょう》を知る手がかりとなる化石を何といいますか。（　　　　　　　）

(6) アンモナイトが発見された層が堆積したと考えられる年代を，次の**ア**～**ウ**から1つ選び，記号を書きなさい。（　　　）

ア　古生代　　**イ**　中生代　　**ウ**　新生代

2 日本の天気

(1) 同じ大きさの力がはたらくとき，力がはたらく面積が大きくなるほど圧力の大きさはどうなりますか。（　　　　　　　）

(2) 1m³の空気がふくむことのできる水蒸気の最大量を何といいますか。（　　　　　　　）

(3) 空気1m³にふくまれる水蒸気量の，その温度の(2)に対する割合を百分率で表したものを何といいますか。（　　　　　　　）

(4) 天気記号の「◎」は，どのような天気を表していますか。（　　　　　　　）

(5) 暖気が寒気の上にはい上がり，寒気を押《お》しながら進む前線を何といいますか。（　　　　　　　）

(6) 寒冷前線が通過すると，気温はどのように変化しますか。（　　　　　　　）

1

火成岩

マグマが冷え固まった岩石。

	火山岩
でき方	マグマが**地表**や**地表近く**で，**急に冷やされた**。
つくり	斑状組織《はんじょう》 斑晶《はんしょう》 石基《せっき》 
例	流紋岩《りゅうもん》・安山岩・玄武岩《げんぶ》

	深成岩
でき方	マグマが**地下深く**で，**ゆっくり冷やされた**。
つくり	等粒状《とうりゅうじょう》組織 
例	花こう岩・せん緑岩・はんれい岩

代表的な示相化石

・サンゴ☞**あたたかく浅い海**。

・アサリ☞浅い海。

代表的な示準化石

・三葉虫☞古生代

・アンモナイト☞中生代

・ビカリア☞新生代

2

圧力〔Pa〕

$$\frac{面を垂直に押す力〔N〕}{力が加わる面の面積〔m^2〕}$$

重要 低気圧と前線

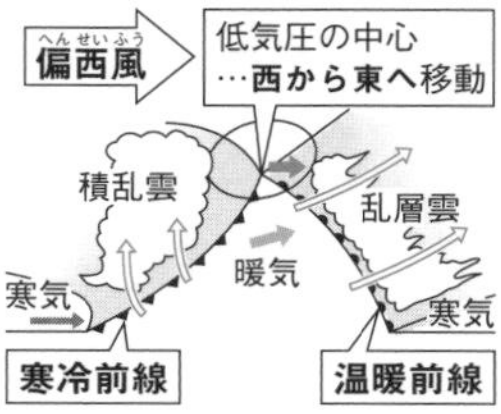

定着させよう

得点：　　/50点

1 右の図は，ある地点で見られる地層のようすを示した模式図である。この図の石灰岩《せっかいがん》の層にはフズリナの化石がふくまれている。これについて，次の問いに答えなさい。

[5点×5]〈新潟・改〉

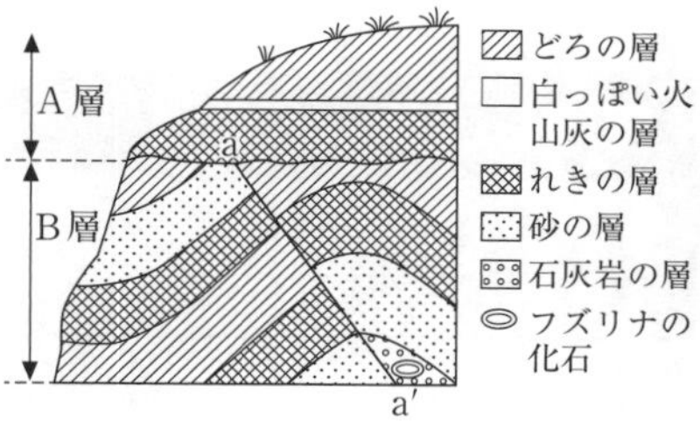

(1) 地層に大きな力がはたらいたとき，B層に見られるように，地層が曲がる場合がある。このような地層の曲がりを何というか，その用語を書きなさい。〔　　　　〕

(2) 次の文中の X ， Y にあてはまる語句を，あとのア～エから1つずつ選び，それぞれ記号を書きなさい。　X〔　　〕　Y〔　　〕

フズリナのように，ある期間だけ広い範囲《はんい》に分布していた生物の化石は，その地層が堆積した X を推定するのに役立つ。このような化石を Y という。

ア 環境　**イ** 年代　**ウ** 示準化石　**エ** 示相化石

(3) A層の白っぽい火山灰の層は，激しい爆発《ばくはつ》をともなう火山の噴火《ふんか》によって堆積したものである。この火山のマグマのねばりけは大きいか，小さいか。〔　　　　〕

(4) 次のア～エのできごとを古いものから順に並べ，記号を書きなさい。

〔　　→　　→　　→　　〕

ア A層の堆積　**イ** B層の堆積　**ウ** a-a′の断層の形成　**エ** B層の曲がりの形成

2 図1～3は春の連続した3日間のそれぞれ午前9時における日本付近の気圧配置を順に示したものである。これについて，あとの問いに答えなさい。

[5点×5]〈栃木・改〉

図1

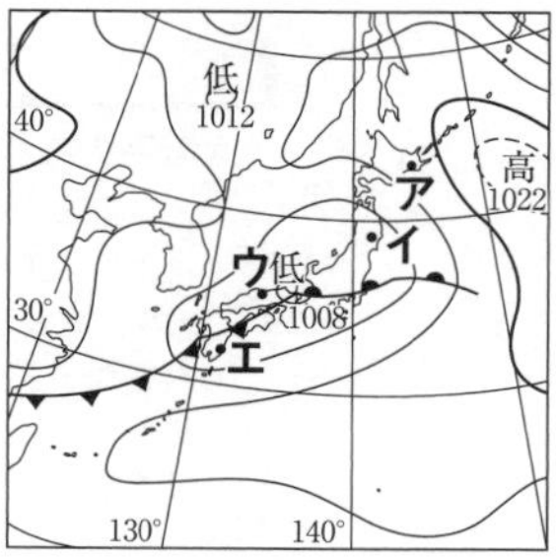

図2

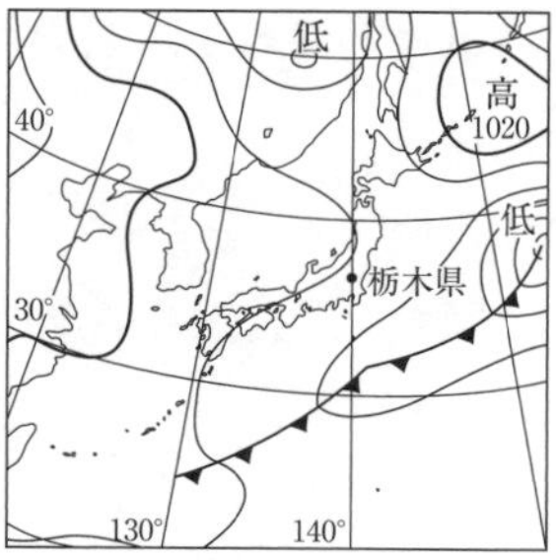

図3

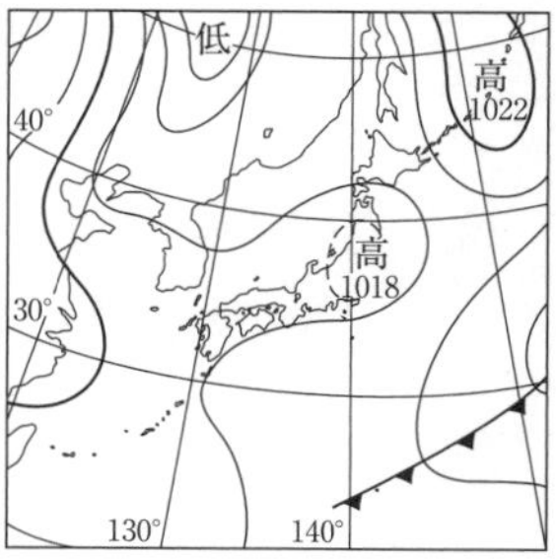

(1) 図1の日のある地点で，天気は雨，気圧は1008.6 hPa，西の風であった。この地点はどこか。最も適当なものを図1のア～エから1つ選び，記号を書きなさい。〔　　〕

(2) 図1の日から図2の日にかけて，前線をともなう低気圧が栃木県を通過した。通過後の風向は北寄りになるか，南寄りになるか。また，気温は上がるか，下がるか。

風向〔　　　　〕　気温〔　　　　〕

(3) 図3の3日目において，午前9時から数時間の栃木県の風の強さは強いか，弱いか。また，天気は晴れか，くもりや雨か。　風の強さ〔　　　　〕　天気〔　　　　〕

10日目 地球と宇宙

整理しよう

1 天体の動き

(1) 北の空の星は，何という星を中心にして動いて見えますか。

（　　　　　　　）

(2) 天球上で，観測者の真上の位置を何といいますか。

（　　　　　　　）

(3) 右の図は，夏至《げし》，秋分，冬至《とうじ》の太陽の通り道を表したものである。冬至の太陽の動きを，図の**ア～ウ**から1つ選び，記号を書きなさい。（　　　）

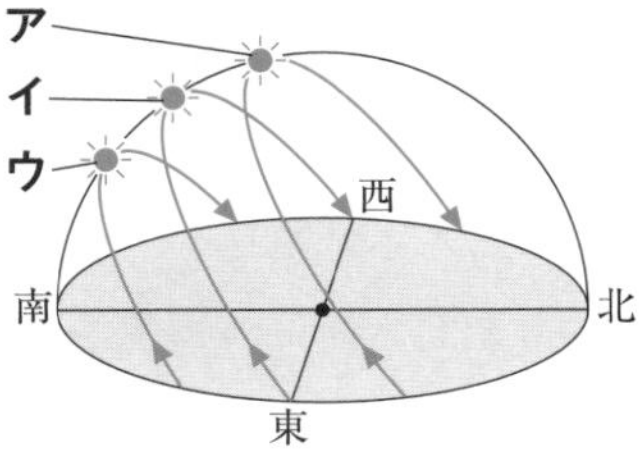

(4) 図のように，太陽の動きが1年の間で変化する理由を簡単に書きなさい。（　　　　　　　　　　　　　　　）

2 太陽と月，太陽系と銀河系

(1) 日がたつにつれて，太陽の黒点が移動していることから，太陽がどのような運動をしているとわかるか，書きなさい。

（　　　　　　　）

(2) 右の図は，太陽・月・地球の位置関係の変化を表した模式図である。次の①，②の月が見られるのは，月がどの位置にあるときか。図の**ア～ク**から1つずつ選び，記号を書きなさい。

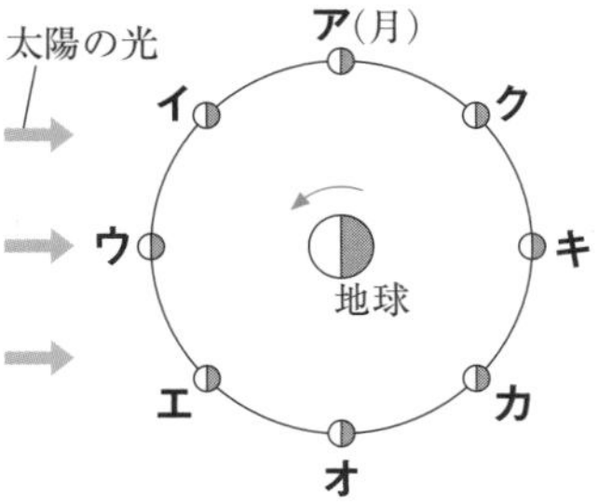

① 満月　② 明け方に南の空に見える半月

①（　　　）②（　　　）

(3) 太陽系に，惑星《わくせい》は何個ありますか。（　　　）

(4) 地球からは真夜中に見ることができない惑星を，2つ書きなさい。（　　　　）（　　　　）

1

重要 星の日周運動

①北の空の星☞**北極星**を中心にして**1時間で約15°ずつ反時計回り**に動く。

②南の空の星☞**東から西へ**1時間に**約15°**ずつ時計回りに動く。

重要 星の年周運動

①同じ星が同じ位置に見える時刻（南中時刻など）は，**1か月で約2時間ずつ早くなる。**

②同じ星が同じ時刻に見える位置は，**1か月で約30°ずつ日周運動と同じ向きに移動**している。

太陽の南中高度

①**春分・秋分**
90°－緯度《いど》

②**夏至**
90°－（緯度－23.4°）

③**冬至**
90°－（緯度＋23.4°）

2

太陽系の惑星

①**地球型惑星**☞小型で密度が大きい惑星。**水星，金星，地球，火星**

②**木星型惑星**☞大型で密度が小さい惑星。**木星，土星，天王星，海王星**

金星の見え方

①**よいの明星**☞夕方，西の空で見られる金星。

②**明けの明星**☞明け方，東の空で見られる金星。

定着させよう

得点：　　/50点

1 右の図は，太陽を中心とした地球の公転軌道《きどう》と，黄道《こうどう》付近にある12星座の位置を模式的に表したものである。これについて，次の問いに答えなさい。

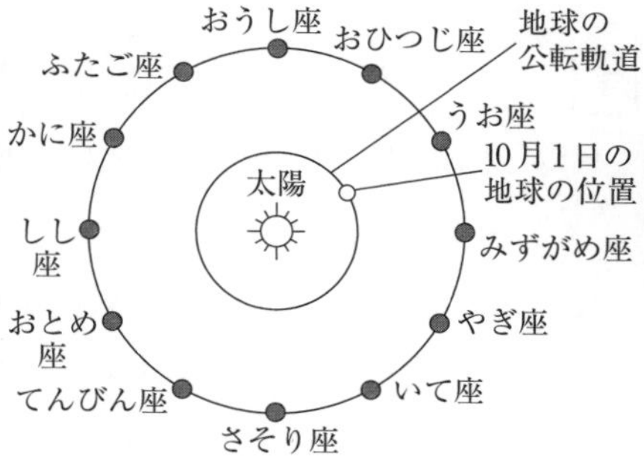

[6点×3]〈茨城〉

(1) おとめ座が午前0時に南の空で最も高くなるのは何月ごろか。次の**ア**～**エ**から1つ選び，記号を書きなさい。〔　　　〕

ア　3～4月　**イ**　6～7月　**ウ**　9～10月　**エ**　12月～1月

(2) オリオン座が夜空で観察できる時期に，オリオン座と一緒に，黄道付近にある12星座も観察したい。最もオリオン座の近くに見える12星座の組み合わせとして正しいものを，次の**ア**～**エ**から1つ選び，記号を書きなさい。〔　　　〕

ア　しし座とおとめ座　**イ**　さそり座といて座

ウ　やぎ座とみずがめ座　**エ**　おうし座とふたご座

(3) 黄道について，「天球」という語を用いて説明しなさい。

〔　　　　　　　　　　　　　　　〕

2 図1は，三重県のある場所で，4月4日のある時刻と7月4日のある時刻に，天体望遠鏡で観察した金星をスケッチしたものである。これについて，次の問いに答えなさい。ただし，この天体望遠鏡では，上下左右が逆に見えるものとする。

図1

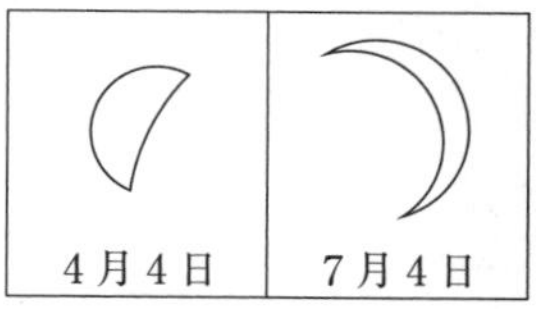

[8点×4]〈三重・改〉

(1) 金星のように，太陽のまわりを公転する比較的《ひかくてき》大きな天体を何というか，名称《めいしょう》を書きなさい。〔　　　〕

(2) 図2は，4月4日と7月4日に金星を観察したときの，太陽，金星，地球の位置関係を模式的に表したものである。この2日間の金星は，公転軌道上のおよそどの位置にあるか。図2のa～dから最も適当なものを1つずつ選び，それぞれ記号を書きなさい。

4月4日〔　　　〕　7月4日〔　　　〕

図2

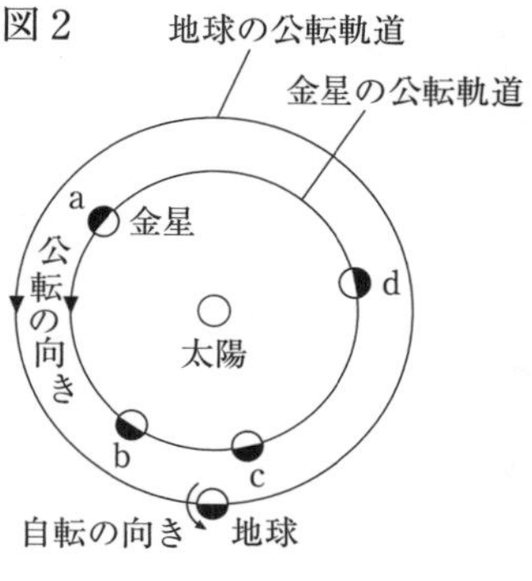

(3) 7月4日に観察した金星は，いつごろ，どの方位の空に見えたものか。次の**ア**～**エ**から最も適当なものを1つ選び，記号を書きなさい。〔　　　〕

ア　明け方，東の空　**イ**　明け方，西の空　**ウ**　夕方，南の空　**エ**　夕方，北の空

解答：別冊p.25

理科 入試にチャレンジ

理科 入試にチャレンジ	時間：30分	得点：　　／100点

1 火山と火山灰について，次の問いに答えなさい。 [8点×3]〈群馬〉

(1) 火山の噴火《ふんか》によって，火口から出た火山灰や火山ガス，溶岩《ようがん》などをまとめて何というか，書きなさい。

(2) 右の図は，ある火山の火山灰にふくまれる鉱物を，双眼実体顕微鏡《そうがんじったいけんびきょう》で観察し，スケッチしたものである。

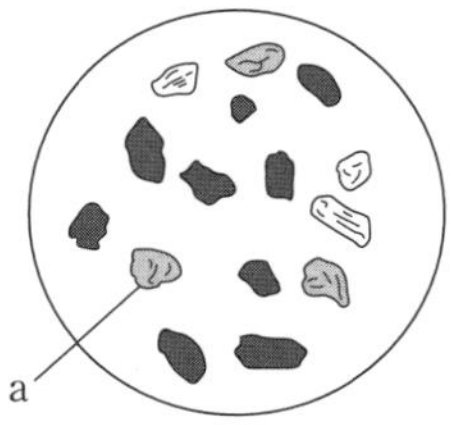

① 鉱物の色や形を観察しやすくするための作業として最も適当なものを，次の**ア**～**エ**から1つ選び，記号を書きなさい。

ア 火山灰をガスバーナーで加熱し，可燃物を燃やす。

イ 火山灰を蒸発皿にとり，水を加え指で押《お》して洗う。

ウ 火山灰をペトリ皿にとり，うすい塩酸にひたす。

エ 火山灰をろ紙に広げ，薬さじで強くこする。

② 図のaの鉱物は，うすい緑かっ色で，丸みのある形をしていた。この鉱物を，次の**ア**～**エ**から1つ選び，記号を書きなさい。

ア カンラン石　**イ** セキエイ　**ウ** キ石　**エ** チョウ石

(1)		(2)	①		②	

2 長さが10cmの電熱線aを用いて図1のような回路をつくり，スイッチを入れて，電圧計が3Vを示すように電源装置を調節したところ，電流計は600mAを示した。電熱線aを長さが20cmの電熱線b（材質と断面積は電熱線aと同じ）に変えて同様の操作をすると，電流計は300mAを示した。これについて，次の問いに答えなさい。 [8点×3]〈新潟・改〉

図1

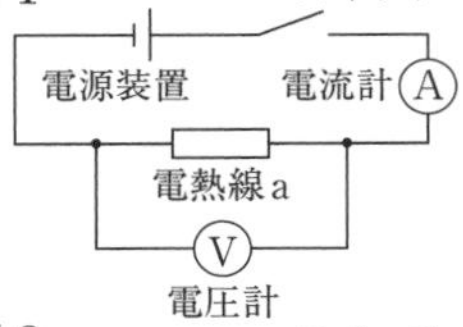

図2

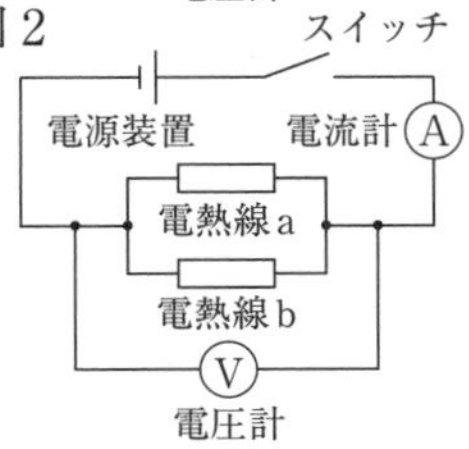

(1) 電熱線aが消費する電力は何Wか，求めなさい。

(2) 電熱線の長さと電熱線の電気抵抗は，どのような関係となっていますか。

(3) 電熱線a，bを用いて図2のような回路をつくり，スイッチを入れて，電圧計が3Vを示すように電源装置を調節したとき，電流計は何mAを示すか，求めなさい。

(1)	W	(2)		(3)	mA

3 エンドウには，子葉が黄色の種子と緑色の種子があり，黄色が顕性《けんせい》形質で緑色が潜性《せんせい》形質である。遺伝の規則性を調べるために，次の実験1，2を行った。これについて，あとの問いに答えなさい。

［7点×4］〈栃木〉

［実験1］ 子葉が黄色である純系の花粉を，子葉が緑色である純系のめしべに受粉させて多数の子をつくった。右の図は，このことを模式的に表したものである。ただし，子の子葉の色は示していない。

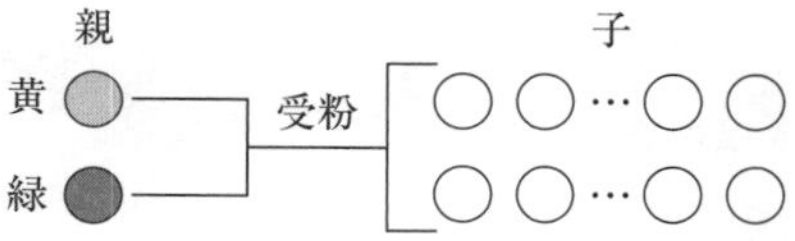

［実験2］ 実験1でできた子を育て，自家受粉させて多数の孫をつくった。

(1) 受粉後，卵細胞の核《かく》と精細胞の核が合体する。このことを何というか，書きなさい。

(2) 実験1で，子にあたる種子についての説明として正しいものを，次の**ア**～**エ**から1つ選び，記号を書きなさい。

ア 子葉が黄色の種子と緑色の種子は1：1の割合でできた。

イ 子葉が黄色の種子と緑色の種子は2：1の割合でできた。

ウ 子葉が黄色の種子と緑色の種子は3：1の割合でできた。

エ すべて子葉が黄色の種子になり，緑色の種子はできなかった。

(3) 実験2でできた孫にあたる種子では，子葉が黄色の種子と緑色の種子は何：何の割合でできるか，求めなさい。

(4) 実験2で，孫にあたる種子が8000個できるとすると，そのうち子葉を緑色にする遺伝子をもつ種子はおよそ何個あるか。次の**ア**～**エ**から1つ選び，記号を書きなさい。

ア 2000個 **イ** 3000個 **ウ** 4000個 **エ** 6000個

(1)		(2)		(3)		(4)	

4 右の図のように，質量パーセント濃度《のうど》5％の塩化銅水溶液《すいようえき》150gに，2本の炭素棒を用いて電源装置で電圧を加え，電圧の大きさを変えずに電流を流し続けた。その結果，陰極《いんきょく》表面には固体が付着した。一方，陽極からプールの消毒剤《しょうどくざい》のようなにおいのある気体Xがさかんに発生したが，試験管には一部しかたまらなかった。これについて，次の問いに答えなさい。

［8点×3］〈福井〉

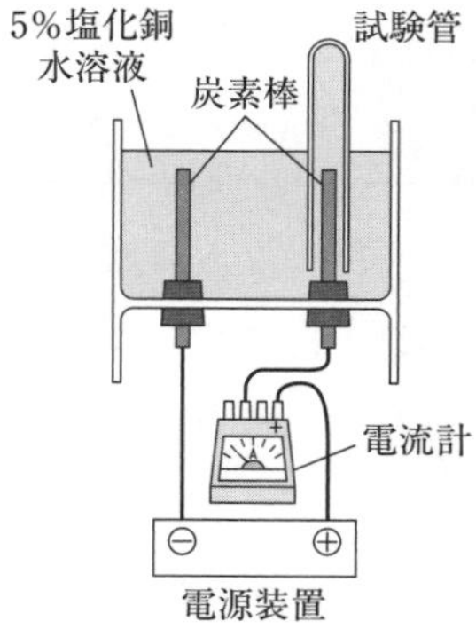

(1) 塩化銅の電離《でんり》のようすを化学式を使って表しなさい。

(2) 下線部のようになったのは，気体Xのどのような性質によるものか，書きなさい。

(3) 電流を流し続けていると，電流の大きさはどのように変化するか，書きなさい。

(1)		(2)		(3)	

1 日目

地理

学習日：　月　日　解答：別冊p.26

世界と日本の姿，人々の生活と環境《かんきょう》

整理しよう

1 世界の姿

次の＿＿＿に適当な語句または数字を書きなさい。

(1) ロシア連邦《れんぽう》にはアジア州と＿＿＿＿＿＿州の境がある。

(2) 人口が世界最大の国は＿＿＿＿で，面積は世界第4位である。

(3) オーストラリアをはじめとする＿＿＿＿＿＿州には，多くの島国(海洋国)がある。

(4) 経度《けいど》は，①＿＿＿＿＿の首都ロンドンを通る本初子午線《ほんしょしごせん》を0度として，地球を東西それぞれ②＿＿＿＿度に分けたものである。

(5) 地球の表面の約＿＿＿割を海洋がしめている。

2 日本の姿

次の＿＿＿に適当な語句または数字を書きなさい。

(1) 日本の最北端《たん》に位置する島を＿＿＿＿＿＿という。

(2) 日本の最南端に位置する島を＿＿＿＿＿＿という。

(3) 領土の沿岸から①＿＿＿＿海里《かいり》までの，領海をのぞく範囲《はんい》を②＿＿＿＿＿＿＿＿といい，沿岸の国が資源管理の権限をもつ。

3 人々の生活と環境，宗教と言語

次の＿＿＿に適当な語句を書きなさい。

(1) 北アメリカ州北部の先住民族を＿＿＿＿＿＿という。

(2) 世界の気候を5種類に分類すると，イタリアは①＿＿＿＿，フィジーは②＿＿＿＿に属する。

(3) シベリアなどの冷帯《れいたい》(亜寒帯《あかんたい》)に広がる，マツやモミなどの針葉《しんよう》樹林《じゅりん》を＿＿＿＿＿とよぶ。

(4) アンデス山脈の高地では，寒さに強いリャマや＿＿＿＿＿＿などの家畜《かちく》が放牧されている。

(5) サハラ砂漠《さばく》から北側のアフリカでは①＿＿＿＿＿＿教が，インドでは②＿＿＿＿＿＿教の信仰《しんこう》がさかんである。

1

世界の国々

国の面積☞**ロシア連邦**が最大(**バチカン市国**が最小)。

国の人口☞**中国《ちゅうごく》**が最大。

重要 六大陸と三大洋

2

重要 日本の領域

3

重要 特色ある住居

シベリア☞暖房《だんぼう》で**永久凍土《とうど》**がとけないよう高い床《ゆか》。
マレーシア☞暑さと湿気《しっけ》をのがすため高い床。
イタリア☞夏は日差しが強く，暑く乾燥《かんそう》する気候のため石づくり。
モンゴル☞遊牧《ゆうぼく》の移動に便利な組み立て式のゲル。

世界の三大宗教

キリスト教☞聖書が教典。

イスラム教☞コーランが教典。酒・豚《ぶた》肉の飲食を禁止。

仏教《ぶっきょう》☞経《きょう》が教典。タイでは男性が一生に一度出家《しゅっけ》。

定着させよう

得点：　　/50点

1 右の地図を見て，次の問いに答えなさい。　　［(4)6点×2，他7点×3］〈北海道・改〉

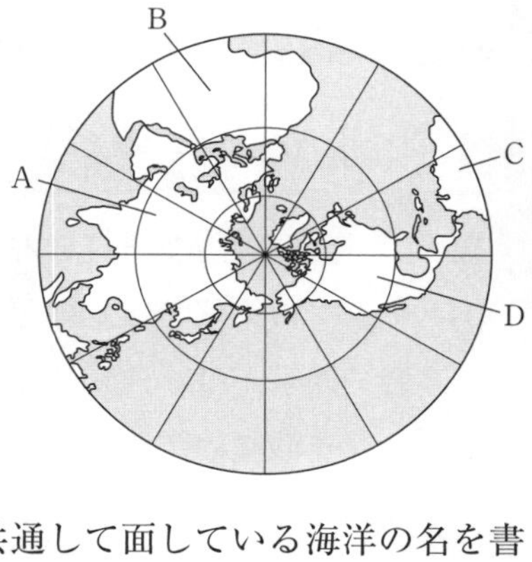

(1) 地図について述べた次の文の□に共通してあてはまる語句を書きなさい。〔　　　　　〕

地図は赤道《せきどう》より□側の陸地と海洋を示しており，日本は□半球に位置している。

(2) 地図中のAの大陸は，世界の6つの大陸(六大陸)のうち，最も面積が広く，アジア州やヨーロッパ州をふくんでいる。Aの大陸の名を書きなさい。

〔　　　　　〕

(3) 世界の3つの海洋(三大洋)のうち，B・C・Dの大陸が共通して面している海洋の名を書きなさい。〔　　　　　〕

(4) 右の表は，排他的経済水域の面積上位6か国を示したものである。a・bにあてはまる国の名をそれぞれ次の語群から選んで書きなさい。　a〔　　　　　〕　b〔　　　　　〕

国名	アメリカ	a	インドネシア	b	カナダ	日本
排他的経済水域	762	701	541	483	470	447
国土面積	936	769	190	27	998	38

(単位：万km^2)　　（『海洋白書2015』）

語群〔　中国　　ロシア連邦　　ニュージーランド　　ドイツ　　オーストラリア　〕

2 右の地図を見て，次の問いに答えなさい。　　［(1)10点，(2)7点］〈鹿児島〉

資料1

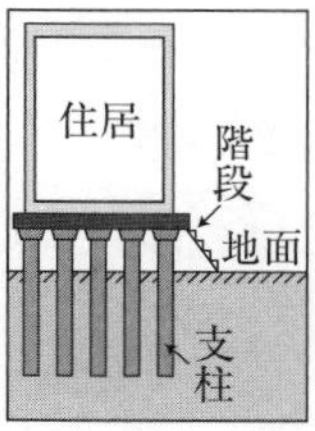

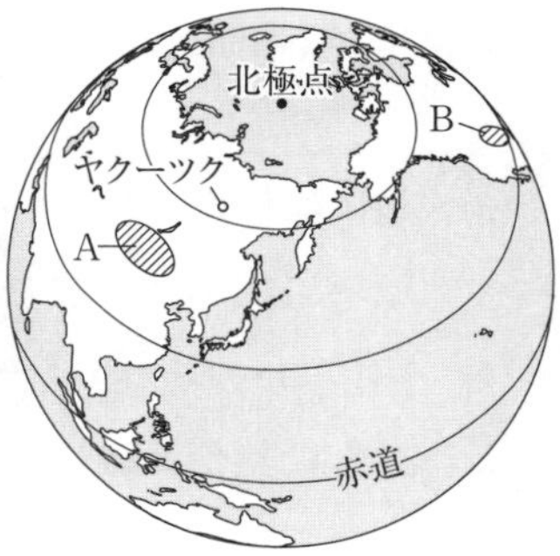

(1) 資料1は，地図中のヤクーツクで見られる住居の建て方のくふうを模式的に示したものである。このくふうによって，どのようなことを防ごうとしているかについて，次の書き出しの言葉に続けて書きなさい。

〔冬場の暖房の熱によって　　　　　〕

(2) 資料2は，地図中のA・Bのいずれかの地域で見られる農業のようすである。この農業が見られる地域と家畜を飼育する方法の組み合わせとして，最も適当なものを次の**ア**～**エ**から1つ選び，記号を書きなさい。〔　　　〕

資料2

ア　A－水や草を求めて家畜とともに移動する。
イ　B－水や草を求めて家畜とともに移動する。
ウ　A－栄養価の高いえさをあたえて家畜を短期間で育てる。
エ　B－栄養価の高いえさをあたえて家畜を短期間で育てる。

2日目 世界のさまざまな地域

整理しよう

1 世界の自然・民族

次の＿＿＿に適当な語句を書きなさい。

(1) アジアの東部では，夏と冬で風の向きが変わる＿＿＿＿＿の影《えい》響《きょう》で四季がはっきりしている。

(2) サハラ砂漠《さばく》の南側の＿＿＿＿＿とよばれる地域では，砂漠化が問題となっている。

(3) アメリカ合衆国《がっしゅうこく》では，＿＿＿＿＿＿＿とよばれるスペイン語を話す移民が増えている。

(4) オーストラリアの先住民族は，＿＿＿＿＿＿＿とよばれる。

2 世界の産業

次の＿＿＿に適当な語句を書きなさい。

(1) 中国《ちゅうごく》南東部には，外国企業《きぎょう》を受け入れるため＿＿＿＿＿＿が設けられた。

(2) インド南部の都市ベンガルールでは，ソフトウェア開発などの＿＿＿＿＿＿＿＿産業がめざましく発達している。

(3) 地中海《ちちゅうかい》沿岸では，夏には乾燥《かんそう》に強いオリーブやぶどう，雨が多い冬には小麦などを栽培《さいばい》する＿＿＿＿＿＿＿が行われている。

(4) EU（ヨーロッパ連合）の共通通貨を＿＿＿＿＿という。

(5) おもに熱帯《ねったい》地域に見られる，輸出向けの農作物をつくる大規模な農園を＿＿＿＿＿＿＿＿＿という。

(6) アメリカ合衆国には，世界各地に支社や現地工場，販売店《はんばいてん》をつくる＿＿＿＿＿企業が多い。

(7) アマゾン川流域では，森林を切り開いて輸出向けの＿＿＿＿やさとうきびをつくる畑が広げられてきた。

(8) オーストラリアでは地表を掘《ほ》り下げていく①＿＿＿＿＿＿という方法を用いて，北西部で②＿＿＿＿＿＿が多く産出されている。

(9) ニュージーランドでは＿＿＿や牛の飼育がさかんである。

1

アジアの気候

東部は湿潤《しつじゅん》，西部は乾燥。

重要 ヨーロッパの気候

暖流の北大西洋海流《きたたいせいよう》と偏西風《へんせいふう》の影響で，緯度《いど》が高いわりに温暖。

各州の公用語

→植民地支配の影響

アフリカ☞英語やフランス語など。

南アメリカ☞スペイン語やポルトガル語。

2

注意 おもな産物の生産国

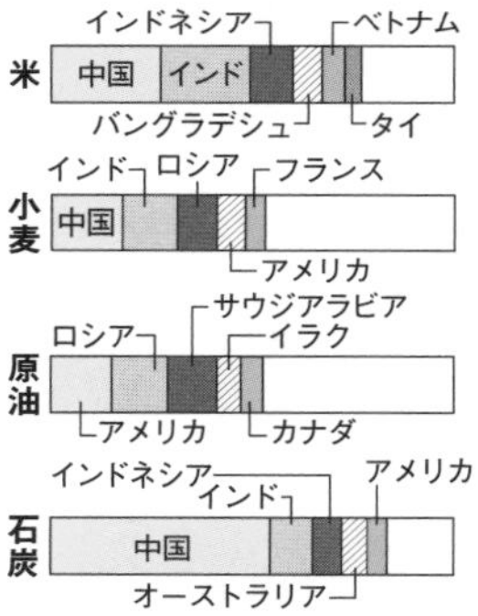

（2020/21年版『世界国勢図会』）

重要 地域協力機構

ヨーロッパ☞EU（ヨーロッパ連合）

東南アジア☞ASEAN《アセアン》（東南アジア諸国連合）

北アメリカ☞USMCA（米国・メキシコ・カナダ協定）＊

アメリカ合衆国の工業

＊ 2020年7月にNAFTA《ナフタ》に代わる新協定として発効した。

定着させよう

得点：　　/50点

1 右の地図を見て，次の問いに答えなさい。　〔6点×3〕〈新潟〉

(1) 地図中の矢印は，ある海流のおおよその位置を示したものである。この海流の名称と，海水温による分類の組み合わせを次の**ア**～**エ**から1つ選び，記号を書きなさい。〔　　　〕

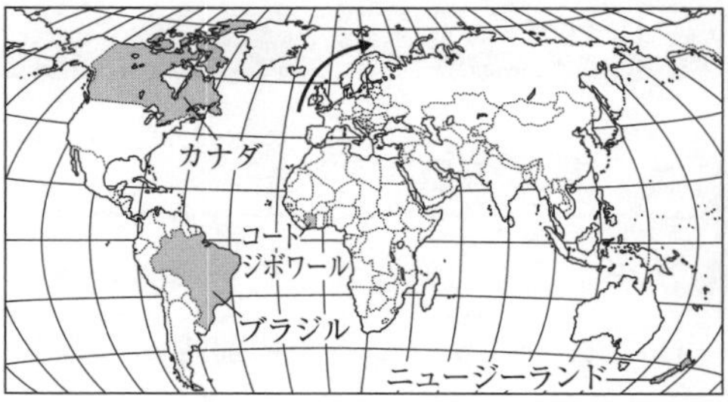

ア　北大西洋海流，暖流
イ　北大西洋海流，寒流
ウ　リマン海流，暖流　　**エ**　リマン海流，寒流

(2) 右の表は，地図中のカナダ，ブラジル，コートジボワール，ニュージーランドの貿易額，おもな輸出入品目と金額を示している。ブラジルとニュージーランドにあてはまるものを**ア**～**エ**から1つずつ選び，記号を書きなさい。

	貿易額	おもな輸出品目および輸入品目とそれぞれの金額							
ア	118	カカオ豆	33	野菜・果実	14	石油製品	10	金	8
	110	機械類	16	原油	15	自動車	7	米	7
イ	2,399	大豆	332	原油	251	鉄鉱石	202	機械類	185
	1,812	機械類	415	自動車	138	石油製品	133	有機化合物	106
ウ	4,503	原油	669	自動車	589	機械類	483	石油製品	138
	4,599	機械類	1,149	自動車	732	石油製品	177	原油	149
エ	398	酪農品	100	肉類	54	木材	32	野菜・果実	28
	437	機械類	98	自動車	60	原油	29	石油製品	23

（上段：輸出，下段：輸入）（単位：億ドル）（2018年）　（2020/21年版『世界国勢図会』）

ブラジル〔　　　〕　ニュージーランド〔　　　〕

2 右の表を見て，次の問いに答えなさい。　〔(1)(2)5点×4，(3)6点×2〕〈富山〉

(1) 5か国の中で人口密度が最も高い国と最も低い国をそれぞれ書きなさい。

高い国〔　　　　　〕
低い国〔　　　　　〕

5か国の国別統計

（注）「－」は四捨五入して0.1未満であることを示す。

国名	人口（万人）(2020年)	面積（万km^2）	世界全体の生産量にしめる割合(%) A	B
アメリカ合衆国	33,100	983	1.3	7.0
中国	143,932	960	27.1	17.9
オーストラリア	2,550	769	0.1	2.9
イギリス	6,789	24	－	1.8
タイ	6,980	51	4.1	－

(2018年)　（2020/21年版『世界国勢図会』）

(2) 資料のA・Bに入る適当な農産物を次の**ア**～**オ**から1つずつ選び，記号を書きなさい。　A〔　　　〕　B〔　　　〕

ア　米　　**イ**　オリーブ　　**ウ**　小麦　　**エ**　コーヒー豆　　**オ**　茶

(3) 次の**ア**～**オ**は，5か国についてそれぞれの国の産業の特色を述べたものである。タイと中国の特色として最も適当なものを1つずつ選び，記号を書きなさい。

タイ〔　　　〕　中国〔　　　〕

ア　世界で最初に近代工業が発達した。
イ　北緯《ほくい》37度より南の地域はサンベルトとよばれ，先端《せんたん》技術産業が発達している。
ウ　沿海部に経済特区《けいざいとっく》を設け，工業化を進めた結果，内陸部との経済格差が拡大した。
エ　ASEANに加盟しており，外国企業を積極的に受け入れてきた。
オ　国土の南東部・南西部で羊の飼育がさかんで，羊毛の生産量は世界第2位である。

地理

3日目 日本のさまざまな地域

学習日：　月　日　解答：別冊p.27

整理しよう

1 日本の自然・社会

次の＿＿＿に適当な語句を書きなさい。

(1) 日本は5月ごろから前線が停滞《ていたい》して起こる①＿＿＿＿や，熱帯《ねったい》で発生した強い低気圧(②＿＿＿＿)が北上する影響《えいきょう》で降水量が多い。

(2) 南西諸島の島々のまわりに発達した美しい＿＿＿＿＿は，多くの観光客を集めている。

(3) 日本では，子どもの割合が減る①＿＿＿＿＿と，高齢者《こうれいしゃ》の割合が増える②＿＿＿＿＿がいちじるしく進んでいる。

(4) 近年の日本では，異なる文化や考え方をもつ外国の人々とともに生活する，＿＿＿＿社会をつくることが必要となっている。

2 日本の産業

次の＿＿＿に適当な語句を書きなさい。

(1) 九州《きゅうしゅう》南部には＿＿＿＿とよばれる火山の噴出物《ふんしゅつぶつ》によってできた台地が広がり，畑作や畜産《ちくさん》が行われている。

(2) 川が山地から流れ出たところに，土砂を積もらせてできたゆるやかな傾斜地《けいしゃち》である＿＿＿＿は，果樹栽培《さいばい》に適している。

(3) 志摩《しま》半島などのリアス海岸では，いけすやいかだを利用して魚《ぎょ》介類《かいるい》や海草を育ててからとる＿＿＿＿＿が発達している。

(4) 根釧《こんせん》台地では，牧草などの飼料を生産しながら乳牛を飼育する＿＿＿＿がさかんである。

(5) 倉敷《くらしき》市水島《みずしま》などでは，関連する工場が集まり，たがいにパイプラインで結ばれた＿＿＿＿＿＿が見られる。

(6) ＿＿＿＿工業地帯の工業出荷額は日本最大である。

(7) 東北《とうほく》地方では，天童将棋駒《てんどうしょうぎこま》・会津塗《あいづぬり》などが国から＿＿＿＿工芸品に指定されている。

(8) 太陽光・風力・地熱など，消費してもくり返し使えて，枯渇《こかつ》しない＿＿＿＿＿エネルギーの開発が進められている。

1

注意 日本周辺の海

けわしい地形

日本アルプス☞飛騨《ひだ》・木曽《きそ》・赤石《あかいし》山脈。

フォッサマグナ☞日本アルプスの東側にあるみぞ状の地形。西端《せいたん》は新潟から静岡にいたる。

2

重要 農業の種類

近郊《きんこう》農業☞大都市の近くで農作物を栽培。

施設《しせつ》園芸農業☞ビニールハウスや温室などの施設で栽培。

輸送園芸農業☞大都市から遠い地域で農作物を栽培し，トラックやフェリーで輸送。

各地方で最もさかんな農業

中部《ちゅうぶ》地方(北陸《ほくりく》)☞米

関東《かんとう》地方☞野菜

北海道地方☞畜産

注意 太平洋《たいへいよう》ベルト

西から順に**北九州《きたきゅうしゅう》工業地域→瀬戸内《せとうち》工業地域→阪神《はんしん》工業地帯→中京《ちゅうきょう》工業地帯→東海《とうかい》工業地域→京浜《けいひん》工業地帯**が発達。

輸送機関の特色

航空輸送☞軽い電子部品。鮮度《せんど》が必要な食品。

海上輸送☞重い機械類や鉱産資源。

定着させよう

得点：　　/50点

1 右の地図を見て，次の問いに答えなさい。

[(1)(3)5点×2，(2)完答6点，(5)理由10点，他6点×4]

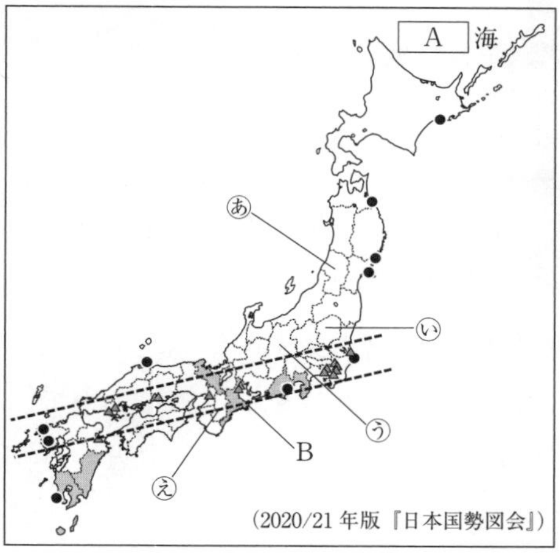

(2020/21 年版『日本国勢図会』)

(1) 地図中のA海の沿岸には，冬に流氷《りゅうひょう》がやってくる。Aにあてはまる海の名を書きなさい。〈愛媛〉

〔　　　　　　　海〕

(2) 日本列島の地形は，フォッサマグナを境にして東西2つに分けられる。地図中のあ～えのうち，フォッサマグナの西端となっている構造線が通っている県を1つ選び，その記号と県名を書きなさい。〈愛媛〉

記号〔　　　　〕

県名〔　　　　　　〕

(3) 地図中にBで示した地域の海岸や三陸《さんりく》海岸は，山地が海にせまり，複雑に入り組んだ海岸線となっている。このような海岸の地形は何とよばれるか，書きなさい。〈香川〉

〔　　　　　　　　〕

(4) 地図中の●は，日本の［　　　］を上位10位(2017年)まで取り上げ，その分布を表したものである。［　　　］にあてはまる言葉として適当なものを，次の**ア**～**エ**から1つ選び，記号を書きなさい。〈愛媛〉

〔　　　〕

ア　水あげ量が多い漁港　　**イ**　最大出力が大きい火力発電所

ウ　人口が多い都市　　**エ**　乗降客数が多い空港

資料1

(2019年)

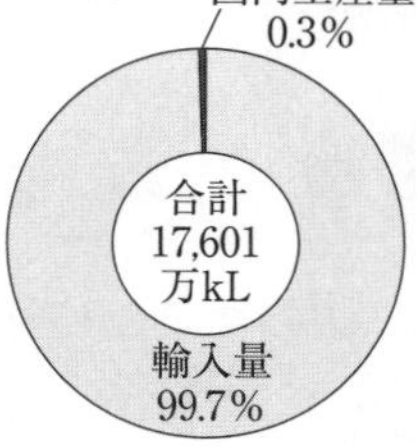

(2020/21年版『日本国勢図会』)

(5) 地図中の▲は石油化学コンビナートの所在地を，資料1は日本における石油の国内生産量と輸入量の割合を表したものである。石油化学コンビナートが臨海部に集中している理由を，資料1を見て書きなさい。また，地図の［破線］で示された地域には，工業地域や工業地帯が帯状に形成されている。この地域の名称を書きなさい。〈埼玉〉

理由〔　　　　　　　　　　　　　　　　　　〕

名称〔　　　　　　　　〕

(6) 地図中の［灰色部分］は，静岡県などで多く生産されている，ある農作物の生産量(2019年)における上位5府県を示したものである。次の文も参考に，農作物の名前を書きなさい。〈福井・改〉

温暖で雨が多く，水はけのよい土地での栽培に適している。　〔　　　　　〕

(7) 資料2は北海道地方，東北地方，関東地方それぞれの農業産出額にしめる米・野菜・果実・畜産の割合を示したものである。果実の割合を**ア**～**エ**から1つ選び，記号を書きなさい。〈栃木〉　〔　　　〕

資料2

	ア	イ	ウ	エ	その他	計
北海道	58.3%	8.9%	0.4%	18.0%	14.4%	100%
東北	31.0	32.3	14.1	18.7	3.9	100
関東	30.6	17.2	3.6	38.0	10.6	100

(2018年)　(2021年版『データでみる県勢』)

文明のおこり～古代

整理しよう

1 文明・宗教のおこり

次の＿＿＿に適当な語句を書きなさい。

(1) 約20万年前，現在の人類の直接の祖先となる＿＿＿＿が現れた。

(2) エジプト文明では＿＿＿＿文字が使われた。

(3) 紀元前6世紀ごろのインドで，＿＿＿＿が仏教《ぶっきょう》を開いた。

(4) 紀元前3世紀，＿＿＿という国の始皇帝《しこうてい》が中国《ちゅうごく》を統一した。

2 日本列島の誕生

次の＿＿＿に適当な語句を書きなさい。

(1) 縄文《じょうもん》時代の人々は，＿＿＿＿住居をつくり，定住した。

(2) 弥生《やよい》時代には＿＿＿＿倉庫に米がたくわえられた。

(3) 倭《わ》(日本)では，＿＿＿＿＿の女王卑弥呼《ひみこ》が王に立った。

(4) 3世紀，奈良盆地《ぼんち》を中心に＿＿＿＿政権(王権)が成立した。

3 日本の古代国家

次の＿＿＿に適当な語句を書きなさい。

(1) 聖徳太子《しょうとくたいし》(厩戸皇子《うまやどのおうじ》)は役人の心構えとして＿＿＿＿＿＿＿を定めた。

(2) 蘇我《そが》氏を倒《たお》した中大兄皇子《なかのおおえのおうじ》らは，＿＿＿＿の改新《かいしん》を始めた。

(3) 701年，唐《とう》の律令《りつりょう》にならって＿＿＿＿＿が制定された。

(4) 6歳《さい》以上の男女には，戸籍《こせき》にもとづいて＿＿＿＿＿があたえられ，税として租《そ》が課せられた。

(5) ＿＿＿＿天皇《てんのう》は仏教をあつく信仰《しんこう》し，東大寺《とうだいじ》を建てた。

(6) 794年，新しい都として＿＿＿＿＿がつくられた。

(7) 9世紀初め，＿＿＿＿は金剛峯寺《こんごうぶじ》を建てて真言宗《しんごんしゅう》を広めた。

(8) 藤原《ふじわら》氏は摂政《せっしょう》と関白《かんぱく》の地位について，＿＿＿＿政治を行った。

(9) 平安《へいあん》時代には，阿弥陀仏《あみだぶつ》にすがって死後に極楽浄土《ごくらくじょうど》へ生まれ変わることを願う＿＿＿＿信仰が広まった。

年表

時代	年代	できごと
旧石器	700万～600万年前	**猿人《えんじん》**が登場
	1万年前	日本列島が大陸からはなれる
縄文	前3500年ごろ	ティグリス川・ユーフラテス川流域で**メソポタミア文明**がおこる
	前4世紀	大陸から**稲作《いなさく》**が九州《きゅうしゅう》北部へ伝わる
	前3世紀	**漢《かん》**が中国を統一する
弥生	前1世紀	**ローマ帝国《ていこく》**が成立する
	後1世紀	倭の奴国《なこく》《なのくに》の王が漢に使いを送る
	3世紀	**邪馬台国《やまたいこく》**の**卑弥呼**が魏《ぎ》に使いを送る
古墳	5世紀	倭の**大王《おおきみ》《だいおう》**が中国の南朝《なんちょう》へ使いを送る
	593年	**聖徳太子**が推古《すいこ》天皇の摂政となる
		【飛鳥《あすか》文化】
飛鳥	645年	**大化《たいか》の改新**
	672年	**壬申《じんしん》の乱**
	701年	**大宝《たいほう》律令**が定められる
奈良	710年	都が**平城京《へいじょうきょう》《へいぜい》**に移される
	743年	**墾田永年私財法《こんでんえいねんしざいのほう》**が出される
		【天平《てんぴょう》文化】
平安	794年	都が**平安京《へいあんきょう》**に移される
	797年	坂上田村麻呂《さかのうえのたむらまろ》が征夷大将軍《せいいたいしょうぐん》となる
	894年	**遣唐使《けんとうし》が停止**される
		【国風《こくふう》文化】
	1016年	**藤原道長《ふじわらのみちなが》**が摂政となる
	1053年	**平等院鳳凰堂《びょうどういんほうおうどう》**が建てられる

定着させよう

得点：　　/50点

1 次の文章を読んで，あとの問いに答えなさい。 [7点×4，(4)完答]〈福井・改〉

> ①文字による記録が行われるようになってからを歴史時代という。日本では，邪馬台国の卑弥呼のように，3世紀の中国の歴史書に記された人物もいたが，やがて日本国内でも②支配者の名が鉄剣《てっけん》等に記されるようになった。これらの文字は，漢字の音を用いたものであるが，③平安時代には，漢字を変形させたり，その一部を利用したりして，日本語の発音を表せるようにくふうした［　　　］文字が用いられるようになった。

(1) 文中の［　　　］に適する語句を書きなさい。 〔　　　〕

(2) 下線部①について，くさび形文字が発明された地域を流れている河川を，次の**ア**～**エ**から1つ選び，記号を書きなさい。 〔　　　〕

ア ナイル川　**イ** 黄河《こうが》《ホワンホー》
ウ インダス川　**エ** ティグリス川・ユーフラテス川

(3) 下線部②について，右の図は埼玉県の古墳《こふん》から出土した鉄剣である。この鉄剣に刻まれているワカタケルという人物名に続く空欄《くうらん》に入る語句を漢字で書きなさい。〈兵庫〉 〔　　　〕

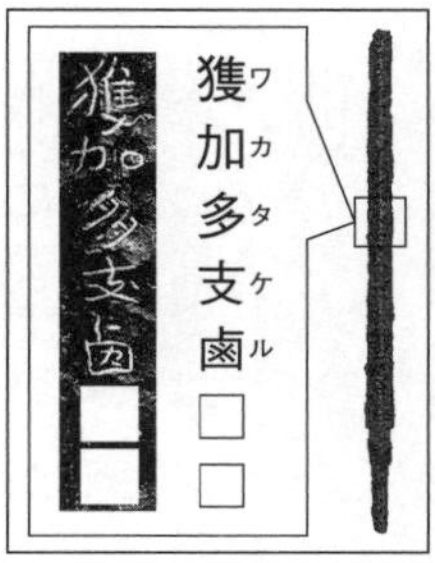

(4) 下線部③について，平安時代のできごとを，次の**ア**～**エ**から2つ選び，記号を書きなさい。 〔　　　〕〔　　　〕

ア 最澄《さいちょう》が比叡山《ひえいざん》に延暦寺《えんりゃくじ》を建てた。　**イ** 唐にならい大宝律令がつくられた。
ウ 『古事記《こじき》』，『日本書紀《にほんしょき》』がつくられた。　**エ** 坂上田村麻呂が蝦夷《えみし》を討伐《とうばつ》した。

2 次の問いに答えなさい。 [(2)② 10点，他6点×2]

(1) 日本のおもな世界遺産のうち，法隆寺《ほうりゅうじ》は，聖徳太子によって建てられた。この人物が活躍《かつやく》した時代に栄えた，日本における最初の仏教文化を何というか，書きなさい。〈宮城〉

〔　　　〕

(2) 右の図は，8世紀に奈良盆地の北部におかれた都を表している。次の問いに答えなさい。〈長崎〉

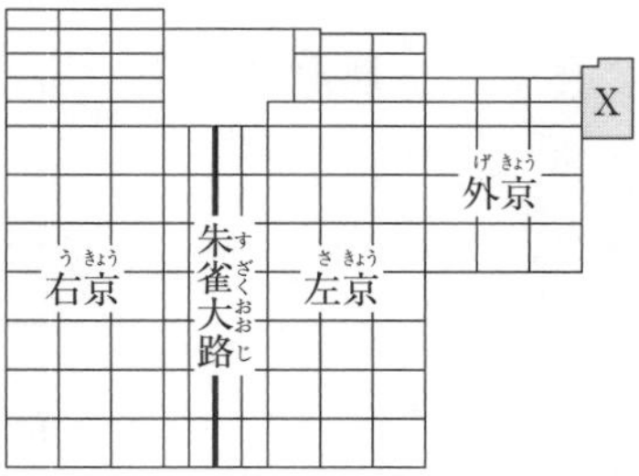

① 710年に唐の都の長安《ちょうあん》にならってつくられた，この都を何というか，書きなさい。 〔　　　〕

② この都で即位《そくい》した聖武《しょうむ》天皇は，仏教の力で国家を守ろうとする政治を進めた。その中で聖武天皇が行ったことを，次の条件に従って簡潔に書きなさい。

条件…都で行ったことと国ごとに行ったことをそれぞれ書くこと。その際，図のXの場所に聖武天皇がつくらせた寺院の名称をふくめること。

〔　　　〕

学習日：　月　日　解答：別冊p.28

中世～近世

整理しよう

1 中世の日本

次の＿＿＿に適当な語句を書きなさい。

(1) 11世紀，白河上皇《しらかわじょうこう》が始めた政治を＿＿＿＿とよぶ。

(2) 太政大臣《だいじょうだいじん》となった＿＿＿＿＿は，中国《ちゅうごく》の宋《そう》と貿易を行った。

(3) 1185年，源 頼朝《みなもとのよりとも》は各地に守護《しゅご》と＿＿＿＿をおくことを朝廷《ちょうてい》に認めさせた。

(4) 北条《ほうじょう》氏は将軍《しょうぐん》を補佐《ほさ》する＿＿＿＿という職を代々独占《どくせん》した。

(5) 元《げん》の二度にわたる襲来《しゅうらい》を，まとめて＿＿＿＿という。

(6) 後醍醐天皇《ごだいごてんのう》が行った新しい政治を＿＿＿＿＿＿＿という。

(7) 明《みん》は正式な貿易船の証明として，＿＿＿＿という合い札を日本の船にあたえて貿易を行った。

(8) 応仁《おうにん》の乱のあと，下位の者が上位の者を倒《たお》す＿＿＿＿＿という風潮が広まった。

2 近世の日本

次の＿＿＿に適当な語句を書きなさい。

(1) 織田信長《おだのぶなが》は＿＿＿＿＿＿＿令を出し，商工業を発展させた。

(2) 豊臣秀吉《とよとみひでよし》は百姓《ひゃくしょう》から武器を取り上げる＿＿＿＿を命じた。

(3) 堺《さかい》の商人の千利休《せんのりきゅう》は，質素な＿＿＿＿＿を完成させた。

(4) 鎖国《さこく》体制の下《もと》，オランダの商館は＿＿＿＿の出島《でじま》におかれた。

(5) 徳川綱吉《とくがわつなよし》が将軍のころ，町人《ちょうにん》による＿＿＿＿文化が栄えた。

(6) 8代将軍の＿＿＿＿＿＿は，享保《きょうほう》の改革を行った。

(7) 老中《ろうじゅう》の＿＿＿＿＿＿は株仲間《かぶなかま》の営業権を認め，一方で長崎貿易をさかんにしようとした。

(8) 老中の＿＿＿＿＿＿は寛政《かんせい》の改革を行った。

(9) 杉田玄白《すぎたげんぱく》らは『＿＿＿＿＿＿』を出版し，蘭学《らんがく》の基礎《きそ》をつくった。

(10) 老中の水野忠邦《みずのただくに》は，＿＿＿＿の改革を行った。

(11) 与謝蕪村《よさぶそん》や小林一茶《こばやしいっさ》はすぐれた＿＿＿＿をよんだ。

年表

時代	年	できごと
平安	935年	**平将門《たいらのまさかど》**が関東《かんとう》で反乱を起こす
	1086年	白河上皇が**院政《いんせい》**を始める
	1159年	**平治《へいじ》の乱**が起こる
鎌倉	1192年	**源頼朝**が征夷大将軍《せいいたいしょうぐん》となる
	1221年	**承久《じょうきゅう》の乱**が起こる
	1232年	**御成敗式目《ごせいばいしきもく》**(貞永《じょうえい》式目《しきもく》)が定められる
		【鎌倉《かまくら》文化】
	1274・1281年	元が襲来する(**元寇《げんこう》**)
	1334年	後醍醐天皇の**建武《けんむ》の新政**が始まる
室町	1338年	**足利尊氏《あしかがたかうじ》**が征夷大将軍となる
	1392年	**足利義満《よしみつ》**が南北朝《なんぼくちょう》の動乱を終わらせる
		【北山《きたやま》文化】
	1467年	**応仁の乱**が始まる
		【東山《ひがしやま》文化】
	1543年	**鉄砲《てっぽう》**が伝わる
	1549年	**キリスト教**が伝わる
安土桃山	1590年	**豊臣秀吉**が全国を統一する
江戸	1603年	**徳川家康《いえやす》**が征夷大将軍となる
	1635年	徳川家光《いえみつ》が**参勤交代《さんきんこうたい》**を制度化する
		【元禄《げんろく》文化】
	1716年	徳川吉宗《よしむね》の**享保の改革**が始まる
	1787年	松平定信《まつだいらさだのぶ》の**寛政の改革**が始まる
		【化政《かせい》文化】
	1825年	**異国船打払令《うちはらいれい》**が出される
	1841年	水野忠邦の**天保《てんぽう》の改革**が始まる

定着させよう

得点：　　/50点

1　右の年表を見て，次の問いに答えなさい。　[(3)②7点，他5点×4]〈静岡・改〉

時代	平安《へいあん》	鎌倉	室町	安土桃山
日本のできごと	a 武士が力をもち始める	[b]が定められる	c 応仁の乱が起こる	d 豊臣秀吉が天下を統一する

(1)　傍線部aに関する次の**ア**～**ウ**のできごとを，時代の古い順に並べなさい。〔　　→　　→　　〕

ア　源頼朝が朝廷から征夷大将軍に任命された。

イ　関東で平将門が反乱を起こした。

ウ　平治の乱が起こり，平清盛《きよもり》が勢力を広げた。

(2)　[b]にあてはまる，武家《ぶけ》社会のならわしをまとめた法律を何というか，書きなさい。

〔　　　　〕

(3)　傍線部cについて，次の問いに答えなさい。

①　傍線部cは，室町幕府《むろまちばくふ》8代将軍のあとつぎ問題などをめぐって，守護大名《だいみょう》の対立が深まることで起こった。京都の東山に銀閣《ぎんかく》をつくらせた，この8代将軍はだれか。その人物の名を書きなさい。〔　　　　〕

②　傍線部cのころから，戦国《せんごく》大名が各地に登場するようになった。戦国大名の中には，下《げ》剋上《こくじょう》によって実権をにぎった者もいる。下剋上とはどのようなことか，書きなさい。

〔　　　　〕

(4)　傍線部dについて，安土桃山《あづちももやま》時代に豊臣秀吉に仕えたことでも知られる，わび茶を大成した人物の名を書きなさい。〈北海道〉〔　　　　〕

2　右の表を見て，次の問いに答えなさい。　[(3)8点，他5点×3]〈徳島・改〉

時代	政治の動き	農民や農村のようす
鎌倉	a 武士が台頭して武家政権が成立し，その支配がしだいに全国に広まった。	牛馬耕《ぎゅうばこう》や草木灰《そうもくばい》の普及《ふきゅう》により，農業生産力が高まった。
江戸	b 幕藩《ばくはん》体制が確立したが，しだいにc 幕府の政治は行き詰《づ》まった。	商品作物の栽培《さいばい》とともに，貨幣《かへい》経済が広がり，d 新しい工業のしくみが生まれた。

(1)　下線部aについて，将軍からの御恩《ごおん》として武士にあたえられた職のうち，荘園《しょうえん》・公領《こうりょう》の管理や年貢《ねんぐ》の取り立てなどを行った職を，次の**ア**～**エ**から1つ選び，記号を書きなさい。

ア　国司《こくし》　　**イ**　執権《しっけん》　　**ウ**　守護　　**エ**　地頭《じとう》　〔　　〕

(2)　下線部bについて，参勤交代を制度化した江戸《えど》幕府3代将軍はだれか，書きなさい。

〔　　　　〕

(3)　下線部cについて，政治の改革に取り組んだ田沼意次《たぬまおきつぐ》，水野忠邦は，「株仲間」について，異なる政策を行った。田沼意次，水野忠邦がどのような政策を行ったか，それぞれ書きなさい。〔　　　　〕

(4)　下線部dについて，19世紀には，農村からきた働き手を1つの仕事場に集め，製品を分業で仕上げるしくみが生まれた。このしくみを何というか，書きなさい。〔　　　　〕

近代～第一次世界大戦

整理しよう

1 欧米《おうべい》の近代化，日本の開国

次の＿＿＿に適当な語句を書きなさい。

(1) フランス革命で，国民議会は＿＿＿＿＿を発表した。

(2) 1840年，イギリスと清《しん》の間で＿＿＿＿＿戦争が起こった。

(3) 1853年，アメリカの使節の＿＿＿＿＿が浦賀《うらが》に来航した。

(4) 徳川慶喜《とくがわよしのぶ》が政権を返上したできごとを＿＿＿＿＿という。

2 明治維新《めいじいしん》と戦争

次の＿＿＿に適当な語句を書きなさい。

(1) 1869年の＿＿＿＿＿で，全国の土地と人民は国家に属した。

(2) 1872年に＿＿＿＿が公布され，小学校が義務教育とされた。

(3) 明治政府は，国を富ませ軍事力を強化するために①＿＿＿＿強兵《きょうへい》の政策をかかげ，近代産業育成のために②＿＿＿＿興業《こうぎょう》を行った。

(4) 1877年，西郷隆盛《さいごうたかもり》を中心に鹿児島の士族《しぞく》らが＿＿＿＿＿を起こした。

(5) 国会開設の勅諭《ちょくゆ》が出されると，板垣退助《いたがきたいすけ》は①＿＿＿＿＿，大隈《おおくま》重信《しげのぶ》は②＿＿＿＿＿という政党を結成した。

(6) 1885年，＿＿＿＿＿は初代内閣総理大臣となった。

(7) 日本は①＿＿＿＿条約で遼東《りょうとう》《リアオトン》半島などを手に入れたが，ロシアなどによる②＿＿＿＿＿の結果，遼東半島を清へ返還《へんかん》した。

(8) 1904年にはロシアとの間で＿＿＿＿戦争が起こった。

3 大正《たいしょう》デモクラシー

次の＿＿＿に適当な語句や数字を書きなさい。

(1) 政治学者の＿＿＿＿＿は民本《みんぽん》主義を唱えた。

(2) 1918年，米の安売りを求める＿＿＿＿＿が全国に広まった。

(3) ウィルソンの提案で，1920年に＿＿＿＿＿が創設された。

(4) 1925年に満①＿＿＿＿歳《さい》以上の男子の普通《ふつう》選挙が実現したが，同時に社会主義を取りしまる②＿＿＿＿＿が制定された。

年表

江戸

- 1776年 **アメリカ独立宣言**が出される
- 1789年 **フランス革命**が起こる
- 1840年 清で**アヘン戦争**が起こる
- 1851年 清で太平天国《たいへいてんごく》の乱が起こる
- 1854年 **日米和親条約《にちべいわしんじょうやく》**が結ばれる
- 1857年 **インド大反乱**が起こる
- 1858年 **日米修好通商条約《にちべいしゅうこうつうしょうじょうやく》**が結ばれる
- 1861年 アメリカで**南北戦争**が起こる
- 1866年 薩長《さっちょう》同盟が結ばれる
- 1867年 **大政奉還《たいせいほうかん》**・**王政復《おうせいふっ》古《こ》の大号令《だいごうれい》**

明治

- 1868年 **五箇条《ごかじょう》の御誓文《ごせいもん》**が出される
- 1871年 **廃藩置県《はいはんちけん》**が行われる
- 1872年 **学制《がくせい》**が出される
- 1873年 **徴兵令《ちょうへいれい》**が出される
- 1874年 **民撰議院設立の建《みんせんぎいんせつりつのけん》白書《ぱくしょ》**が提出される
- 1877年 西南《せいなん》戦争が起こる
- 1885年 内閣制度が創設される
- 1889年 **大日本帝国憲法**が発布される
- 1894年 **日清《にっしん》戦争**の開戦
- 1904年 **日露《にちろ》戦争**の開戦
- 1910年 **韓国併合《かんこくへいごう》**

大正

- 1914年 **第一次世界大戦**の開戦
- 1918年 原敬《はらたかし》が本格的な**政党内閣**をつくる
- 1925年 **治安維持法《ちあんいじほう》**が制定される，**普通選挙制**が実現する

定着させよう

得点：　　/50点

1 次の文章を読んで，あとの問いに答えなさい。 [(2)10点，他5点×3]

Ⅰ 江戸幕府《えどばくふ》は，a外国船がひんぱんに日本近海に現れる中であくまでも鎖国《さこく》を守ろうとしたが，bアメリカのペリーが来航し開国を要求すると，強い態度におされて開国にふみきった。

Ⅱ 1873年に各地で，明治新政府の一連の改革に反対する農民騒動《そうどう》が起こった。

Ⅲ 1894年，外務大臣［ c ］の時，日本はイギリスとの間に日英《にちえい》通商航海条約を結び，領事《りょうじ》裁判権の撤廃《てっぱい》に成功した。

(1) Ⅰの下線部aについて，外国船が日本近海に現れた19世紀のアジアでのできごととして**適当でないもの**を，次の**ア**～**エ**から1つ選び，記号を書きなさい。〈福井〉 〔　　　〕

ア 太平天国の乱　**イ** インド大反乱　**ウ** アヘン戦争　**エ** 辛亥《しんがい》革命

(2) Ⅰの下線部bについて，ペリーの開国要求に対する幕府の対応は朝廷《ちょうてい》や大名《だいみょう》の発言権を強めることになったが，その理由を次の文の形に合わせて書きなさい。〈福井〉

〔幕府が従来の方針をかえて　　　　　　　　　　　　から。〕

(3) Ⅱのできごとは，満20歳になった男子に3年間の兵役《へいえき》を義務づけるある法令が，この年に出されたことなどをきっかけとして起こったものである。この法令は何とよばれるか，書きなさい。〈香川〉 〔　　　〕

(4) Ⅲの［ c ］にあてはまる人物を，次の**ア**～**エ**から1つ選び，記号を書きなさい。〈栃木〉

ア 陸奥宗光《むつむねみつ》　**イ** 伊藤博文《いとうひろぶみ》　**ウ** 岩倉具視《いわくらともみ》　**エ** 小村寿太郎《こむらじゅたろう》 〔　　　〕

2 次の問いに答えなさい。 [(3)10点，他5点×3]

(1) 近代の政治の展開にかかわる次の**ア**～**エ**のできごとを，年代の古い順に並べなさい。〈岡山〉

〔　　→　　→　　→　　〕

ア 板垣退助が自由党《じゆうとう》を結成した。　**イ** 最初の帝国議会が開かれた。

ウ 伊藤博文が初代内閣総理大臣に就任した。　**エ** 五箇条の御誓文が出された。

(2) 表1のⅠ～Ⅳには，次の**ア**～**エ**のできごとが1つずつあてはまる。Ⅱとのできごとを1つずつ選び，記号を書きなさい。〈秋田・改〉

Ⅱ〔　　　〕　Ⅲ〔　　　〕

ア 日英同盟を結ぶ。　**イ** 関税自主権を確立する。

ウ 甲午《こうご》農民戦争が起こる。　**エ** 三国干渉《さんごくかんしょう》を受け入れる。

表1

時期		おもなできごと
日清戦争	直前	Ⅰ
	直後	Ⅱ
日露戦争	前	Ⅲ
	後	Ⅳ

(3) 表2は，1919年と1925年の衆議院《しゅうぎいん》議員選挙法の改正による，全人口にしめる有権者の割合の変化である。全人口にしめる有権者の割合が大きく増加した理由の1つを，有権者の資格の変化の面から書きなさい。〈福岡〉

表2 （総務省資料）

法改正年	選挙実施年における全人口にしめる有権者の割合(%)
1919年	5.5
1925年	19.8

〔　　　　　　　　　　　　〕

第二次世界大戦～現代

整理しよう

1　世界恐慌《きょうこう》と各国の動き

次の______に適当な語句を書きなさい。

(1)　世界恐慌が起こると，アメリカはルーズベルト大統領の下《もと》，__________政策を実施《じっし》した。

(2)　1931年，日本軍は__________を起こして満州《まんしゅう》全土を占領《せんりょう》した。

(3)　1932年，________事件で犬養毅《いぬかいつよし》が暗殺された。

(4)　1937年，北京郊外《ペキンこうがい》での日本軍と中国《ちゅうごく》軍の銃撃戦《じゅうげきせん》をきっかけに______戦争が始まった。

(5)　1938年，労働力や物資を戦争へ動員するため____________が制定された。

2　第二次世界大戦と太平洋《たいへいよう》戦争

次の______に適当な語句を書きなさい。

(1)　日本・ドイツ・イタリアによる軍事同盟を____________という。

(2)　戦争中には，中学生などを工場で働かせる①__________が行われ，都市の小学生は集団で地方へ②________させられた。

(3)　太平洋戦争の末期，アメリカ軍が______に上陸して戦闘《せんとう》となり，12万人以上の県民が犠牲《ぎせい》となった。

3　戦後・現代の世界

次の______に適当な語句を書きなさい。

(1)　敗戦後，三井《みつい》・三菱《みつびし》・住友《すみとも》などの______が解体された。

(2)　アメリカ・ソ連をそれぞれ中心とする東西両陣営《じんえい》の緊張《きんちょう》関係を________とよんだ。

(3)　1950年の________戦争をきっかけに，日本経済は特需《とくじゅ》景気となって，経済は上向いた。

(4)　1951年に________________条約を結んで，日本は独立を回復した。

(5)　1995年，近畿《きんき》地方で__________大震災《だいしんさい》が起こった。

年表

昭和
- 1929年　世界恐慌が起こる
- 1931年　満州事変《じへん》が起こる
- 1932年　**五《ご》・一五《いちご》事件**が起こる
- 1933年　日本が国際連盟《こくさいれんめい》を脱退《だったい》する
- 1936年　二《に》・二六《にろく》事件が起こる
- 1937年　日中《にっちゅう》戦争が始まる
- 1938年　**国家総動員法**が定められる
- 1939年　第二次世界大戦が始まる
- 1941年　太平洋戦争が始まる
- 1945年　広島・長崎に**原子《げんし》爆弾《ばくだん》**投下／ポツダム宣言を受諾《じゅだく》する
- 1946年　日本国憲法の公布
- 1950年　**朝鮮《ちょうせん》戦争**が始まる
- 1951年　**サンフランシスコ平和条約**と**日米安全保障条約**が結ばれる
- 1954年　自衛隊《じえいたい》が発足《ほっそく》する
- 1956年　日本が国際連合に加盟する
- 1964年　東京オリンピックが開かれる
- 1965年　**日韓《にっかん》基本条約**が結ばれる
- 1968年　国民総生産が資本主義国2位となる
- 1972年　沖縄が日本に返還《へんかん》される
- 1973年　石油危機が起こる
- 1978年　**日中平和友好条約**が結ばれる

平成
- 1991年　**バブル経済が崩壊《ほうかい》**
- 2011年　**東日本大震災**が起こる

令和
- 2020年　新型コロナウイルス感染症《かんせんしょう》が流行
- 2021年　東京オリンピックが開かれる

定着させよう

得点：　　/50点

1 右の年表を見て，次の問いに答えなさい。

[(2)10点，(5)(6)6点×2，他7点×4]

年代	できごと
1931	**ア** 満州事変が起こる
1936	二・二六事件が起こる……………… A
1937	**イ** 日中戦争が始まる
1939	**ウ** 第二次世界大戦が始まる
1941	**エ** 太平洋戦争が始まる……………… B
1945	日本が［ C ］宣言を受諾する
	GHQの指令で［ D ］が行われる
1951	サンフランシスコ平和条約が結ばれる… E
	↕ F
2002	韓国《かんこく》と共催《きょうさい》でサッカーワールドカップ大会が開かれる

(1) 日本が国際連盟から脱退したきっかけとなったできごとを，年表中の**ア**～**エ**から１つ選び，記号を書きなさい。〈富山〉〔　　〕

(2) 年表中のAの「二・二六事件」では，陸軍の青年将校らが大臣などを殺害し，東京の中心部を一時占拠《せんきょ》した。この事件は，その後の日本の政治にどのような影響《えいきょう》をあたえたか。「軍部」の語句を使って，簡潔に書きなさい。〈高知〉

〔　　〕

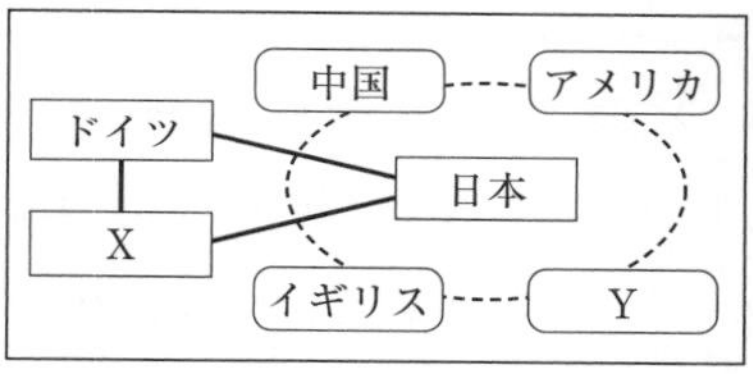

(注) ━━は日本が結んだ三国同盟を，----は日本を経済的に封《ふう》じ込《こ》めようとしたABCD包囲網《もう》（ABCD包囲陣《じん》）を，それぞれ表している。

(3) 右の図は，年表中のBにおいて，日本とアメリカとの戦争が始まる直前の国際関係を模式的に表したものである。X・Yにそれぞれあてはまる国の名の組み合わせとして最も適当なものを，次の**ア**～**エ**から１つ選び，記号を書きなさい。〈愛媛〉〔　　〕

ア　X－フランス　Y－オランダ　**イ**　X－フランス　Y－ソ連

ウ　X－イタリア　Y－オランダ　**エ**　X－イタリア　Y－ソ連

(4) 年表中の［ C ］にあてはまる語句を書きなさい。〈栃木〉〔　　〕

(5) 年表中の［ D ］には，小作人《こさくにん》(小作農)に安く土地を売りわたし，自作農《じさくのう》を増やした取り組みが入る。あてはまる語句を次の**ア**～**エ**から１つ選び，記号を書きなさい。〈宮城〉

ア　財閥《ざいばつ》解体　**イ**　農地改革　**ウ**　小作争議　**エ**　地租《ちそ》改正　〔　　〕

(6) 年表中のEについて，この条約と関係のある同じ年のできごとを，次の**ア**～**エ**から１つ選び，記号を書きなさい。〈新潟〉〔　　〕

ア　国際人権規約が採択《さいたく》される。　**イ**　世界人権宣言が採択される。

ウ　日米安全保障条約が結ばれる。　**エ**　日中平和友好条約が結ばれる。

(7) 年表中のFの時期に日本で起こった次の**ア**～**エ**のできごとを，年代の古いものから順に並べなさい。〈高知〉〔　→　→　→　〕

ア　国民総生産(GNP)が，資本主義国中第２位に，初めてなった。

イ　株価や地価が高騰《こうとう》したバブル経済(景気)が崩壊した。

ウ　中東《ちゅうとう》で起きた戦争の影響で石油危機が起こり，高度経済成長が終わった。

エ　アジアで初めてのオリンピックとなる東京オリンピックが開かれた。

8日目 公民

政治

整理しよう

1 現代社会の特色

次の＿＿＿に適当な語句を書きなさい。

(1) ①＿＿＿＿＿＿化が進むと，各国が得意な分野の商品を輸出し，そうでない商品を輸入する②＿＿＿＿＿＿が広がった。

(2) 文化の代表的な領域のうち，①＿＿＿＿は人々の生活を向上させる技術を生み出し，②＿＿＿＿は生きていくうえでの指針となる。

2 人権思想と日本国憲法

次の＿＿＿に適当な語句を書きなさい。

(1) 1948年に国際連合総会で採択《さいたく》された①＿＿＿＿＿＿の理念を実現するために，1966年に②＿＿＿＿＿＿が採択された。

(2) 政治のあり方を最終的に決める力は国民にあるとする日本国憲法の原理を，＿＿＿＿＿という。

(3) 基本的人権のうち，労働基本権は①＿＿＿＿＿に，財産権は②＿＿＿＿＿にふくまれる。

3 国と地方の政治

次の＿＿＿に適当な語句を書きなさい。

(1) 日本の選挙は，満18歳《さい》以上の国民ならだれでも投票できるとする＿＿＿＿＿，平等選挙，秘密選挙，直接選挙を原則としている。

(2) 社会問題に対する多くの人々に共通する意見を＿＿＿＿という。

(3) 国会の特別会《とくべつかい》では，＿＿＿＿＿＿が指名される。

(4) 内閣は天皇《てんのう》の＿＿＿＿＿に助言と承認をあたえる。

(5) 行政《ぎょうせい》の仕事を進める政府職員を，＿＿＿＿＿という。

(6) 犯罪行為《こうい》を裁く裁判を①＿＿＿＿＿といい，検察官《けんさつかん》が被疑者《ひぎしゃ》を被告人《ひこくにん》として裁判所に②＿＿＿＿することで始まる。

(7) 地方公共団体間の格差を減らすために，国から地方へ配分される資金を＿＿＿＿＿＿＿＿という。

1

注意 「対立」から「合意」へ

対立 → 合意
↑
判断基準

効率…費用やもの，労力がむだなく使われていること。

公正…一部の人に機会があたえられるのではなく，すべての人にとって公平であること。

2

国民の義務

①子どもに普通《ふつう》教育を受けさせる義務
②勤労の義務
③納税の義務

公共の福祉《ふくし》を理由に制限される基本的人権

公務員の労働基本権，道路拡《かく》張《ちょう》の際の財産権など。

重要 **憲法改正の手続き**

衆議院《しゅうぎいん》と参議院《さんぎいん》それぞれの**総議員の3分の2以上**の賛成で発議→国民投票で有効投票の**過半数**が賛成。

3

注意 国会議員の選挙

①**衆議院議員**☞小選挙区《しょうせんきょく》制＋比例代表制《ひれいだいひょうせい》
②**参議院議員**☞都道府県単位の選挙区制＋比例代表制

重要 **議院内閣制《ぎいんないかくせい》**

内閣不信任の決議→内閣は10日以内に衆議院を解散，または総辞職《そうじしょく》。

身近で公正な裁判

三審制《さんしんせい》☞慎重《しんちょう》に審理《しんり》するため。
裁判員制度☞裁判への信頼《しんらい》を深めるため。

定着させよう

得点：　　/50点

1 右の会話文を読んで，次の問いに答えなさい。 [(4)A８点，他６点×７]

先生：社会科のまとめとして，みなさんの選んだテーマについて教えてください。
生徒A：ぼくは，人権と ${}_{a}$<u>日本国憲法</u>のかかわりについて調べます。日本国憲法では社会権などさまざまな人権が認められていますが，${}_{b}$<u>人権が制限される場合</u>もあることを知り，興味をもったからです。
生徒B：ぼくは，${}_{c}$<u>国の政治のしくみ</u>について調べます。18歳になると ${}_{d}$<u>国政選挙</u>や地方選挙などで投票できるようになるからです。

(1) 下線部aについて，国民の義務として日本国憲法に定められている３つのうち，「納税の義務」以外のものを，１つ書きなさい。〈茨城〉 〔　　　　　　〕

(2) 下線部bについて，日本国憲法では，私たちが社会で共同生活を営むために，人権と人権のぶつかり合いを調整したり，他人の人権を侵害《しんがい》しないように一部制限したりする原理がある。この原理を何というか，書きなさい。また，右のA～Cのそれぞれの事例で制限されるものを，次の**ア**～**ウ**から１つずつ選び，記号を書きなさい。〈岩手〉

原理〔　　　　　　〕

A〔　　〕 B〔　　〕 C〔　　〕

ア　労働基本権　　**イ**　表現の自由　　**ウ**　財産権の保障

A　基準に満たない建物を建てること

B　他人の名誉《めいよ》を傷つける行為《こうい》

C　公務員のストライキ

(3) 下線部cについて，衆議院の解散から国務《こくむ》大臣の任命までの流れについて［　X　］に入る適当なものをあとの**ア**～**エ**から１つ選び，記号を書きなさい。〈富山〉 〔　　〕

解散→総選挙の実施《じっし》→［　X　］の召集《しょうしゅう》→内閣総理大臣の指名→国務大臣の任命

ア　常会《じょうかい》(通常国会)　　**イ**　臨時会《りんじかい》(臨時国会)
ウ　特別会(特別国会)　　**エ**　参議院の緊急《きんきゅう》集会

(4) 下線部dについて，次の［　A　］にあてはまる文を，「得票」「議席」の２つの語句を用いて書き，［　B　］に適する語句を書きなさい。

右の資料は，衆議院議員の選挙における比例代表選出議員選挙の投票用紙である。選挙制度には，１つの選挙区で１人の代表を選ぶ小選挙区制や，［　A　］する比例代表制などがある。日本の衆議院議員の選挙は，小選挙区制と比例代表制を組み合わせる選挙制度がとられている。また，この資料からもわかるように，現在の選挙は，無記名で投票を行う［　B　］選挙の原則のもとで行われている。〈岐阜〉

A〔　　　　　　〕

B〔　　　　〕

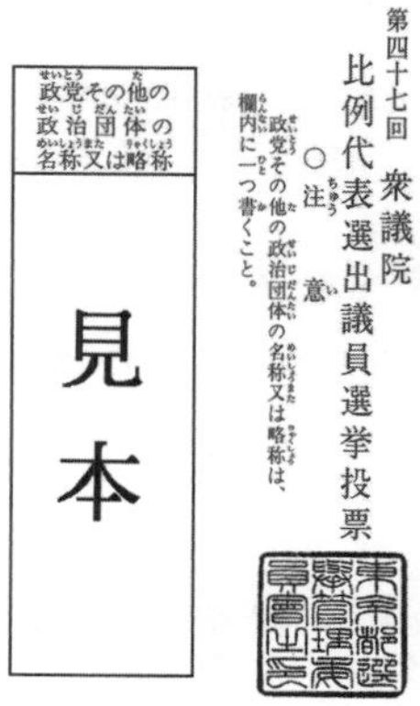

公民　学習日：　月　日　解答：別冊p.31

9日目 経済

整理しよう

1 家計から見た経済

次の______に適当な語句を書きなさい。

(1) 家計は企業《きぎょう》や政府に__________を提供し，賃金を受け取る。

(2) 家計の所得には，雇《やと》われることで得られる①__________や，商店の経営などで得られる②__________などがある。

(3) 大量の商品を生産者から直接買いつけて，効率的に流通させるなどの試みを，__________という。

2 企業から見た経済

次の______に適当な語句を書きなさい。

(1) 株式《かぶしき》会社は，利潤《りじゅん》の一部を株主《かぶぬし》へ①__________として支払《しはら》う。株主は最高意思決定機関である②__________に出席する。

(2) 資金の借り手は銀行に対して，元金《がんきん》に対する________を支払う。

(3) ①__________法は，使用者が労働三権を無視することを禁じ，②__________法は労働条件の最低基準などを定めている。

(4) 物価の下落と________の悪化が継続《けいぞく》して起こる経済状態を，デフレスパイラルという。

3 政府から見た経済

次の______に適当な語句を書きなさい。

(1) 直接税のうち税収が最大の①__________は，累進《るいしん》課税を取り入れている。間接税で税収が最大の②__________は逆進性がある。

(2) 税収が不十分な場合，政府は________を発行して資金を集める。

(3) 日本の中央銀行は__________である。

(4) 介護《かいご》の問題を解決するため，2000年に__________制度が導入された。

(5) 資源を効率的に利用するため，廃棄物《はいきぶつ》を抑制《よくせい》・再利用することで，環境《かんきょう》への負荷《ふか》を低減した社会を__________社会という。

1

注意 消費者保護の政策

1994年 製造物責任法(PL法)
2000年 消費者契約法《けいやくほう》
2004年 消費者基本法
2009年 消費者庁設置

商品の流通

生産者→商業(卸売業《おろしうりぎょう》・小売業《こうりぎょう》)→消費者

2

企業の分類

私企業☞個人企業，法人企業など。
公企業☞国営企業，地方公営企業，独立行政《ぎょうせい》法人など。

重要 価格の種類

市場価格☞需要《じゅよう》と供給の関係から決まる。
独占《どくせん》価格☞市場を独占する企業が，一方的に決める。
公共料金☞政府や地方公共団体(地方自治体)が管理する。

3

注意 社会保障制度の柱

社会保険	医療《いりょう》保険，年金保険，雇用《こよう》保険，介護保険など
公的扶助《こうてきふじょ》	生活保護(生活・教育・医療などの扶助)
社会福祉《ふくし》	児童福祉，母子・父子福祉，障がい者福祉，高齢者《こうれいしゃ》福祉
公衆衛生	感染症《かんせんしょう》対策，廃棄物処理，上下水道整備，公害対策など

定着させよう

得点：　　/50点

1　次の問いに答えなさい。

[(1)6点×2，(5)10点，他7点×4]

(1)　資料1を見て，次の問いに答えなさい。〈栃木〉

資料1

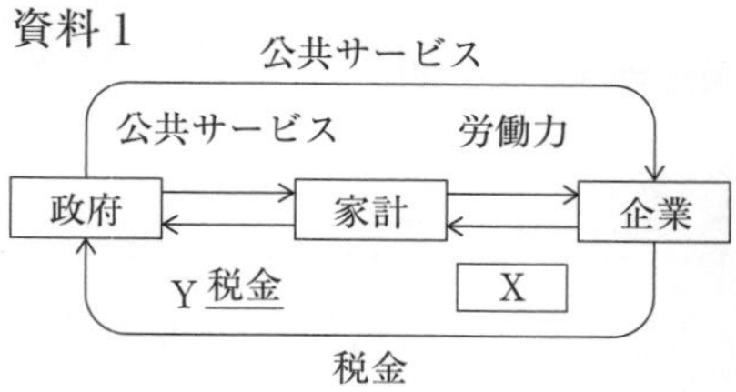

①　Xにあてはまる語句を，次の**ア**～**エ**から1つ選び，記号を書きなさい。〔　　　　〕

ア　社会資本　　**イ**　代金

ウ　社会保障　　**エ**　賃金

②　下線部Yに関して，税負担の公平をはかるために，個人の所得などの額が上がるにつれて，税率を高くする制度を何というか，書きなさい。〔　　　　〕

(2)　資料2は，日本における，産業の分類ごとの代表的な業種と，1990年と2019年の国内総生産額を表したものである。表中のX～Zにそれぞれあてはまる言葉の組み合わせを，次の**ア**～**エ**から1つ選び，記号を書きなさい。〈愛媛〉

資料2

項目／分類	代表的な業種	国内総生産額	
		1990年	2019年
第一次産業	農業，漁業など	10.9兆円	5.7兆円
第二次産業	鉱業，製造業など	161.9兆円	[Y]兆円
第三次産業	卸売業・小売業，[X]など	270.0兆円	[Z]兆円

（内閣府資料）

ア　X－医療・福祉　Y－144.4　Z－406.0　〔　　　　〕

イ　X－医療・福祉　Y－406.0　Z－144.4

ウ　X－建設業　Y－144.4　Z－406.0　　**エ**　X－建設業　Y－406.0　Z－144.4

(3)　日本においては，労働者が自主的に労働[A]を結成し，使用者と対等な立場に立って，労働条件の改善等について集団で交渉《こうしょう》することができるよう，労働[A]法が制定されている。Aに共通してあてはまる適当な語句を書きなさい。〈愛媛〉　〔　　　　〕

(4)　資料3は，好況《こうきょう》と不況《ふきょう》が交互《こうご》にくり返される様子を模式的に表したものである。このように，好況と不況が交互にくり返されることを[B]変動とよぶ。[B]は，経済の成長に大きな影響《えいきょう》をあたえるものであり，その安定化が課題である。Bに共通してあてはまる最も適当な語句を書きなさい。〈愛媛〉

資料3

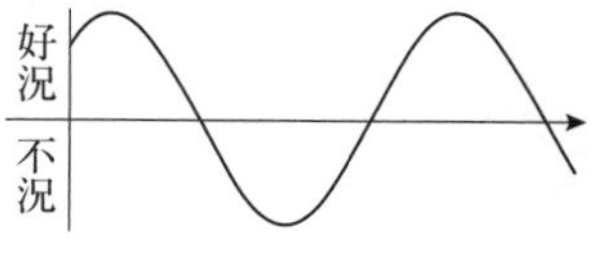

〔　　　　〕

(5)　次の文は，銀行が利益を得るしくみの1つについて述べている。[　　]にあてはまる適当な文を，「預金」「利子率」「貸し出し」の3つの語句を用いて25字以内で書きなさい。〈千葉〉

銀行は家計の貯蓄《ちょちく》などを預金として預かり，資金を必要としている企業や家計などにその預金を貸し出している。この際，銀行は[　　]ことで，その差額を利益として得ている。

〔　　　　〕

(6)　日本の社会保障制度について，次の文中の[　　]にあてはまる語句を書きなさい。〈高知〉

日本の社会保障制度は，[　　]・公的扶助・社会福祉・公衆衛生の4つを基本的な柱としている。

〔　　　　〕

公民

10日目 国際社会

学習日：　月　日 解答：別冊p.32

整理しよう

1 国際政治

次の______に適当な語句を書きなさい。

(1) 国際法は，新たに国家間で合意された①________，国家間の長年のならわしによって成立した②____________からなる。

(2) 国際連合の安全保障理事会では，５か国の①____________に，１か国でも反対すると決定できないという②________権があたえられている。

(3) アメリカとソ連が各陣営《じんえい》を率いて対立する①________の終結後，地域紛争《ふんそう》やアメリカ同時多発②________などが続発している。

(4) 国際連合の国連難民高等弁務官事務所(__________)は「難民の地位に関する条約」にもとづいて活動している。

2 世界経済

次の______に適当な語句を書きなさい。

(1) 先進国による政府開発援助《えんじょ》(①________)は，途上国《とじょうこく》の発展に役立っている。非政府組織(②________)の活動も活発である。

(2) 世界貿易機関(________)は，国家間の関税や輸入制限などを取り除くための交渉《こうしょう》を進めている。

(3) 発展途上国の農産物や製品を，先進国の人々が公正な価格で購《こう》入《にゅう》して支援《しえん》することを______________という。

3 環境《かんきょう》問題と持続可能な開発

次の______に適当な語句を書きなさい。

(1) 廃棄物《はいきぶつ》を分別して再資源化することを__________という。

(2) 将来の世代によりよい生活を引きついでいける「__________な社会」の考え方が重要となっている。

(3) 1997年の地球温暖化防止京都《きょうと》会議で，先進国に①__________ガスの排出削減《さくげん》を義務づける②____________が採択《さいたく》された。

(4) フロンガスなどが原因で，上空の______層が破壊《はかい》されている。

1

注意 **国連採択の条約**

1965年　人種差別撤廃《てっぱい》条約
1979年　女子差別撤廃条約
1989年　子どもの権利条約
2006年　障害者権利条約

核軍縮の歩み

1963年　部分的核《かく》実験停止条約
1968年　核拡散防止条約
1972年　米ソ，戦略兵器制限協定
1987年　米ソ，中距離《きょり》核戦力全廃《ぜんぱい》条約
1996年　包括《ほうかつ》的核実験禁止条約
2010年　米ロ，新戦略兵器削減条約
2017年　核兵器禁止条約

2

重要 **為替《かわせ》相場**

円高《えんだか》☞外国通貨に対して円の価値が上がること。
円安《えんやす》☞外国通貨に対して円の価値が下がること。
例 １ドル＝100円が120円になれば円安

経済連携《れんけい》

FTA（自由貿易協定）
EPA（経済連携協定）

SDGs《エスディージーズ》

国連で採択された持続可能な社会実現のための17の目標。

3

注意 **地球環境問題**

地球温暖化☞**温室効果ガス**の増加で気温上昇《じょうしょう》。
オゾン層の破壊☞**フロンガス**などによって破壊。
酸性雨《さんせいう》☞工場や自動車から出る窒素酸化物《ちっそさんかぶつ》などが原因で発生する強い酸性の雨。
砂漠化《さばくか》☞過放牧・過耕作などによる不毛《ふもう》な土地の拡大。

定着させよう

得点：　　/50点

1　次の問いに答えなさい。　〔6点×4〕

(1)　右の資料は，国際連合のおもな機関を表したものである。これを見て，次の問いに答えなさい。〈徳島・改〉

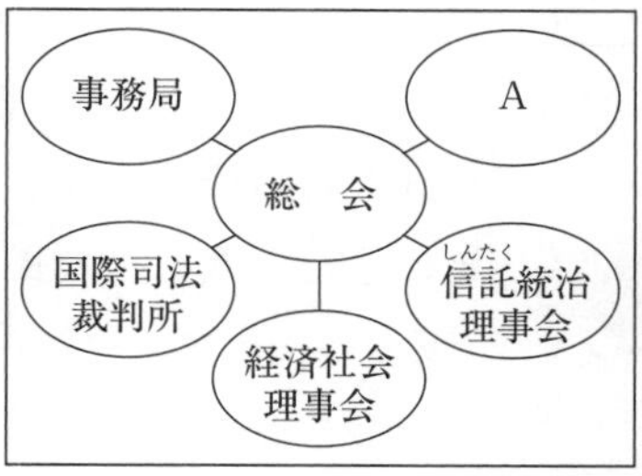

①　Aは常任理事国《じょうにんりじこく》と非常任理事国から構成され，平和維持《いじ》に関する決定を行う。Aにあてはまる機関を何というか，書きなさい。〔　　　　〕

②　国際連合について述べた文として正しいものを，次の**ア**～**エ**から１つ選び，記号を書きなさい。〔　　　　〕

ア　非核《ひかく》三原則をかかげ，平和維持に取り組んでいる。

イ　世界人権宣言を採択し，人権保障の基準を示している。

ウ　総会では，全加盟国の全会一致《いっち》により議決が行われる。

エ　専門機関の１つに，アジア太平洋《たいへいよう》経済協力会議がある。

(2)　核保有国以外の国々が核兵器《かくへいき》を持つことを禁じた条約が，1968年に国連総会で採択された。その条約の名称を書きなさい。〈沖縄〉〔　　　　〕

(3)　紛争などで住む場所を追われた人々を何というか，漢字２字で書きなさい。〈沖縄〉

〔　　　　〕

2　次の問いに答えなさい。　〔(1)6点，(2)5点×2，(3)10点〕

(1)　次の説明文は，国際経済の結びつきについて述べたものである。説明文中の□にあてはまる語句を書きなさい。〈和歌山〉〔　　　　〕

国や地域の間で，貿易を行ううえでの規制の削減や，物品の輸入の際にかかる□の引き下げを行い，経済交流や協力関係をより活発にするために，協定を結ぶ動きが見られる。

(2)　右の資料は，循環《じゅんかん》型社会をめざして，資源を有効に利用する3Rの考え方を表したものである。このうち，下線部A・Bについて述べた文を，次の**ア**～**エ**から１つずつ選び，記号を書きなさい。〈青森・改〉　A〔　　　〕　B〔　　　〕

・「リデュース」
（ごみの発生を抑制《よくせい》する）
・「A<u>リユース</u>」
（使えるものを再利用する）
・「B<u>リサイクル</u>」
（資源として再生利用する）

ア　買い物をするときには，エコバッグを持参する。

イ　回収した牛乳びんを，洗浄《せんじょう》・殺菌《さっきん》して繰《く》り返し使う。

ウ　食べきれる量を買い，食べ残しをしない。

エ　廃棄される電子機器から，レアメタルを回収する。

(3)　環境問題など地球規模の問題が深刻化する中，「持続可能な社会」という言葉で表される，□ような社会をつくることが求められている。□にあてはまる適当な文を，「世代」「よりよい生活」の２つの言葉をふくめて書きなさい。〈愛媛〉

〔　　　　　　　　　　　　ような社会〕

解答：別冊p.32

社会　入試にチャレンジ

時間：30分　得点：　／100点

1　右の地図を見て，次の問いに答えなさい。

[(1)〜(4) 6点×4，他7点×3]

地図１

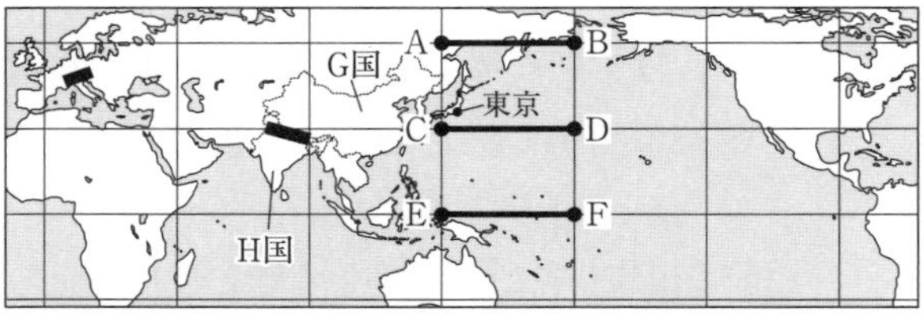

(1) 地図１のAB間，CD間，EF間の，それぞれの緯線《いせん》の長さを地球儀《ちきゅうぎ》上で比較《ひかく》したとき，その長さが最も長いものを，次の**ア**〜**ウ**から１つ選び，記号を書きなさい。〈岐阜〉

ア　AB間　　**イ**　CD間　　**ウ**　EF間

(2) 新しい造山帯《ぞうざんたい》のうちの１つで，地図１に▬▬で示した２つの山脈が属する造山帯の名を書きなさい。〈岐阜〉

［メモ１］
G国では，［ a ］のシェンチェンやアモイなどに経済特区《けいざいとっく》を設け，外国企業《きぎょう》を受け入れて工業化を進めてきた。また，H国でも経済が急速に成長した。H国の情報通信技術産業は，H国の全国的な公用語の１つが［ b ］であることを背景に欧米《おうべい》などの企業と結びつきながら，発展を続けている。

(3) 右上のメモ１のa・bにあてはまるⅠ〜Ⅳの言葉の正しい組み合わせを，あとの**ア**〜**エ**から１つ選び，記号を書きなさい。〈岐阜〉

Ⅰ　沿海部　　Ⅱ　内陸部　　Ⅲ　英語　　Ⅳ　スペイン語

ア　a－Ⅰ　b－Ⅲ　　**イ**　a－Ⅰ　b－Ⅳ

ウ　a－Ⅱ　b－Ⅲ　　**エ**　a－Ⅱ　b－Ⅳ

地図２

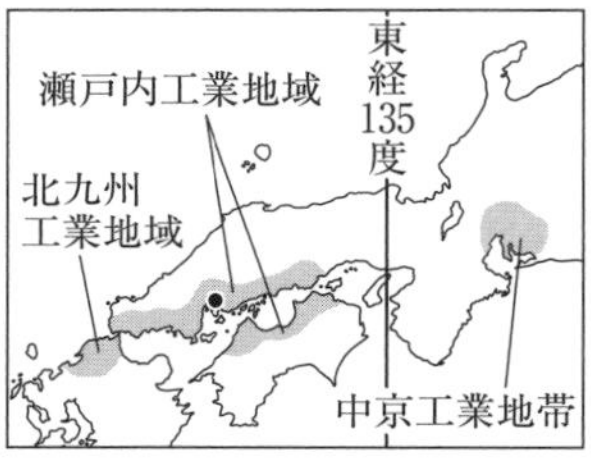

(4) 地図１のH国の北西側では，紀元前2500年ごろから計画的な都市と独自の文字をもつ文明が生まれた。この文明を何というか，書きなさい。〈岡山・改〉

［メモ２］
・日本の標準時子午線《ひょうじゅんじしごせん》は，地図２の東経《とうけい》135度の経線《けいせん》であり，［ c ］明石市《あかしし》を通る。
・地図２の中国《ちゅうごく》・四国《しこく》地方に●で示した都市は，［ d ］であり，この地方の政治や経済，文化の中心的な役割を果たす地方中枢《ちゅうすう》都市であるとともに，平和記念都市としても知られている。

(5) メモ２のcにあてはまる県の名を書きなさい。〈岐阜〉

(6) メモ２のdにあてはまる都市の名を，漢字で書きなさい。〈岐阜〉

(7) 次のグラフの**ア**〜**ウ**は，地図２中の中京《ちゅうきょう》，瀬戸内《せとうち》，北九州《きたきゅうしゅう》の工業地帯や工業地域のいずれかを示している。瀬戸内を示すものを，**ア**〜**ウ**から１つ選び，記号を書きなさい。〈岐阜〉

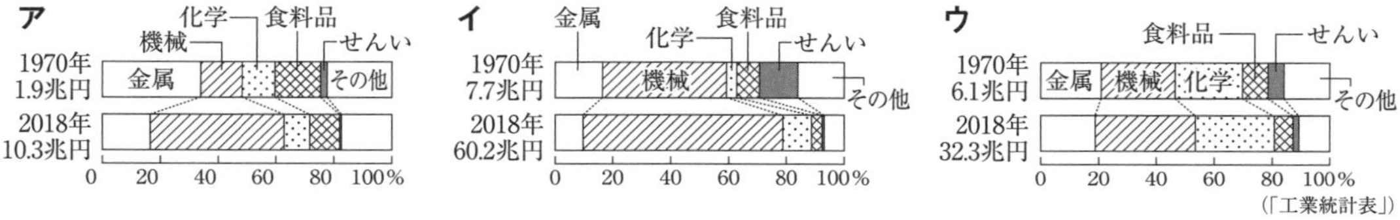

（「工業統計表」）

(1)		(2)		(3)		(4)	
(5)		(6)		(7)			

2 右の４枚のカードは，「税が関係する日本の歴史」について書かれたものである。これを見て，次の問いに答えなさい。

［(2)③・(4)10点×２，他７点×５］

A 「普通《ふつう》選挙法」が成立し，納税額による選挙権の制限が廃止《はいし》された。	B 納税を国民の義務の１つとする日本国憲法が施《し》行《こう》された。
C 日露《にちろ》戦争では，多額の戦費をまかなうため，増税が行われた。	D 地租《ちそ》改正に反対する一《いっ》揆《き》が各地で起こったため，政府は地租を引き下げた。

(1) Aについて，このとき，選挙権はどのような人にあたえられたか，次の**ア**～**エ**から１つ選び，記号を書きなさい。〈石川〉

ア 満20歳《さい》以上の男子
イ 満20歳以上の男女
ウ 満25歳以上の男子
エ 満25歳以上の男女

(2) Bについて，次の問いに答えなさい。

① 資料１の内容は，日本国憲法の３つの基本原理のうち，どれにあてはまるか，書きなさい。〈石川〉

② 資料２は，日本国憲法において定められた，立《りっ》法権《ぽうけん》・行政権《ぎょうせいけん》・司法権《しほうけん》が１つの機関に集中しないようにした，三権の相互《そうご》関係を示している。資料２のXの裁判所が国会に対して行うことを，次の**ア**～**エ**から１つ選び，記号を書きなさい。〈宮城・改〉

ア 弾劾《だんがい》裁判所の設置　**イ** 衆議院《しゅうぎいん》の解散
ウ 内閣不信任の決議　**エ** 法律の違憲審査《いけんしんさ》

③ 現在の日本の税制において，所得水準にかかわらず一定の税率で課せられる間接税は［　　］という傾向《けいこう》がある。［　　］にあてはまる適切な特色を書きなさい。

資料１　日本国憲法の一部

何人も，公共の福祉《ふくし》に反しない限り，居住，移転及《およ》び職業選択《せんたく》の自由を有する。

資料２　三権の相互関係（抑制《よくせい》と均衡《きんこう》の関係）

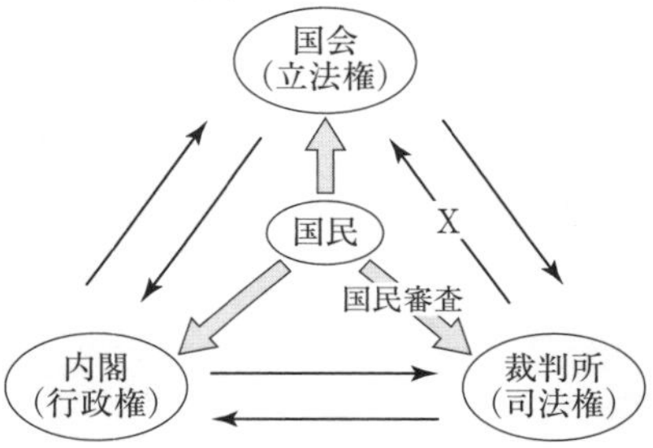

(3) Cについて，資料３中の**ア**～**エ**のうち，日露戦争によって，日本がロシアから権益を獲得《かくとく》した鉄道を模式的に示しているものを１つ選び，記号を書きなさい。〈石川〉

資料３

(4) Dについて，地租改正は，富国強兵《ふこくきょうへい》を進めようとしている政府にとって，どのような利点があったか，書きなさい。〈石川〉

(5) A～Dの４枚のカードを，時代の古いものから順に並べ，その記号を書きなさい。〈石川〉

(1)		(2)	①		②	
③					(3)	
(4)				(5)	→ → →	

び合って、爆発《ばくはつ》するということがおこる。

知的雑談でするどい興味をかき立てられるのは、小さなセレンディピティがおこっているのである。そういうセレンディピティなら普通の人間でもときどき経験することができる。「きょうの会、おもしろかった。」とつぶやくようだったら、小さいながらセレンディピティがおこっていたのである。

乱読のセレンディピティがあると同じように乱談にもセレンディピティがある。

（外山滋比古《とやましげひこ》「聴覚思考《ちょうかくしこう》」による）

（注）＊**弁証法**…対話や弁論の技術。
＊**独語**…ここでは、ひとりごと。
＊**クラブ**…共通の趣味《しゅみ》などを楽しむための集まり。
＊**形式的論理**…ここでは、結論に至るまでの道すじ。
＊**アイデンティティ**…他とははっきり区別される個性。

(1) 本文中のⓐで示した部分には、——線部「そのことがかくれてしまってきた」の理由について、筆者の考えの要点が述べられている一文がある。その一文の、最初の五字を抜《ぬ》き出しなさい。

(2) 本文中の□に入る言葉として、最も適切なものを、次の**ア**～**エ**から一つ選び、記号を書きなさい。

ア 平然たる　**イ** 必然たる
ウ 整然たる　**エ** 雑然たる

(3) 本文の表現の特徴《とくちょう》を説明したものとして、最も適切なものを、次の**ア**～**エ**から一つ選び、記号を書きなさい。

ア 全文を通じて、主語と述語、修飾語《しゅうしょくご》と被《ひ》修飾語の倒置《とうち》が多くみられる。

イ 文末の表現に常体を交えることなく、一貫《いっかん》して敬体を用いて表現している。

ウ 論を展開していく過程で、具体例や比喩《ひゆ》表現を用いて説明を補足している。

エ 五音や七音の平易な和語を連続して用いることで、文章全体にリズム感を出している。

(4) 筆者は、セレンディピティとはどのようなことだと述べているか。本文中で筆者が述べている、乱読と乱談のそれぞれによって生じることの共通点をふくめて、五十字程度で書きなさい。

(1)	(4)
(2)	
(3)	
	50

国語

入試にチャレンジ

解答：別冊 p.40

時間：30分

得点：　／100点

1　次の文章を読んで、あとの問いに答えなさい。　〔(2)20点、(4)30点、他25点×2〕〈静岡・改〉

ⓐ

新しいことを発見する力をつけるには、いま、専門の本だけを読んではいけないのである。いろんな本を、手当たり次第《しだい》読む。乱読である。そうすると、読む側の頭に眠《ねむ》っていた関心とひびき合う考えに、偶然《ぐうぜん》の出会いをする。まず、何より不思議な喜びを覚える。おもしろいと感じる。新しいものを見つけたという気がする。

これが小さいながらセレンディピティである。自分の専門とする分野の本を読んでいたのでは決しておこらないことが、乱読で得られる。

近代の人間は、日本だけでなく、どこの国においても、活字の方が話すことばより、高級であるという考え方にとらわれている。学問のある人間は、本を多く読んでいる。学問のない人、本を読まない人は、耳学問だといって軽蔑《けいべつ》される。

頭のはたらきから言えば、話すのは書く以上に難しいらしい。ただ、書くには読み書きの技術を学ぶ必要があり、かつてそういうことを学ぶ人が少なかったため、多くはあきらめたのである。

知的活動として話すことはきわめて重要なものである。ときには、文章を書く以上に価値のあることもある。活字文化によってそのことがかくれてしまってきたのである。

話す、といっても、ひとりごとは別である。ひとりごとは、ことばらしいことばではない。相手がいるときの話は力をもっている。

話すことばによる知的活動は、文字表現を支える論理とは異なるルールを求める。それを結晶《けっしょう》させたのが、*弁証法と呼ばれる。これは、*独語、執筆《しっぴつ》にあたっての個人的なことばでなく、コミュニケーションをベースにしていて創造的である。

三人以上が集まって話し合う、おしゃべりをするというのは、いかにも低次に生活的で、知的活動とは考えられないのが普通《ふつう》である。おしゃべりはムダ話としてバカにされている。

果たしてそうであろうか、と考えるところから活字文化とは違《ちが》った新しい文化が生まれる。

数人のものが*クラブのようなものをこしらえる。めいめいが違った仕事、専門をもっていることが望ましい。同業者だけというのは多く不毛である。異業種の人ばかりの集まりだと、めいめいが思う存分なことを言える。ときには自分でも考えたことがなかったようなことが、座の雰囲気《ふんいき》にあおられて飛び出すかもしれない。これも、セレンディピティの一部だったりする。

ひとりひとりの言うことは、*形式的論理などは関係のない思考の断片《だんぺん》である。同席の人たちがめいめいそういう点のような思考をふりまくから、［　　］小世界がひらける。いろいろな種類の*アイデンティティの星のかがやく夜空のようだと考えられる。半分は意識下にあった関心も星のように飛び出るかもしれない。それが偶然に結

定着させよう

得点：　　／50点

1 次の古文を読んで、あとの問いに答えなさい。〔(1)5点、他10点×2〕〈群馬・改〉

＊城陸奥守泰盛《じやうのむつのかみやすもり》は、さうなき馬乗りなりけり。馬を引き出《いだ》させけるに、足をそろへて＊閾《しきみ》をゆらりと越《こ》ゆるを見ては、「是《これ》は勇める馬なり。」とて、＊鞍《くら》を置きかへさせけり。又《また》、足を伸《の》べて閾に蹴《け》あてぬれば、「是は鈍《にぶ》くして、あやまちあるべし《（あるにちがいない）》。」とて、乗らざりけり。道を《（その道を）》知らざらん人《（極めていない人）》、かばかり《（これほど）》［　］なんや《（だろうか）》。

（「徒然草《つれづれぐさ》」による）

（注）＊**城陸奥守泰盛**…鎌倉《かまくら》時代の人。　＊**閾**…敷居《しきい》。
＊**鞍**…人を乗せるために馬の背に置く道具。

(1) ＝＝線部「そろへて」を現代仮名遣いで書きなさい。

〔　　　　〕

(2) ――線部「乗らざりけり」とあるが、泰盛がこの馬に乗らなかったのは、この馬についてどのように判断したからか。簡潔に書きなさい。

〔　　　　〕

(3) この文章の最後の一文は、泰盛の行動を踏《ふ》まえたまとめの文となっている。［　］にあてはまる語として最も適切なものを、次の**ア**～**エ**から一つ選び、記号を書きなさい。

ア 慌《あわ》て　**イ** 怒《いか》り　**ウ** 恐《おそ》れ　**エ** 怠《なま》け

〔　　　　〕

2 次の漢詩と書き下し文を読んで、あとの問いに答えなさい。〔(1)10点、(2)15点〕〈宮城・改〉

夏夜追フレ涼ヲ　楊万里《やうばんり》

夜熱依然トシテ午熱ニ同ジ

[A]レ[B][C][D]月明ノ中《うち》

竹深ク樹ハ密ニシテ虫鳴ク処《ところ》

時ニ有ルモ二微涼一不《ず》二是《こ》レ風ナラ一

夏夜涼《りやう》を追ふ　楊万里

夜熱依然として午熱に同じ

門を開きて小《しば》らく立つ月明の中

竹深く樹は密にして虫鳴く処

時に微涼《びりやう》有るも是れ風ならず

（「誠斎集《せいさいしゅう》」による）

(1) 書き下し文を参考にして漢詩中の[A]～[D]に漢字をあてはめるとき、[A]に入る漢字一字を書きなさい。

〔　　　　〕

(2) ――線部「微涼」とあるが、作者が微《かす》かな涼《すず》しさを感じたのはなぜか。二十字以内で書きなさい。

例 翁のいはく、「…天の人にも負けむや」といひて、
翁が言うには「…天人にも負けるだろうか、いや負けない」と言って、

漢文

漢詩の形式

・**五言**☞一句（一行）が五字。
・**七言**☞一句（一行）が七字。
・**絶句**☞全部で四句。
・**律詩**☞全部で八句。

返り点の読み方

・**レ点**☞一字上に返って読む。
例 [1] [3]レ [2]
・**一・二点**☞一から二に返って読む。
例 [3]二 [1] [2]一

漢詩の主題の読み取り

絶句は、起句→承句→転句→結句という構成になる。主題を読み取るには、結句に着目する。

例 p.93「静夜思」現代語訳
起☞寝台《しんだい》の前にさしこんでいる月の光を見ていると
承☞地上の霜かと疑うほどだ
転☞ふり仰《あお》いでは山の上の月を望み
結☞うつむいては故郷を思い出す

結句に、故郷をしのぶ気持ち（望郷）が表れている。

10日目 古典（古文・漢文）の読解

学習日：　月　日

解答：別冊p.39

整理しよう

1 古文の読解

次の古文を読んで、あとの問いに答えなさい。

晴雨をよくあらかじめいふものありけり。「あすは雪ふらむ」といふ。その日になれどふらず。「風はげしからん」といふ。その日になれどふかず。「いかにしつることよ」といへば、「ここはふらねども、いづこかふりしなり。ここはふかねども、いづこかふきしなり」といふ。

（『花月草紙』による）

(1) ――線部「いづこ」を現代仮名遣《かなづか》いで書きなさい。

（　　）

(2) 「晴雨をよくあらかじめいふもの」が言った内容を、次のア～ウから一つ選び、記号を書きなさい。

ア 今日は雪も風もなかったが、昨日はあった。

イ 今日は雪も風もなかったが、明日はあるだろう。

ウ ここは雪も風もなかったが、他の場所ではあった。

（　　）

2 漢文の読解

次の漢詩を読んで、あとの問いに答えなさい。

静夜思《せいやし》　李白《りはく》

牀前看ル月光ヲ　　牀前《しやうぜん》月光を看《み》る

疑フラクハ是レ地上ノ霜カト　　疑ふらくは是《こ》れ地上の霜《しも》かと

挙ゲテレ頭ヲ望ミ二山月ヲ一　　頭《かふべ》を挙げて山月を望み

低レテレ頭ヲ思フ二故郷ヲ一　　頭を低《た》れて故郷を思ふ

(1) この漢詩の形式を、漢字四字で書きなさい。

（　　）

(2) ――線部「看ル月光ヲ」に、返り点を書きなさい。

看ル月光ヲ

(3) この詩の作者の心情として最も適切なものを、次のア～エから一つ選び、記号を書きなさい。

ア 惜別《せきべつ》　**イ** 後悔《こうかい》　**ウ** 家族愛　**エ** 望郷

（　　）

古文

歴史的仮名遣い

・語頭以外の「は・ひ・ふ・へ・ほ」☞「わ・い・う・え・お」

・「ゐ・ゑ・を」☞「い・え・お」

・「ぢ・づ」☞「じ・ず」

・「くわ・ぐわ」☞「か・が」

・「あう（ふ）・いう（ふ）・えう（ふ）」☞「おう・ゆう・よう」（ア行以外も同様）

例 けふ（今日）☞きょう

助詞の省略

古文では、助詞が省略されることが多いので、補って読むようにする。

例 翁《おきな》、竹を取ること、久しくなりぬ。

翁は、（黄金の入った）竹を取ることが、永く続いた。

会話文のとらえ方

「言ふやう」「曰《い》はく」のあとから始まり、「と」「とて」（と言って）の前まで続くことが多い。

定着させよう

得点：　／50点

1 次の短歌を説明したものとして最も適切なものを、あとの**ア**～**エ**から一つ選び、記号を書きなさい。〔20点〕〈神奈川〉

ゆふ《(ウ)》ぞらにみづ《(ズ)》おとありしそののちの永きしづ《(ズ)》けさよゆふ《(ウ)》がほ《(オ)》咲《ひら》く　小島《こじま》ゆかり

ア　夕方の空が雨雲に覆《おお》われて暗くなり、白い夕顔の花が激しい雨に打たれているという風景を、天候や明暗を対比させながら、上空の雨雲から花に視点を移動することで絵画的に表現している。

イ　夕方の空に水の音が響《ひび》いたのち、長く静かな時間が流れて夕顔の花が咲《さ》くという情景を、動と静を対比させながら、ひらがなを多用し「ゆふ」という音を重ねることで印象的に表現している。

ウ　夕方の空が雨雲に覆われて暗くなっても、白い夕顔の花が咲くのを静かに待っている人々の様子を、時間の経過を意識させるために「永き」「咲く」という漢字表記を用いて写実的に表現している。

エ　夕方の空に響いた水の音が長い静けさを破ったことをきっかけにして、夕顔の花が次々と咲いていく美しい光景を、五感を生かした構成や色彩《しきさい》を感じさせる言葉によって感覚的に表現している。

〔　　〕

2 次の俳句について、季語を抜き出し、季節を漢字で書きなさい。〔15点×2〕〈兵庫〉

(1) 草の戸も住み替《か》はる代ぞひなの家　松尾芭蕉《まつおばしょう》

季語〔　　〕　季節〔　　〕

(2) 海の音一日遠き小春かな　加藤暁台《かとうきょうたい》

季語〔　　〕　季節〔　　〕

短歌

- 定型は五・七・五・七・七。
- **字余り**☞定型より音数が多い。
- **字足らず**☞定型より音数が少ない。
- **句切れ**☞意味や調子の切れ目。初句切れ・二句切れ・三句切れ・四句切れ・句切れなしがある。

俳句

- 定型は五・七・五。
- **切れ字**☞「や・かな・けり」などの、句の切れ目に用いる言葉。感動の中心を表す。
- **季語**☞季節を表す言葉。原則として、一句に一つ入る。

注意 季語は**陰暦《いんれき》（旧暦）**に**基《もと》**づくので、現代の季節感とはずれるものがある。

五月雨・五月《さつき》晴れ・麦の秋――夏
七夕《たなばた》・天《あま》の川・朝顔――秋

9日目

詩・短歌・俳句の鑑賞《かんしょう》

学習日：　月　日

解答：別冊p.38

整理しよう

1 詩

詩の鑑賞文の中の［a］・［b］に入る言葉として最も適切なものを、あとの**ア**～**エ**から一つずつ選び、記号を書きなさい。

土

三好達治《みよしたつじ》

蟻《あり》が
蝶《ちょう》の羽をひいて行く
ああ
ヨットのやうだ

蟻が蝶の羽をひいて行く様子を、［a］を用いて表現している。題名の「土」は、この詩が［b］の上の情景を描《えが》いていることを表している。

a　**ア**　直喩《ちょくゆ》　**イ**　隠喩《いんゆ》　**ウ**　倒置《とうち》　**エ**　擬態語《ぎたいご》

b　**ア**　海　**イ**　地面　**ウ**　空　**エ**　室内の床《ゆか》

a（　　）　b（　　）

2 短歌

海恋《こひ》し潮《しほ》の遠鳴りかぞへてはをとめとなりし父母《ちちはは》の家

与謝野晶子《よさのあきこ》

(1)　この短歌で用いられている表現技法を、次の**ア**～**エ**から一つ選び、記号を書きなさい。

ア　直喩　**イ**　倒置
ウ　対句《ついく》　**エ**　体言止め

（　　）

(2)　この短歌は何句切れになるか。書きなさい。

（　　）

3 俳句

次の俳句で用いられている切れ字を抜《ぬ》き出しなさい。

(1)　五月雨《さみだれ》や上野の山も見あきたり

正岡子規《まさおかしき》

（　　）

(2)　赤い椿《つばき》白い椿と落ちにけり

河東碧梧桐《かわひがしへきごとう》

（　　）

詩

詩の表現技法

・**直喩**☞「～のような」「～みたいな」などの語句を用いてたとえる。
・**隠喩**☞「～のような」「～みたいな」などの語句を用いないでたとえる。
・**擬人法**☞人でないものを人に見立てる。
・**倒置**☞通常の語順を入れ替《か》える。
・**体言止め**☞文末を体言で終える。
・**対句**☞同じ組み立ての語句を並べる。
・**擬態語**☞人やものの動作をそれらしく表す。
・**擬声語**☞人やものの出す音をそれらしく表す。
※これらの表現技法は、短歌・俳句でも用いられる。

もう一つの場合は、先に述べたが、説明の言葉の意味はわかるが、その言葉で説明されている対象世界が明確にイメージできないことによっておこるわからなさである。これは、ものごとの説明は、一つの道すじだけで理詰《りづ》めで説明されただけでは、人はなかなか納得《なっとく》できないことをしめしている。

（長尾真《ながおまこと》『「わかる」とは何か』による）

（注）＊ミッシング・リンク…関連したひとつづきの事柄《ことがら》の中の欠けた部分。
＊ヤード…長さの単位。

1 ——線①「理解できた」とあるが、「理解できた」というのは、どのような場合であると筆者は述べているか。三十字以上三十五字以内で書きなさい。ただし、「知識」「整合的」という言葉を使い、「説明をうけて得た」という書き出しに続けて書くこと。〔20点〕

説明をうけて得た　　　　　　　　　　　　　　　　　　という場合。

2 ——線②「ただちにその解釈結果をわかった結果として答えることができる」とあるが、このように答えることができるのは、人がどのような状態になっているからだと筆者は述べているか。〈　〉内から最も適切な部分を二十七字で抜《ぬ》き出しなさい。〔15点〕

　　　　　　　　　　　　　　　　　　という状態になっているから。

3 ——線③「その分野のことをかなり知っている人の場合はどうだろうか」とあるが、「その分野のことをかなり知っている人」が「いくら説明を聞いてもわからない」のはどのような場合であると筆者は述べているか。最も適切なものを、次の**ア**～**エ**から一つ選び、記号を書きなさい。〔15点〕

ア　対象分野の知識をもっていなかったり、説明される用語の意味や概念を取り違《ちが》えたりする場合。
イ　与えられたヒントの内容を正確に理解できたり、理詰めで他の人に説明できたりする場合。
ウ　用語の意味・概念がわからなかったり、対象世界が明確にイメージできなかったりする場合。
エ　対象分野を理解するステップの途中《とちゅう》だったり、理解した内容が論理的におかしかったりする場合。

〔　　〕

8日目

論説文の読解——その2

学習日：　月　日

解答：別冊p.38

定着させよう

得点：　／50点

■次の文章を読んで、あとの問いに答えなさい。〈岐阜・改〉

①「理解できた」と、「わかった！」という感覚とは、本質的にちがうところがある。

「理解できた」というのは、他人からくわしい説明をうけ、それを論理的にわかることであると考えられる。つまり、これまで知らなかった知識を与《あた》えられ、それが論理的に自分のもっている知識と整合的であるという場合に、理解できたということになる。

これに対して、「わかった！」というのは、どういう場合なのであろうか。それは、*ミッシング・リンクのようなものだと考えられる。つまり、話題になっていることに関連した知識はほとんどもっている、しかしその話題がその知識によって解釈《かいしゃく》できない、という状態にあって、そこで何かのヒントを得た結果、もっている知識によってその話題が完全に解釈できるということがわかったとき、「わかった！」ということになる。その場合は②ただちにその解釈結果をわかった結果として答えることができるという場合である。

〈幾何学《きかがく》の定理の証明の道すじを発見したという場合は、ほとんどこの場合である。（中略）「五十*ヤードなので柔《やわ》らかさが重要であった。」という表現も、ゴルフの場面であるということがわかれば、ゴルフで苦労している人にとっては「わかった！」ということになる。この例からもわかるように、「わかった！」というのは、知識を得たのではなく、自分のもっている知識によって、ある状況《じょうきょう》が解釈できたという場合である。そのような場合には、与えられたヒント以上にくわしく理由を説明してもらう必要はまったくなく、自分の頭のなかに説明の道すじが明瞭《めいりょう》に浮《う》かび上がっているのである。

逆に、いくら説明を聞いてもわからないというのはどういう場合なのだろうか、を考えてみる必要もあるだろう。説明の対象となる分野の知識をまったくもっていない場合はどうしようもない。その人のもっている知識で理解できる基本的な概念《がいねん》からはじめて、順次対象分野の知識を与えていくというステップをふまねばならない。一度に一つだけ未知のことを教えるという、気の長いステップとなる。〉

これに対して、③その分野のことをかなり知っている人の場合はどうだろうか。一つ考えられることは、説明のなかに出てくる用語の意味・概念がわからないのでわからないという場合である。この場合には、その用語の意味を聞き返さなければならないが、なんとなくわかった気になって、確かめることをおこたってしまうことによって、わからなくなってしまうことがよくある。

1 A・Bにあてはまる言葉として適切なものを、次の**ア**～**エ**から一つずつ選び、記号を書きなさい。

A **ア** さて **イ** なぜなら **ウ** しかし **エ** すなわち （　　）

B **ア** そして **イ** つまり **ウ** あるいは **エ** けれども （　　）

2 ――線①「ある支障を来してくる」とあるが、どういうことを指しているか。それを説明した次の文の□にあてはまる言葉を三十字以内で書きなさい。

・作物を育てていくと、□こと。

3 ――線②「ヒトをはじめ全ての生き物は、物質を単に通過させているだけの『システム』ということもできる」とあるが、どういうことか。それを説明した次の文のC・Dにあてはまる言葉を、本文中からCは六字、Dは五字で抜き出しなさい。

・成熟した生き物は、口から食べ物としてCと、身体から排泄物などとしてDがほぼ同じであること。

C

D

4 ――線③「日本でも一昔前まで広く行われてきた農業のやり方はきわめて理にかなっている」とあるが、そういえるのはなぜか。その理由として最も適切なものを、次の**ア**～**エ**から一つ選び、記号を書きなさい。

ア 身体からの排泄物を田畑に撒くと、作物に窒素や硫黄を生成させることができるから。

イ 身体からの排泄物を田畑に撒いて育てると、おいしい作物を収穫《しゅうかく》することができるから。

ウ 排泄物で作物を育てると、化学肥料を使わないので、環境汚染《かんきょうおせん》を防ぐことができるから。

エ 身体から排出されたものを再び田畑に撒くことで、作物に栄養をあたえることができるから。

（　　）

論説文の構成

論説文は、次のような構成をとることが多い。

序論☞話題や問題を提起する。

↓

本論☞具体例や根拠《こんきょ》などを挙げて説明をする。

↓

結論☞意見や主張を述べて文章をまとめる。

筆者の主張・要旨《ようし》

重要 次の語句や文・段落に着目する。

・**「つまり」「しかし」**などの接続語があると、**直後に重要な内容が述べられる**ことが多い。

・**「～である」「～と考えられる」「～ではないだろうか」**などの文末表現は、**筆者の主張・考えが述べられている**ことを示す。

・**最後の段落や後半の最後に近い段落**は結論部になり、**筆者の主張や要旨が述べられる**ことが多い。

7日目

論説文の読解――その1

学習日：　月　日

解答：別冊p.37

整理しよう

■次の文章を読んで、あとの問いに答えなさい。

とにかく農耕こそが、ヒトが地球上で個体数を増やすための重要な拠《よ》り所になっているわけだ。［Ａ］、特定の土地において継続《けいぞく》して植物を育て続けていると、①ある支障を来《きた》してくる。

生き物は、化学的に見ると数十種類の元素から成り立っている「物質」でもある。植物の場合、その平均的な化学組成を多いほうから順番に挙げていくと、炭素・水素・酸素・窒素《ちっそ》・硫黄《いおう》・リンとなる。もっとも多い炭素は大気中に二酸化炭素として含《ふく》まれているし、水素は水に含まれている。［Ｂ］、酸素は大気と水の両者にたっぷり含まれている。そのため、多い方から三つの元素については、材料に事欠くことはない。

ところが、四番目以降の元素、つまり窒素、硫黄、リンなどについては全て、もともと土の中に含まれていたものを吸収している。窒素は大気中に含まれているとはいえ、窒素ガスという、ほとんどの植物が利用できない物質だ。つまり作物を育てれば育てるだけ、土の中から窒素、硫黄、リンが消費され抜《ぬ》けていくことになる。土壌《どじょう》は徐々《じょじょ》に痩《や》せていき、いずれこれらの元素は枯渇《こかつ》する。こういった元素の行き着く先は、とりあえずは人類や家畜《かちく》の胃袋《いぶくろ》である。

もっとも見方を変えれば、②ヒトをはじめ全ての生き物は、物質を単に通過させているだけの「システム」ということもできる。人間の場合、今日食べたものは二、三日中に排泄《はいせつ》される。胃や腸で吸収されいったん血や肉となった栄養も、多くの場合数週間から数か月もすれば体外へ排出される。成熟した生き物は体重や化学組成がほぼ一定だから、（口から）入っていく量と、排泄物や汗《あせ》などとして身体から出て行く量がバランスしているはずだ。私たちの身体から日々排出される成分とその量は、見た目は大きく異なるものの、日々私たちが口にする野菜や肉、魚などと同じなのである。つまり、身体から排出されたものを再び田畑に撒《ま》いて、次世代の作物を育てるための糧《かて》にしようという、③日本でも一昔前まで広く行われてきた農業のやり方はきわめて理にかなっている。

（大河内直彦《おおこうちなおひこ》『「地球のからくり」に挑《いど》む』による）

接続語

重要 接続語の空所補充《ほじゅう》問題は、**空所の前後の文の関係**を確認《かくにん》して、適切なものを選ぶ。

- **順接**☞それで・だから
- **逆接**☞しかし・けれども
- **並列《へいれつ》・累加《るいか》**☞また・そして
- **対比・選択《せんたく》**☞または・あるいは
- **説明・補足**☞つまり・なぜなら
- **転換《てんかん》**☞ところで・では

指示語

重要 指示語は、**原則として直前の語句や文を指す。**

例 試行錯誤《しこうさくご》を続けた。［それ］が成功の要因だ。

注意 後ろの語句や文を指す場合もある。

例 結論は［こう］だ。あきらめるのはまだ早い。

風に考えていたなんて、まるで気付かなかったのだ。戸惑いの後、ゆっくりと満ちてくる感情があった。自分を誇《ほこ》らしいと感じる。親友二人に本心から信じてもらえる自分を誇りたいと思う。

（あさのあつこ「チームFについて」による）

（注）＊**覚束なかった**…うまくいくかどうか分からなかった。
＊**首肯**…納得《なっとく》して賛成すること。
＊**諾われ**…同意され。

1 ――線①「延々と続くコーチ五十嵐五月女の話」とあるが、その話の内容をまとめて表現している部分を、本文中から十五字以内で抜《ぬ》き出しなさい。〔10点〕

2 ――線②「心底が震えるような思いがする」とあるが、自分のどのような成長に対して感動しているのか。それを示した一文を本文中から探し、初めの三字を抜き出しなさい。〔10点〕

3 ――線③「不意に」の意味として最も適切なものを、次の**ア**～**エ**から一つ選び、記号を書きなさい。〔5点〕

ア 思いがけず　**イ** 改まって
ウ 意味もなく　**エ** ふざけて

〔　　〕

4 ［　　］に入る言葉として最も適切なものを、次の**ア**～**エ**から一つ選び、記号を書きなさい。〔5点〕

ア ゆらり　**イ** するり
ウ ぴしり　**エ** どしり

〔　　〕

5 ――線④「芳樹は少なからず戸惑った」とあるが、それはなぜか。「芳樹のマラソンランナーとしての能力」という言葉を使って、五十字以内で書きなさい。〔15点〕

6 本文の特徴《とくちょう》としてあてはまるものを、次の**ア**～**エ**から一つ選び、記号を書きなさい。〔5点〕

ア 会話文を多用して、話の筋道を論理的に展開している。
イ 擬人法《ぎじんほう》を多用して、情景をイメージしやすくしている。
ウ 方言を多用して、揺《ゆ》れ動く主人公の心情を表している。
エ 短文を多用して、主人公の感情の高まりを表している。

〔　　〕

6日目 小説文の読解——その2

学習日：　月　日

解答：別冊p.36

定着させよう

得点：　／50点

■次の文章を読んで、あとの問いに答えなさい。

過疎《かそ》が進む極楽《ごくらく》温泉町では、町おこしのために「極楽温泉町マラソン大会」が企画《きかく》された。極楽高校に通う芳樹《よしき》は、同級生の健吾《けんご》と久喜《くき》の三人で出場することにし、コーチ五十嵐五月女《いがらしさつき》のもと、これまで厳しい練習を重ねてきた。

「試合前の一週間って、とても大切な時間なの。試合のときに、ベストコンディションに持っていくための調整をどうするか。つまり云々《うんぬん》かんぬん、だからかくかくしかじか、さらにあっちこっちどっち、おまけにあれこれそれほれ」

①延々と続くコーチ五十嵐五月女の話に芳樹はじっと耳を傾《かたむ》けていた。いつもなら、大人の長話など本気で聞いたりはしない。聞く価値がないとわかっているからだ。しかし、今は違《ちが》う。コーチ五十嵐五月女が説くマラソンランナーとしての心得を真剣《しんけん》に聞き、心に留《とど》めようと思う。

フルマラソンのコースを完走できる。

その自信が胸の内に静かに、でも、確かに存在していた。

記録はわからない。しかし、完走はできる。つい数カ月前には二十キロも*覚束《おぼつか》なかった自分が、四十二・一九五キロを走り通すことができるのだ。

すごいじゃないか。

②心底《しんてい》が震《ふる》えるような思いがする。

「きみはマラソンに向いてる。というか、マラソンランナーになるために生まれてきたようなものよ」

この前、③不意に、コーチ五十嵐五月女から告げられた。

「おれが？」

まさかと笑いそうになった。意外を通り越《こ》して、冗談《じょうだん》としか思えなかった。

「冗談じゃないわよ。あたしは走ることに関しては、いつも本気なの」

□と鞭打《むちう》つようにコーチ五十嵐五月女は言い切った。その真剣さもさることながら、芳樹を驚《おどろ》かせたのは健吾と久喜が真顔で*首肯《しゅこう》したことだ。

「うん、芳樹ならでける。つーか芳樹やないとでけんこっちゃ」

健吾にさらりと言われ、

「そうやな、芳樹なら、世界と闘《たたか》えるかもな」

久喜にさらりと*諾《うべな》われ、④芳樹は少なからず戸惑《とまど》った。二人がそんな

〈富山・改〉

の演奏をしたと、誰にでも胸を張って言える」
③先生は笑顔《えがお》だった。あるいは先生だけは、今も自分の感情を抑《おさ》えているのかもしれない。

（竹内真《たけうちまこと》「ぱらっぱフーガ」による）

1 ——線①「誰も声を上げたり立ち上がったりはせず、静かに次の発表を待っている」とあるが、先輩たちがこのような態度をとったのはなぜか。その理由を説明した次の文の□にあてはまる言葉を、本文中から十七字で抜《ぬ》き出しなさい。

・先輩たちの目標は、□だったから。

□□□□□□□□□□□□□□□□□

2 ——線②「それでも先輩たちは落胆の声は上げず、姿勢を正したまま座席に座っていた」とあるが、先輩たちだけでなく、吹奏楽部員全員の態度を落ち着かせている約束事が述べられている一文を、本文中から探し、その初めの五字を抜き出しなさい。

□□□□□

3 ——線③「先生は笑顔だった」とあるが、このときの先生の心情を説明したものとして最も適切なものを、次の**ア**～**エ**から一つ選び、記号を書きなさい。

ア 先生は、先輩たちが素晴らしい演奏をして金賞をとれたことで十分満足し、心から喜んでいる。

イ 先生は、涙を流している先輩たちを見てとまどい、その場をうまくとりつくろおうとしている。

ウ 先生は、気落ちした先輩たちを慰《なぐさ》めるために、悔《くや》しさを押《お》し隠《かく》して、明るくふるまっている。

エ 先生は、先輩たちは力不足だったと思ったが、遠慮《えんりょ》して、本心とは反対の態度をとっている。

（　　）

4 本文の表現の特色を説明したものとして最も適切なものを、次の**ア**～**エ**から一つ選び、記号を書きなさい。

ア 体言で終わる短い文を文中にはさむことで、場面の急激な展開を臨場感をもって描《えが》いている。

イ 会話文を多用することで、吹奏楽部の一年生と先輩たちの交流をいきいきと描いている。

ウ 先輩たちの視点から、コンクールの結果発表に臨《のぞ》む吹奏楽部員の様子を主観的に描いている。

エ 風香の立場から、吹奏楽部の先輩や先生のふるまい・心情を観察するように描いている。

（　　）

表現の特色

・短い文や、現在形・体言で終わる文は、文章にリズム感や臨場感を生み出す。

・語り手や視点

①登場人物の一人の視点 ☞主観的に描く。

②第三者の視点☞客観的に描く。

・比喩《ひゆ》・擬人法《ぎじんほう》・擬態語・擬声語などの表現技法は、**人物の行動や情景をいきいきと描く効果**を生み出す。

・情景描写《びょうしゃ》によって人物の心情を間接的に表現する。

例 真っ赤な夕日が静かに沈《しず》んでゆく。☞穏やかな気持ちを表す。

人物像

重要 人物像を読み取るには、**その人物が置かれている状況《じょうきょう》や立場、ふるまいや態度、会話の内容など**を手がかりにする。

例「角谷先生の声は優しかった」「笑顔だった」☞先生の温厚《おんこう》な人柄《ひとがら》を表す。

5日目 小説文の読解——その1

学習日： 月 日

解答：別冊p.36

整理しよう

■次の文章を読んで、あとの問いに答えなさい。

> 高校一年生の「風香《ふうか》」は名門として有名な旺華《おうか》高等学校吹奏楽《すいそうがく》部に所属している。部は、吹奏楽コンクール北関東大会に出場し、「風香」はレギュラーの先輩《せんぱい》たちとともに審査《しんさ》結果の発表を待っていた。

「——七番・埼玉《さいたま》県立旺華高等学校、ゴールド金賞」

旺華の場合は、しっかりと金賞だったものの、歓声《かんせい》はほとんど上がらず、穏《おだ》やかな拍手《はくしゅ》だけが響《ひび》いた。旺華高校吹奏楽部にとって、金賞というのは騒《さわ》ぐほどのことではないのだ。一年生たちも事前に「どんな結果が出ても大騒ぎしないで行儀《ぎょうぎ》よくしているように」と言い渡《わた》されていた。

もちろんレギュラーの先輩たちは嬉《うれ》しそうではあった。①だけど誰《だれ》も声を上げたり立ち上がったりはせず、静かに次の発表を待っている。——先輩たちにとって、本当に大事なのはこの後だった。目標は北関東大会で金賞をとることじゃなく、全国大会に進む代表校に選ばれることなのである。全ての高校の審査結果が発表され、審査委員長が総評を述べている間も、旺華の部員が並んでいるあたりには緊張感《きんちょうかん》が漂《ただよ》ったままだった。

「続いて全国大会出場団体の発表に移ります」

緊張をあおるように、審査委員長の手に一枚の紙が手渡される。すぐにそこに記された校名が読み上げられた。

「五番・私立桐堂《きりどう》大学付属高等学校、八番・栃木《とちぎ》県立湯《ゆ》津上《づがみ》高等学校、十一番・茨城《いばらき》県立大子《だいご》高等学校」

代表校は番号順に読み上げられる。五番の次に八番と言われた時点で、七番の旺華は落選と分かった。②それでも先輩たちは落胆《らくたん》の声は上げず、姿勢を正したまま座席に座《すわ》っていた。——ようやく先輩たちの涙《なみだ》が見られたのは、後片付けを終えてホールの前庭に集合してからである。

「うん、今までよく頑張《がんば》った」

みんなの前に立った角谷《かくたに》先生の声は優《やさ》しかった。今までの練習を頑張ったという意味にも、代表落ちした口惜《くや》しさをよくこらえたという意味にもとれた。

「まずは金賞おめでとう。全国に行けないのは残念だが、私は今日の演奏は素晴《すば》らしかったと思う。みんなは最高

小説文の読解

重要 リード文（前書き）をしっかり読んで、**いつ・どこで・誰が・何をしている場面なのか**を押さえる。

例 吹奏楽コンクール北関東大会の会場で、高校一年生の「風香」や先輩たちが、審査結果の発表を待っている場面。

人物の心情の変化

場面の変化とともに、**人物の心情が変化していく様子**を読み取る。

例 先輩たちの心情

金賞の発表→嬉しそうだが、静かにしている。

↓

全国大会代表校の発表→落胆の声は上げず、姿勢を正したままでいた。

↓

ホールの前庭→涙を見せた。

定着させよう

得点：　　/50点

1

次の(1)・(2)は、——線部と意味・用法が同じものを、(3)は、——線部と品詞が同じものを、あとのア〜エから一つずつ選び、記号を書きなさい。［4点×3］

(1) 突然《とつぜん》、後ろから声をかけられる。〈福井・改〉

ア　夏休みに先生が家に来られる。
イ　空腹なら何でも食べられる。
ウ　このドアからも外に出られる。
エ　先生に私の努力が認められる。

(2) 電球を新しいのと取り替《か》えてよ。〈栃木〉

ア　彼女の書いた作文が入選したね。
イ　私はお菓子《かし》を作るのが得意です。
ウ　文化祭の準備は進んでいますか。
エ　本屋に行ったのに休みだったよ。

(3) その人の名前すら思い出せない。〈新潟・改〉

ア　こんなに大きな魚は見たことがない。
イ　楽器の演奏はまだそれほどうまくない。
ウ　彼は約束の時間になっても来ない。
エ　妹の寝顔《ねがお》はまだあどけない。

2

次の——線部の言葉を、意味を変えずに敬意を表す適切な表現に直して書きなさい。［5点×4］

(1) 校長先生が来る。

(2) 皆様《みなさま》のご来場を待っています。〈千葉・改〉

(3) 母が先生にお礼を言った。

(4) 明日、連絡《れんらく》してもらえますか。

3

次のAの文を、内容を変えないように、Bの文に書きかえるとき、□にあてはまる言葉を書きなさい。［9点×2］

(1) A兄は、弟に全国大会出場の夢を託《たく》した。〈北海道・改〉
B弟は、兄から全国大会出場の夢を□。

(2) A私には、オリンピックに出場してメダルを取るという夢がある。
B私の夢は、オリンピックに出場してメダルを□。

敬語

重要 敬語の使い方には次の三通りがある。

①敬語の動詞を使う。
例 なさる（尊敬）　いたす（謙譲）

②「お（ご）…になる」「お（ご）…する」を使う。
例 お帰りになる（尊敬）　お聞きする（謙譲）

③助動詞を使う。
例 お客様が来られる。（尊敬）

注意 自分の身内の者の動作には謙譲語を使う。
例 父がそう申しておりました。

表現

重要 主語と述語の対応（係り受け）を正しく直す問題がよく出る。

例 私の希望は、海外で英語を勉強します。 ← ○勉強することです

例 兄は、みんなから生徒会長に選んだ。 ← ○選ばれた

4日目

付属語（助動詞・助詞）／敬語・表現

学習日：　月　日

解答：別冊p.35

整理しよう

1 助動詞

次の――線部「られる」の意味を、あとの**ア**〜**エ**から一つずつ選び、記号を書きなさい。

(1) 校長先生が歩いて来られる。（　）

(2) 図書館では十冊まで本が借りられる。（　）

(3) 友人の身の上が案じられる。（　）

(4) この言葉は若者によく用いられる。（　）

ア 受け身　**イ** 尊敬　**ウ** 可能　**エ** 自発

2 助詞

次の――線部「の」の用法を、あとの**ア**〜**ウ**から一つずつ選び、記号を書きなさい。

(1) 太陽の沈《しず》むところを見る。（　）

(2) 花の都と呼ばれた。（　）

(3) 彼は本を読むのが速い。（　）

ア 連体修飾《しゅうしょく》　**イ** 主語　**ウ** 体言の代用

3 敬語

次の――線部の敬語の種類を、あとの**ア**〜**ウ**から一つずつ選び、記号を書きなさい。

(1) 温かいうちに召《め》しあがってください。（　）

(2) お料理は得意ですか。（　）

(3) お荷物をお持ちします。（　）

ア 尊敬語　**イ** 謙譲語《けんじょうご》　**ウ** 丁寧語《ていねいご》

4 表現

次の――線部と＝＝線部の関係が適切になるように、＝＝線部を書き直しなさい。

(1) この計画の問題点は、予定期日内に完成させるのが難しい。（　）

(2) お腹《なか》がいっぱいで、私は、デザートを兄に食べてくれた。（　）

助動詞

よく出る助動詞

「れる」「られる」の意味。

①受け身　例 犬にほえられる。

②尊敬　例 大臣が到着《とうちゃく》される。

③可能　例 絶景が見られる。

④自発　例 昔が思い出される。

助詞

よく出る助詞

「の」の用法。

①連体修飾語を示す。　例 海の近くに住む。

②主語を示す。　例 風の強い日。

③体言の代用をする。　例 走るのは苦手だ。

定着させよう

得点：　／50点

1 次の文を単語に区切ったとき、最も適切なものを、あとの**ア**〜**エ**から一つ選び、記号を書きなさい。〔10点〕〈茨城・改〉

・本はあまり読みません

ア 本／は／あま／り／読み／ません
イ 本は／あま／り／読みま／せ／ん
ウ 本／は／あまり／読み／ませ／ん
エ 本は／あまり／読み／ま／せん

〔　　〕

2 次の文の――線部の述語に対する主語を、一文節で書き抜《ぬ》きなさい。〔10点〕〈埼玉〉

・この町には、私が友人と過ごした頃《ころ》の思い出がたくさんあります。

〔　　〕

3 次の**ア**〜**エ**の――線部と＝＝線部の文節の関係のうち、補助の関係にあるものを一つ選び、記号を書きなさい。〔10点〕〈埼玉〉

青い　空を　高く　速く　飛んで　いるのは　新型の　飛行機だ。

ア 青い　空を
イ 高く　速く
ウ 飛んで　いるのは
エ 新型の　飛行機だ。

〔　　〕

4 次の――線部「大きな」と同じ品詞であるものを、あとの**ア**〜**エ**から一つ選び、記号を書きなさい。〔10点〕〈青森・改〉

・大きな改革ほど、結果はすぐに現れない。

ア きっと雨が降るだろう。
イ 穏《おだ》やかな風が吹《ふ》く。
ウ たいした度胸の持ち主だ。
エ 小さい頃の思い出。

〔　　〕

5 次の――線部「生きる」の活用の種類と活用形を書きなさい。〔5点×2〕〈長野・改〉

・生きることは、信じることである。

活用の種類〔　　〕
活用形〔　　〕

活用のない自立語

名詞・副詞・連体詞・接続詞・感動詞がある。

注意 連体詞と形容動詞の識別に注意する。

例 小さな店→「小さな」は「小さだ」とは活用しないので連体詞。

例 きれいな花→「きれいな」は「きれいだ」と活用するので形容動詞。

活用のある自立語

活用のある自立語は、動詞・形容詞・形容動詞。

重要 動詞の活用の種類は、動詞に「ない」をつけたとき（未然形）の活用語尾《ごび》で見分ける。

五段活用→ア段になる　例 動く→動かない
上一段活用→イ段になる　例 起きる→起きない
下一段活用→エ段になる　例 食べる→食べない
カ行変格活用は「来る」、サ行変格活用は「する」「〜する」のみ。

3日目 文の成分と組み立て／自立語

解答：別冊 p.35

整理しよう

1 文節と単語

例にならって、次の文を文節に分けなさい。また、単語に区切るといくつになるか。漢数字で書きなさい。

例 桜の／花が／満開に／なった。

・父はテーブルで新聞を読んでいる。　（　　　個）

2 文の成分・文節の関係

次の――線部と＝＝線部の文節の関係を、あとの**ア**～**エ**から一つずつ選び、記号を書きなさい。

(1) 庭の 景色を ぼんやりと 眺《なが》める。（　　）

(2) 新しい カメラを 使って みる。（　　）

(3) たくさんの 人が 電車から 降りる。（　　）

ア 主語・述語の関係　**イ** 修飾《しゅうしょく》・被《ひ》修飾の関係

ウ 並立《へいりつ》の関係　**エ** 補助の関係

3 活用のない自立語

次の――線部の言葉の品詞名を、あとの**ア**～**エ**から一つずつ選び、記号を書きなさい。

(1) 最後まで決してあきらめない。（　　）

(2) あらゆる方法を試《ため》す。（　　）

(3) これは授業で使う資料です。（　　）

ア 名詞　**イ** 副詞　**ウ** 連体詞　**エ** 接続詞

4 活用のある自立語

次の――線部の動詞の活用の種類と活用形を書きなさい。

(1) いとこが家に遊びに来た。

活用の種類（　　）

活用形（　　）

(2) 今日は外に出かけない。

活用の種類（　　）

活用形（　　）

文節と単語

・**文節**☞意味がわかる範囲《はんい》で区切ったまとまり。

例 兄は／野球選手だ。

注意 次の場合は二文節。

例 雨が降って いる。

・**単語**☞意味や働きの上で最小になるまとまり。

例 兄／は／野球選手／だ。

文の成分・文節の関係

文の成分には**主語・述語・修飾語・接続語・独立語**がある。

例 はい、　では、　私が　資料を　作ります。

独立語　接続語　主語　修飾語　述語

重要 修飾の関係は二通り。

・**連用修飾**☞**用言**（動詞・形容詞・形容動詞）を修飾する。

・**連体修飾**☞**体言**（名詞）を修飾する。

定着させよう

得点：　／50点

1 次の熟語と同じ構成の熟語を、あとの**ア**～**エ**から一つずつ選び、記号を書きなさい。〔5点×4〕

(1) 通園　〈静岡・改〉

ア 粗雑《そざつ》　**イ** 県営　**ウ** 盛衰《せいすい》　**エ** 遭難《そうなん》　〔　　〕

(2) 疎密《そみつ》　〈長崎・改〉

ア 公園　**イ** 豊富　**ウ** 表裏《ひょうり》　**エ** 日没《にちぼつ》　〔　　〕

(3) 歓喜《かんき》　〈埼玉・改〉

ア 匿名《とくめい》　**イ** 豊富　**ウ** 出納《すいとう》　**エ** 雷鳴《らいめい》　〔　　〕

(4) 黙読《もくどく》　〈富山・改〉

ア 人造　**イ** 決心　**ウ** 博愛　**エ** 永遠　〔　　〕

2 次の**ア**～**エ**の文のうち、――線部の四字熟語が正しく使われているものを一つ選び、記号を書きなさい。〔10点〕〈栃木〉

ア この部屋は清廉潔白《せいれんけっぱく》に保たれている。

イ 自然豊かな我田引水《がでんいんすい》の土地に暮らす。

ウ 国では森羅万象《しんらばんしょう》の保護を進めている。

エ 彼女は順風満帆《じゅんぷうまんぱん》な人生を送っている。

〔　　〕

3 次の意味を表すことわざ・慣用句を、あとの**ア**～**エ**から一つずつ選び、記号を書きなさい。〔5点×2〕

(1) 用心の上にも用心して行動する　〈宮城・改〉

ア 立つ鳥あとを濁《にご》さず　**イ** 果報は寝《ね》て待て

ウ 石橋をたたいて渡《わた》る　**エ** 縁《えん》の下の力持ち　〔　　〕

(2) 社会の注目の的となる　〈愛媛・改〉

ア 錦《にしき》を飾《かざ》る　**イ** 根を下ろす

ウ 頭角を現す　**エ** 脚光《きゃっこう》を浴びる　〔　　〕

4 次の各文について、（　）の中の**ア**～**エ**から最も適切なものを一つずつ選び、記号を書きなさい。〔5点×2〕〈秋田〉

(1) この相手には負けることはないだろうと（**ア** 肝《きも》を冷やす　**イ** かぶとを脱《ぬ》ぐ　**ウ** 二の足を踏《ふ》む　**エ** たかをくくる）。　〔　　〕

(2) 計画が（**ア** 絵に描《か》いた餅《もち》　**イ** 立て板に水　**ウ** 腐《くさ》っても鯛　**エ** 水と油）にならないように確実に実行する。　〔　　〕

ことわざ

注意 意味を間違《まちが》えやすいことわざに注意する。

・**情けは人のためならず**
○人に情けをかければあとで自分のためになる。
×情けをかけると人のためにならない。

慣用句

重要 体の部分を使った慣用句がよく出る。

頭が下がる
目を配る
鼻が高い
耳を疑う
舌を巻く
首をすくめる
肩《かた》を落とす

注意 間違えやすい慣用句に注意する。

・**気が置けない** ☞ 意味に注意する。
○気遣《きづか》いしなくてよい。
×気を許すことができない。

・**的を射る**
○射る
×得る

英語
数学
理科
社会
国語

1日目
2日目
3日目
4日目
5日目
6日目
7日目
8日目
9日目
10日目

2日目 熟語の成り立ち／ことわざ・慣用句

学習日：　月　日

解答：別冊p.34

整理しよう

1 熟語の成り立ち

(1) 次の熟語と同じ成り立ちの熟語を、あとのア～エから一つずつ選び、記号を書きなさい。

① 高山　ア 運送　イ 白線　ウ 読書　エ 昇降《しょうこう》　（　　）

② 意思　ア 市電　イ 植樹　ウ 詳細《しょうさい》　エ 長短　（　　）

③ 軽重　ア 思考　イ 強弱　ウ 机上《きじょう》　エ 着席　（　　）

(2) 次の□に漢字一字を入れて、四字熟語を完成させなさい。

① 一刀□断　（　　）

② 心機□転　（　　）

③ 単□直入　（　　）

④ 異口同□　（　　）

2 ことわざ

次の意味を表すことわざを、あとのア～エから一つずつ選び、記号を書きなさい。

(1) 価値のわからない者には無意味である

ア 石の上にも三年　イ ぬかにくぎ

ウ 豚《ぶた》に真珠《しんじゅ》　エ やぶから棒　（　　）

(2) 前もって用心していれば失敗しない

ア 転ばぬ先の杖《つえ》　イ 雨降って地固まる

ウ えびで鯛《たい》を釣《つ》る　エ 焼け石に水　（　　）

3 慣用句

次の□に体の部分を表す言葉を入れて、〔　〕内の意味を表す慣用句を完成させなさい。

(1) □をつっこむ〔深入りする〕　（　　）

(2) □をとがらせる〔不満をもつ〕　（　　）

(3) □をのばす〔遠くへ行く〕　（　　）

熟語の成り立ち

二字熟語

重要 成り立ち（構成）を問う問題がよく出る。

①意味が似ている。
例 教育・流通

②意味が対《つい》になる。
例 明暗・寒暖

③主語＋述語の関係。
例 国立・円高

④動詞＋目的・対象の関係。
例 乗車・開店

⑤上の字が下の字を修飾《しゅうしょく》。
例 多数・直前

⑥接頭語・接尾語《せつびご》がつく。
例 未定・知的

よく出る四字熟語

以心伝心・一念発起《いちねんほっき》
一喜一憂《いっきいちゆう》・右往左往
雲散霧消《うんさんむしょう》・十人十色《じゅうにんといろ》
支離滅裂《しりめつれつ》・千載一遇《せんざいいちぐう》
朝令暮改《ちょうれいぼかい》・馬耳東風《ばじとうふう》

定着させよう

得点： /50点

1 次の——線部の読みをひらがなで書きなさい。〔2点×8〕

(1) 街を循環するバス。〔　〕
(2) 不正に憤慨する。〔　〕
(3) 会議を暫時、中断する。〔　〕
(4) 神社の境内を散歩する。〔　〕
(5) 展示会を催す。〔　〕
(6) 熱気が会場を覆う。〔　〕
(7) 汗《あせ》を拭う。〔　〕
(8) 観光名所を巡る。〔　〕

2 次の——線部のカタカナを漢字で書きなさい。〔3点×7〕

(1) 新人賞のコウホ。〔　〕
(2) テンボウ台に登る。〔　〕
(3) センモン家の意見。〔　〕
(4) 飲食店をイトナむ。〔　〕
(5) 応援《おうえん》の幕をタらす。〔　〕
(6) 実力をヤシナう。〔　〕
(7) カりた物を返す。〔　〕

3 「礼」と同じ偏《へん》の漢字を行書で書いたものとして最も適切なものを、次の**ア**～**エ**から一つ選び、記号を書きなさい。〔4点〕〈京都・改〉

ア 新　**イ** 折　**ウ** 析　**エ** 祈　〔　〕

4 「夢」を楷書で書いた場合の総画数と、次の**ア**～**エ**の行書の漢字を楷書で書いた場合の総画数が同じものを一つ選び、記号を書きなさい。〔5点〕〈福岡・改〉

ア 設　**イ** 雑　**ウ** 絹　**エ** 程　〔　〕

5 楷書とは筆順が変化している行書の漢字を、次の**ア**～**エ**から一つ選び、記号を書きなさい。〔4点〕〈千葉・改〉

ア 光　**イ** 球　**ウ** 花　**エ** 染　〔　〕

つとめる〔会社に勤める / 司会を務める / 解決に努める〕
そなえる〔災害に備える / 花を供える〕

部首

重要 部首の画数を、行書から読み取ることができるようにする。

禾（禾）のぎへん☞五画
糸（糸）いとへん☞六画
ネ（ネ）しめすへん☞四画
門（門）もんがまえ☞八画

画数

重要 行書で書かれた漢字の画数がよく出題される。

注意 **総画数を間違えやすい漢字**

級☞九画
延☞八画
災☞七画
叫☞六画
極☞十二画

筆順

注意 行書では楷書と筆順が変わる漢字や、点画が省略される漢字がある。

・筆順が変わる。（糸へん）
例 紙→紙
・点画が省略される。
例 雲→雲

1日目 漢字――読み書きと知識

学習日： 月 日

解答：別冊 p. 34

整理しよう

1 漢字の読み

次の――線部の漢字の読みをひらがなで書きなさい。

(1) 頻繁に買い物に出かける。（　　）
(2) 要点を把握する。（　　）
(3) 力の均衡が崩《くず》れる。（　　）
(4) 農業に携わる。（　　）
(5) 県庁に赴く。（　　）
(6) 交通が滞る。（　　）

2 漢字の書き

次の――線部のカタカナを漢字で書きなさい。

(1) ピアノをエンソウする。（　　）
(2) 歴史的なカチのある作品。（　　）
(3) カンタンな問題。（　　）
(4) 畑をタガヤす。（　　）
(5) 郵便がトドく。（　　）

3 部首

「経」と部首が同じ漢字を、次の**ア**～**エ**から一つ選び、記号を書きなさい。

ア 沈　**イ** 快　**ウ** 村　**エ** 紙　（　　）

4 画数

次の行書で書かれた漢字を楷書《かいしょ》で書くときに、総画数が最も多くなるものを次の**ア**～**エ**から一つ選び、記号を書きなさい。

ア 粉　**イ** 閉　**ウ** 茶　**エ** 波　（　　）

5 筆順

次の矢印が指す部分は、何画目に書くか書きなさい。

医↑　（　　画目）

漢字の読み

重要 よく出る音読み

貢献（コウケン）
納得（ナットク）
体裁（テイサイ）
遂行（スイコウ）
示唆（シサ）

重要 よく出る訓読み

眺める（ながめる）
促す（うながす）
鮮やか（あざやか）
遮る（さえぎる）
紛れる（まぎれる）

漢字の書き

注意 同じ読みの漢字と間違《まちが》えないようにする。

危険（ケン）→×検
操縦（ジュウ）→×従

あつい ｛熱い湯／厚い布／暑い部屋｝
のぞむ ｛海に臨む公園／成功を望む｝

□ 執筆協力　㈱オルタナプロ　足達研太　笠井喜生　菊池聡　西村賢治　山腰政喜

□ 編集協力　㈱オルタナプロ　稲葉友子　河本真一　佐藤英徳　田中浩子　中野知子　中村江美　西澤智夏子　坂東啓子

□ 図版作成　㈱オルタナプロ　㈲デザインスタジオエキス．藤立育弘　CONNECT

□ 写真提供　埼玉県立さきたま史跡の博物館　東京都選挙管理委員会事務局　CLICK/PIXTA

□ イラスト　林 拓海　㈲デザインスタジオエキス．

□ デザイン協力　CONNECT

□ 装幀　二ノ宮匡（ニクスインク）

シグマベスト

高校入試
中学３年分まるごと総復習　５科

編　者　文英堂編集部

発行者　益井英郎

印刷所　図書印刷株式会社

発行所　株式会社文英堂

〒601-8121　京都市南区上鳥羽大物町28

〒162-0832　東京都新宿区岩戸町17

(代表)03-3269-4231

●落丁・乱丁はおとりかえします。

③

ΣBEST シグマベスト

高校入試 10日でできる!

中学3年分まるごと総復習 5科

解答・解説

5科得点チャート

右下の図のように，各教科のチャートのあてはまる部分に「定着させよう」の得点を記録し，それぞれを線で結んでみましょう。

どの単元が得意で，どの単元が不得意かがわかります。

不得意な単元はもう一度復習しておくとよいでしょう。

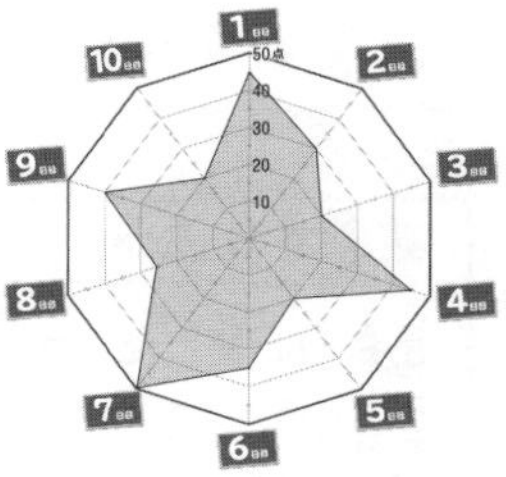

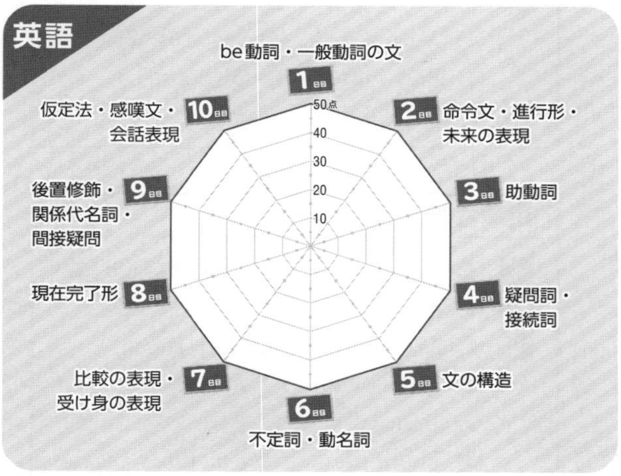

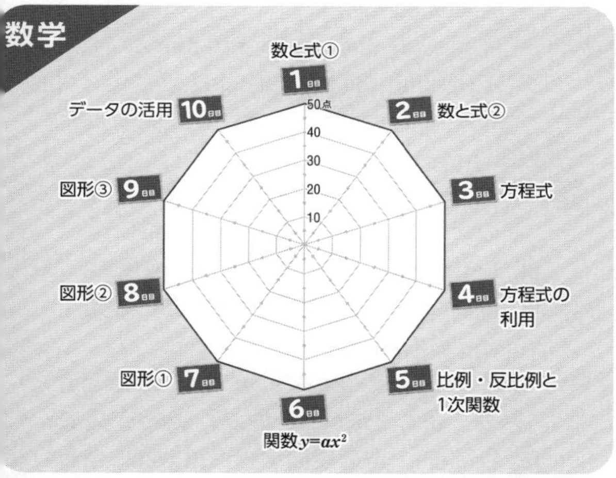

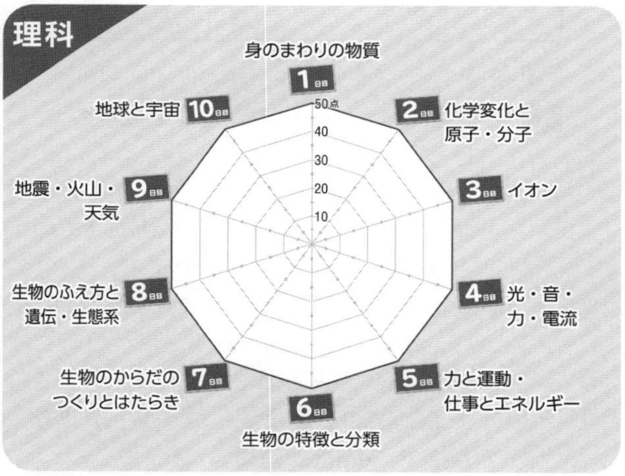

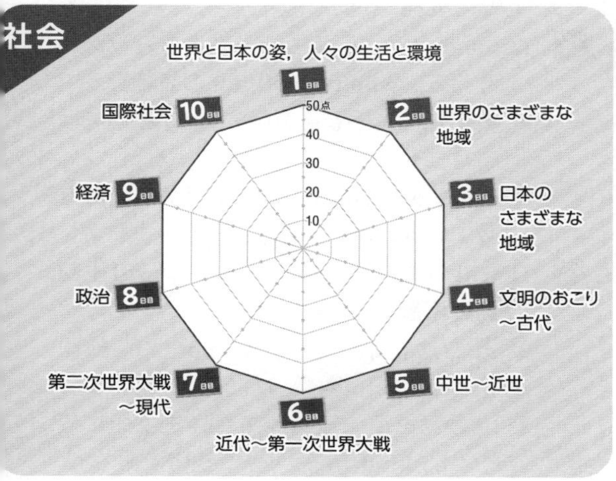

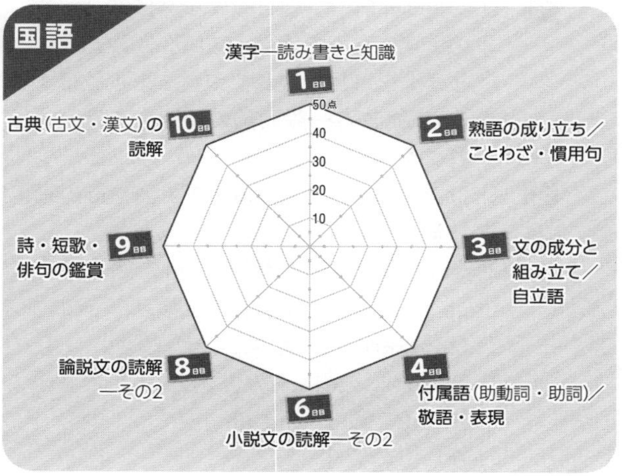

文英堂

1日目 be動詞・一般動詞の文

整理しよう

1 (1) is (2) were (3) isn't
(4) Were / was (5) are (6) Was

2 (1) likes (2) went (3) doesn't
(4) Did / didn't

定着させよう

1 (1) **ウ** (2) **ウ** (3) **イ** (4) **ウ** (5) **エ**

2 (1) **イ** (2) **エ**

3 (1) Are you free this (afternoon?)
(2) Tomo went to bed at (ten last night.)
(3) There are not any pictures (in the room.)

解説

1 (1) 主語のMy sisterが3人称単数なので，**is**を選ぶ。
(2) **There is[are] ～.**の文。a tall treeが単数で，最後に過去を表す**then**「そのとき」があるので，**was**を選ぶ。
(3) 主語がItで現在の文なので，3人称単数のsがついた**rains**を選ぶ。
(4) yesterdayがあるので過去の文と考える。
(5) 一般動詞の否定文。主語のWeが複数なので，**don't**が適切。

2 (1) A「この前の土曜日，マイクに電話したのですが……」とB「彼は今，沖縄にいます」を自然な流れでつなぐ選択肢は**イ**。
(2) **Doで始まる一般動詞の疑問文**では，返答にもdoを使う。

3 (1) be動詞の疑問文。**are**を主語youの前に置く。
(2) **went**は不規則変化動詞goの過去形。**go to bed**で「寝《ね》る」の意味。「～時に」は**〈at＋時刻〉**で示す。
(3) There is[are] ～.の否定文。areの直後に**not**を置く。**not any ～**で「1つも～ない」の意味。

2日目 命令文・進行形・未来の表現

整理しよう

1 (1) Speak (2) Don't (3) Be, please

2 (1) is reading (2) were washing
(3) Is / isn't

3 (1) ① She is going to clean her room.
② She will clean her room.
(2) ① It will not[won't] rain tomorrow.
② Will it rain tomorrow?

定着させよう

1 (1) **ア** (2) **ウ** (3) **エ** (4) **エ** (5) **ア**

2 (1) Will / won't (2) don't (3) doing

3 (1) (Emi) will stay at the hotel (tomorrow.)
(2) (I) was not listening to him (.)
(3) Be kind to other people (.)

解説

1 (1)「ジョン，もう起きなさい」という意味の命令文。動詞の原形**get**を選ぶ。
(2) **Let's ～.**で**「～しましょう」**の意味。
(3) 直前のisから現在進行形の文と考え，-ing形の**studying**を選ぶ。
(4) 主語Theyが複数で，**at that time**と過去を表す語句があるので，**were**が適切。
(5) be going toの疑問文。主語youに合わせて**Are**を選ぶ。

2 (1) tomorrowがあるので，未来の表現だと考える。**won't**は**will not**の短縮形。
(2) あとのdangerousから，Bは「泳いではいけません」と言ったと考える。
(3) **What are you doing?**は相手に**「何をしているのか」**と聞くときの決まり文句。

3 (1) **will**の文。主語Emiのあとに**〈will＋動詞の原形**(stay)**〉**を続ける。
(2) 過去進行形の否定文。**not**はbe動詞wasの直後に置く。
(3) be動詞を用いる命令文。**be**を文頭に置く。**be kind to ～**「～に親切である」。

3日目 助動詞

整理しよう

1 (1) can　(2) must　(3) may

2 (1) ① Jack cannot[can't] sing the song.

② Can Jack sing the song?

(2) ① I should not[shouldn't] buy the computer.

② Should I buy the computer?

3 (1) am able to　(2) don't have to

(3) had to

定着させよう

1 (1) ア　(2) ウ　(3) ア　(4) ウ　(5) イ

2 (1) must not　(2) able to　(3) Shall we

3 (1) (You) should go there by bus (.)

(2) May I speak to Mike (, please?)

(3) (How many times) do I have to tell you (?)

解説

1 (1) 助動詞のあとの動詞は，常に**原形**。

(2) **have[has] to**の文。主語のSheが3人称単数なのでhasを選ぶ。

(3) **Can[May] I ～?「～してもよいですか」**。

(4) **Shall I ～?「(私が)～しましょうか」**。

(5) **Could[Would] you ～?**は丁寧《ていねい》な依頼《いらい》の表現で**「～していただけますか」**。

2 (1) **Don't ～.**と**You must not ～.**はともに**「～してはいけません」**の意味。

(2) **can**は**be able to**を使って書きかえ可。

(3) **Shall we ～?**は**Let's～.**と同様，**「～しませんか」**と提案する表現。

3 (1) 助動詞**should**「～すべきだ」の文。shouldのあとは動詞の原形goを置く。

(2) **May I speak to ～?**で**「(電話で)～に代わってもらえますか」**の意味。

(3) How many timesのあとに**have to**の疑問文を続ける。have toのhaveは一般動詞なので，**do**を使う。

4日目 疑問詞・接続詞

整理しよう

1 (1) What　(2) When　(3) Which pen

(4) How long

2 (1) or　(2) but　(3) that　(4) When

(5) because　(6) that

定着させよう

1 (1) ア　(2) ウ　(3) エ　(4) エ　(5) ウ

2 (1) イ　(2) ウ

3 (1) When I came home (, my parents were out.)

(2) (I will) go there after school is (over.)

(3) (I) was glad they had a (good time.)

解説

1 (1) I did.「私がした」と答えているので「だれが?(＝**Who**)」とたずねたと考える。

(2)「値段」を答えているので「いくら?(＝**How much**)」とたずねたと考える。

(3) **〈tell＋人＋that節〉**で「(人)に～ということを言う」。

(4)「忙《いそが》しかった，だから行けなかった」と考え，**so**を選ぶ。becauseでは「行けなかった」ことが理由になってしまう。

(5)「もし明日晴れたら」と考え，**if**を選ぶ。

2 (1) Bがin New Zealandと「場所」を答えているので，Aは「どこでその写真を撮《と》ったか」とたずねたと考える。

(2) Bが「年齢《ねんれい》」を答えているので，Aの質問は「何歳《なんさい》?(＝**How old**)」のはず。

3 (1) 接続詞**When**「～するとき」のあとに主語(I)，動詞(came)を続ける。

(2) ここでの**after**は**「～したあとで」**という意味の接続詞。「学校が終わる」は**school is over**。

(3) **be glad (that)** ～で「～してうれしい」の意味だが，ここでは**thatが省略**されている。「楽しい時間を過ごす」は**have a good time**。

5日目 文の構造

整理しよう

1 (1) became (2) getting (3) looks
(4) sounds

2 (1) teaches us / teaches, to
(2) bought her / bought, for

3 (1) call me (2) What, call
(3) made them happy

定着させよう

1 (1) **ア** (2) **イ** (3) **エ** (4) **イ** (5) **ウ**

2 (1) He will get well (soon.)
(2) (Mary) gave a watch to me (for my birthday.)
(3) My parents call me Hiro (.)

3 (1) That[It] sounds interesting[fun].
(2) My friend(s) made me a cake.

解説

1 (1) surprisedは形容詞で，「驚《おどろ》いた」の意味。**〈look＋形容詞〉**「～に見える」。
(2) 補語として名詞(ここではan engineer)をとる動詞はbecomeのみ。**become ～**で「～になる」の意味。
(3) me, the wayと2つの目的語があることに注目する。**〈tell＋人＋もの〉**で，「(人)に(もの)を話す[教える]」。
(4) buyは**〈buy＋もの＋for＋人〉**の形をとる。「(もの)を(人)に買ってやる」。
(5) **〈make＋人・もの＋形容詞〉**で，「(人・もの)を～にする」の意味。

2 (1)「よくなる」は**get well**で表す。
(2) toがあるので**〈give＋もの＋to＋人〉**の形だと考える。
(3)「(人・もの)を～と呼ぶ」は**〈call＋人・もの＋名詞〉**の形で表す。

3 (1)「～に聞こえる」は**〈sound＋形容詞〉**。
(2)「(人)に(もの)を作る」は**〈make＋人＋もの〉**か**〈make＋もの＋for＋人〉**で表す。6語なのでここでは前者。

6日目 不定詞・動名詞

整理しよう

1 (1) to play (2) to visit (3) to eat
(4) Reading
(5) enjoyed watching[seeing]

2 (1) It, to (2) It, for (3) him to
(4) told, to (5) how to (6) helped, wash

定着させよう

1 (1) **イ** (2) **エ** (3) **イ** (4) **イ** (5) **ア**

2 (1) raining (2) It, for, to (3) asked, to

3 (1) (I) want to be like you (in the future.)
(2) (Would you) tell me where to change (trains?)
(3) (There is) a lot of work to do (today.)

解説

1 (1)「友だちとスキーをするために」と考え，**to ski**を選ぶ。副詞的用法の不定詞。
(2) hopeは目的語に不定詞をとる動詞。**hope to ～**「～することを望む」。
(3) finishは目的語に動名詞をとる動詞。**〈finish＋動名詞〉**「～し終える」。
(4) **〈be good at＋動名詞〉「～することが得意だ」**。
(5) **〈let＋人＋原形不定詞〉**で「(人)に～させる」。

2 (1)「正午ごろ雨が降り始めた」。**begin**は不定詞も動名詞も目的語にとる動詞。
(2) **〈It is ～ for ― to ....〉**への書きかえ。
訳 私たちにとって朝食を食べることは重要です。
(3)「買うように頼《たの》んだ」とする。**〈ask＋人＋to ～〉**「(人)に～するように頼む」。

3 (1)「～になりたい」は**want to be ～**。「あなたのように」like youを続ける。
(2)「どこで～すればよいか」は**where to ～**。**change trains**「電車を乗り換《か》える」。
(3)「しなければならない仕事」は**work to do**。to doは，形容詞的用法の不定詞。

7日目 比較の表現・受け身の表現

整理しよう

1 (1) longer than (2) more interesting
(3) earliest in (4) most, of
(5) as old as (6) cannot[can't], as, as

2 (1) is loved by (2) were taken by
(3) are not invited
(4) Is English spoken

定着させよう

1 (1) ア (2) ウ (3) ウ (4) エ (5) エ

2 (1) more difficult than (2) faster than
(3) are visited by

3 (1) (Mt. Fuji is) the highest of all the mountains (in Japan.)
(2) (This camera) is made in Japan (.)
(3) When was the temple built (?)

解説

1 (1) **〈as ～ as ...〉**「…と同じくらい～」の「～」には，**形容詞または副詞の原級**が入る。したがってlargeが適切。

(2) 空所の直前にtheがあり，あとにin Japanと範囲《はんい》を表す語句が続くことから，最上級が入ると考える。hotのような短い形容詞はmostを使わないので，**エ**は×。

(3) 空所の直後にthanがあることから比較級が入ると考える。**〈like ～ better〉**で**「～のほうが好きだ」**の意味。

訳 私は理科よりも歴史のほうが好きです。

> **▸like ～ better，like ～ (the) best**
>
> I **like** tea **better** than coffee.
> (私はコーヒーより紅茶のほうが好きです。)
> I **like** soccer **the best** of all sports.
> (私はすべてのスポーツの中でサッカーが最も好きです。)

(4) 空所のあとに複数を表す語が続くのでofが適切。**of the five**「5つの中で」。

訳 私はここが5つの中で最も美しい場所だと思います。

> **▸最上級「～の中で」のinとofの違い**
>
> **in**☞あとに**範囲を表す語句**が続く。
> **in** Japan，**in** my class，**in** the club
> **of**☞あとに**複数を表す語句**が続く。
> **of** all，**of** the three，**of** all the students

(5)「彼の本」が「書かれる」と考えて，受け身の文にすればよい。主語が複数で，thirty years agoと過去を表す語句があることから，**were written**が適切。writtenはwriteの過去分詞。

訳 彼の本は，30年以上前に書かれました。

2 (1)「この質問はあの質問より簡単だ」=「あの質問はこの質問より難しい」と考える。difficultはつづりが長い形容詞なので，比較級は**more difficult**となる。

(2)「この電車は新幹線ほど速く走らない」=「新幹線はこの電車よりも速く走る」と考える。**〈not as ～ as ...〉**で「…ほど～でない」の意味。

(3) 受け身の文**〈be動詞＋過去分詞〉**に書きかえる。主語(Kyoto and Nara)が複数で現在の文なので，be動詞はare。visitの過去分詞はvisited。

訳 京都と奈良は，毎年多くの旅行者によって訪《おとず》れられます。

3 (1)「最も高い」は**the highest**。そのあとに**of ～**「～の中で」を続ける。「すべての山」はall the mountains。**〈all the＋名詞〉の語順**になることにも注意。

(2)「日本製」=「日本で作られた」と考え，主語(This camera)のあとに受け身**〈be動詞＋過去分詞〉**の語順を続ける。**made**はmakeの過去分詞。「～製」と言う場合は，作られたのが過去であってもis made in ～となる。

(3) 疑問詞**when**を文頭に置き，受け身の疑問文の語順**〈be動詞＋主語＋過去分詞～〉**を続ける。**built**はbuildの過去分詞。

8日目 現在完了形

整理しよう

1 (1) have already　(2) has just
(3) Have, bought, yet / haven't

2 (1) have read, once
(2) has never eaten[had]
(3) Have, ever seen

3 (1) have lived, for　(2) has been, since
(3) have been studying

定着させよう

1 (1) **エ**　(2) **ウ**　(3) **ウ**　(4) **エ**　(5) **ウ**

2 (1) Erika has seen the woman three times.
(2) I have not[haven't] washed my face yet.
(3) How long has Haruto had a headache?

3 (1) It has already stopped raining (.)
(2) (I) have never been to (the zoo.)
(3) Have you cleaned your room (yet?)

解説

1 (1) **since last week**「先週から」とあるので，現在完了形の継続《けいぞく》用法ではないかと推測する。**We've** はWe haveの短縮形。**been** はbe動詞の過去分詞。

(2) 現在完了形の完了用法の文。過去分詞の **gone** を選ぶ。**just** は「ちょうど」。
訳 そのバスはちょうど行ってしまったところです。

(3) 空所のあとに **about two months**「約2か月」と期間を表す語句があるので，**for**「〜の間」を選ぶ。

> **‣for と since の違い**
>
> **for** ☞ 期間を表す語句が続く。
> **for** three years，**for** a long time
> **since** ☞ 過去のある時点を表す語句が続く。
> **since** yesterday，**since** last year

(4) Only twice.「2回だけです」と回数を答えていることに注目する。回数をたずねる言い方は，この中では **How many times**「何回」だけ。
訳 あなたは何回テニスをしたことがありますか。— 2回だけです。

(5) have beenのあとにworkという動詞を続ける。-ing形の **working** を入れて **現在完了進行形** の文にする。

2 (1) 現在完了形の経験用法の文。主語(Erika)が3人称単数なので **has** を使う。seeは **see − saw − seen** と変化する不規則変化動詞。**three times**「3回」など，回数を表す語句はふつう文末に置く。
訳 エリカは3回その女の人を見たことがあります。

(2) 現在完了形の否定文は **〈have[has]＋not＋過去分詞〉** で表す。**yet** は否定文では「まだ」の意味となり，ふつう文末に置く。
訳 私はまだ顔を洗っていません。

(3) **for a few days**「数日間」は期間を表す語句。期間をたずねるには **how long**「どれくらい長く」を使う。そのあとは現在完了形の疑問文 **〈have[has]＋主語＋過去分詞〉** の語順を続ける。
訳 ハルトはどれくらい長く頭が痛いのですか。

3 (1) 現在完了形の完了用法の文。**already**「すでに」はふつう **過去分詞の前** に置く。**〈stop＋動名詞〉** で「〜するのをやめる」の意味。

(2) **have[has] been to 〜** で「〜に行ったことがある」の意味。**never**「1度も〜ない」はふつう過去分詞の前に置く。

> **‣have been to と have gone to の違い**
>
> **have been to**「〜に行ったことがある」(経験)
> 「〜に行ってきたところだ」(完了)
> **have gone to**「〜に行ってしまった」(完了)

(3) 現在完了形の疑問文 **〈Have[Has]＋主語＋過去分詞 〜?〉** の語順にする。

9日目 後置修飾・関係代名詞・間接疑問

整理しよう

1 (1) girl running　(2) pen used
(3) hotel built

2 (1) 札幌に行くバス
(2) ニューヨークに住んでいる友だち
(3) 彼女が買ったカバン

3 (1) he is　(2) Sophia lives
(3) they are

定着させよう

1 (1) **ウ**　(2) **ウ**　(3) **イ**　(4) **エ**　(5) **ア**

2 (1) cooked by
(2) which[that] makes　(3) he will

3 (1) (The boy) standing on your left is (my brother.)
(2) (He is) a soccer player who is popular among (girls.)
(3) (Do you) know which season Kana likes (the best?)

解説

1 (1)「寝《ね》ているイヌ」と考え，現在分詞の**sleeping**を選ぶ。sleeping on the sofaが直前のdogを修飾する形。

(2)「書かれた手紙」と考え，過去分詞の**written**を選ぶ。written in Frenchが直前のa letterを修飾する形。

(3) 目的格の関係代名詞をふくむ文。先行詞(The movie)が「もの」なので**which**が適切。

訳 私が昨日見た映画はおもしろかったです。

(4)「人」が先行詞となる主格の関係代名詞をふくむ文。主格の関係代名詞のあとにくる動詞は先行詞(students)に形を合わせる。studentsは複数なので**who were**が適切。

訳 私たちはボランティア活動に興味がある多くの学生を見つけました。

(5) 間接疑問。**how old**「何歳《なんさい》か」を1つの疑問詞として考え，そのあとに**肯定文の語順〈主語＋動詞〉**を続けてhow old she isとする。

訳 ルーシーは彼女が何歳なのか知りたがっています。

2 (1)**〈名詞＋過去分詞〉**「～される[された]…」の形を使い，「母に料理されたカレーが好きだ」という文にする。

訳 私は母によって料理されたそのカレーが好きです。

(2) 関係代名詞を使って1文にする。company「会社」は「もの」なので**which[that]**を使う。

訳 スミスさんはロボットを作る会社で働いています。

(3) 間接疑問を使って1文にする。疑問詞(**when**)のあとは肯定文の語順に。

訳 彼がいつ戻《もど》ってくるか私に教えてください。

3 (1)「あなたの左に立っている少年」を**〈名詞＋現在分詞〉**の形で表す。「あなたの左に」は**on your left**。そのあとに動詞のisが続く。

(2)「人」が先行詞となる主格の関係代名詞の文。a soccer playerを先行詞とし，そのあとに**〈who＋動詞 ～〉**を続ける。「～の間で人気がある」は**popular among ～**。

▸関係代名詞をふくむ文の形

主格☞〈先行詞＋関係代名詞＋動詞〉
I have a dog **which** has long ears.
先行詞　動詞
(私は長い耳を持つイヌを飼っています。)

目的格☞〈先行詞＋関係代名詞＋主語＋動詞〉
That is the man **that** I saw this morning.
先行詞　主語＋動詞
(あれが，私が今朝見かけた男の人です。)

(3) 間接疑問。「どの季節」は**which season**。これを1つの疑問詞と考え，そのあとに肯定文の語順を続ける。**like ～ (the) best**で「～が最も好きだ」の意味。

10日目 仮定法・感嘆文・会話表現

整理しよう

1 (1) lived (2) were, would
(3) could (4) knew

2 (1) What (2) How
(3) What

3 (1) May[Can] I (2) you, way
(3) help / looking (4) take

定着させよう

1 (1) **ウ** (2) **エ** (3) **エ**

2 (1) If I had time, I could read (more books.)
(2) I wish my mother liked animals (.)
(3) (Could you) ask her to call me (back?)

3 (1) 例 I wish it were sunny.
(2) 例 Turn left at the third corner.

解説

1 (1) BがYes.と答えているので，疑問詞で始まる疑問文の**ア**「あの女の子は何の歌を歌っていますか」，**イ**「その女の子の歌はどのくらい上手ですか」，**エ**「いちばん上手な歌手はだれですか」は不適切。**ウ**の「あの女の子はなんて上手に歌うのでしょう」という感嘆《かんたん》文を入れると対話が成り立つ。

訳 A：あの女の子はなんて上手に歌うのでしょう。
B：ええ。彼女はこの学校でいちばん上手な歌手です。

(2) A（＝カイト）が電話をかけ，クリスにかわってもらおうとしたところ，Bは，クリスが外出しており，1時間後にしか戻《もど》らないと述べている。ここから，Aは**エ**「伝言をお願いできますか」と頼《たの》んだと考える。**ウ**は「伝言をおあずかりしましょうか」という意味になり，電話をしてきたカイトの発言として不適切。**ア**は「間違《まちが》い電話です」，**イ**は「どちら様ですか」の意味で，ともに頻出《ひんしゅつ》の電話の表現だが，ここでは間違い。

訳 A：もしもし。こちらはカイトです。クリスをお願いできますか。
B：ごめんなさい，彼は今，外出しています。彼は1時間後には戻ってきます。
A：わかりました。伝言をお願いできますか。

(3) 下線部直前のI like it.から，Aは薦《すす》められたセーターを気に入ったことがわかる。この流れに合うのは，**エ**の「それを試着してもよいですか」だけ。**try ～ on**は「～を試着する」の意味。**ア**は「もっといかがですか」，**イ**は「それを見つけてくれますか」，**ウ**は「それらをあなたに見せましょうか」の意味。

訳 A：すみません。白いセーターはありますか。
B：ええと…，これはいかがですか。2000円になりますが。
A：気に入りました。試着をしてもよいですか。

2 (1) ifを使った仮定法の文。**〈If＋主語＋(助)動詞の過去形～，主語＋助動詞の過去形＋動詞の原形 ….〉**の語順。
(2) I wishを使った仮定法の文。**〈I wish＋主語＋(助)動詞の過去形～.〉**の語順。
(3)「(人)に～するように頼む」は**〈ask＋人＋to ～〉**。「～に折り返し電話をする」は**call ～ back**。

3 (1) **現在の事実と異なる願望**を言うときは，仮定法を使って表す。仮定法ではふつう，be動詞は**were**を使う。
(2)「3番目の角で左に曲がってください」という英文にする。「左に曲がる」は**turn left**，「3番目の角で」は**at the third corner**。文頭，または文末に**please**をつけて，丁寧《ていねい》な命令文にしてもよい。文末につける場合は，その前にコンマ「**,**」を置くこと。

英語 入試にチャレンジ

1 (1) **エ** (2) **ウ** (3) **イ** (4) **エ** (5) **イ**

2 (1) (She) left the classroom without saying (goodbye.)

(2) (Do) you know how long it is (?)

(3) (It is the best cake) that I have ever eaten (.)

3 (1) **ウ → イ → エ → ア**

(2) **エ → イ → ウ → ア**

4 (1) 例 She drew a picture of a potato saying, “Eat me!”

(2) **ア**

解説

1 (1) コンピューターが「使われる」と考えて受け身の文**〈be動詞＋過去分詞〉**にする。

(2)「窓のそばに座《すわ》っている女の子」と考えて現在分詞の**sitting**を選ぶ。

(3) 空所の直後にthanがあることから比較級のものを選ぶ。earlyは語尾のyをiにかえ，**er**をつけて比較級を作る。

(4) 主格の関係代名詞の文。先行詞(＝a woman)が「人」なので，**who**が適切。

(5) **What do you think about ～?** は「～についてどう思いますか」とたずねるときの決まり文句。

2 (1) まず主語のSheに**left the classroom**「教室を去った」を続ける。**〈without＋動名詞〉**は「～することなしに(＝～せずに)」の意味。without saying goodbyeは「さよならを言わずに」となる。

(2) Aが２回目の発言で「知りません」と答えていることから，Bは知っているかをたずねたと考え，文の出だしを**Do you know**とする。またAの１回目の発言から，川の長さが話題だとわかる。ここから，長さをたずねる疑問詞**how long**を使った間接疑問にすると考える。how longのあとは肯定文の語順にする。

(3) カッコ内の語eaten，have，everから現在完了形を予想し，**I have ever eaten**とする。これを，**that**を使って文前半のIt is the best cakeとつなぐ。このthatはcakeを先行詞とする目的格の関係代名詞。**〈the＋最上級＋名詞(＋that)＋主語＋動詞〉**の形で「～が…する最も一な〈名詞〉」の意味。

3 (1) **ウ**「はい，ブラウンのオフィスです」→**イ**「こちらはトム・スミスです。ブラウンさんをお願いできますか」→**エ**「すみませんが，彼は今，忙《いそが》しいのです」→**ア**「わかりました。またあとでお電話します」

(2) **エ**「この歌はとてもいいですね，リサ。だれがこれを歌っているか知ってますか」→**イ**「はい。セリーヌ・グリーンです。この歌はアメリカで最も人気のある歌です」→**ウ**「なるほど。私はこの歌をまた聞きたいです。CDを持っていますか」→**ア**「もちろん。お好みならば，あなたは借りられますよ」

4 (1) 質問は「アキラの祖母は６月に彼に送ったはがきに何を描《か》きましたか」の意味。４文目参照。「彼女は～を描きました」と答えるとよい。**draw**「～を描く」の過去形はdrew。または単に，A potato. などと答えても間《ま》違《ちが》いではない。

(2) **ア**は６文目，because以下の内容と一致する。

訳 アキラの祖母は毎月，彼にはがきを送ります。彼女はいつも，はがきに絵を描き，いくつかの言葉を書き添《そ》えます。彼女の絵はいつも上手です。６月のある日，アキラは「私を食べて！」と言っているジャガイモの絵が描かれたはがきを受け取りました。彼は祖母がジャガイモを育てていることを思い出しました。彼は彼女が大好きで，彼女がどのように時間を過ごしているかを知ることができるので，彼女のはがきはいつも彼を幸せにします。ジャガイモの絵が描かれたはがきを見たあと，アキラは，彼女の家を訪《おとず》れ，彼女のジャガイモ料理を楽しみたい，と思いました。

1日目 数と式①

整理しよう

1 (1) 7個

(2) ① 3　② $-\frac{46}{3}$　③ $-\frac{2}{5}$　④ $\frac{55}{8}$

2 (1) $S=2a^2+4ab$　(2) -53

(3) ① $-3ab^2$　② $-72a^2b^3$　③ $\frac{3}{4}x^2y$

④ $7x-6$　⑤ $\frac{11a+7b}{6}$　⑥ $\frac{16x-y}{18}$

定着させよう

1 (1) 15　(2) -2　(3) 3　(4) 16

2 (1) $a=3b-150$　(2) $3a+b<300$

3 -12

4 (1) $-2b^2$　(2) $-48b$　(3) $-12x+1$

(4) $a+2b$　(5) $\frac{4a+7}{15}$　(6) $\frac{x-7y}{12}$

解説

1 (1) 与式$=7+8=15$

(2) 与式$=-4-(-2)=-4+2=-2$

(3) 与式$=-9+12=3$

(4) 与式$=6\times\left(-\frac{3}{2}\right)+25=-9+25=16$

2 (1) 合計点は$3b$点で，そこから70点と80点をひけばよいから，$a=3b-150$

(2) えんぴつ3本とノート1冊の代金は$3a+b$で，おつりがもらえたことから，この式の値が300より小さい。

3 $(-6xy^2)\div3y=-2xy=-2\times3\times2=-12$

4 (1) 与式$=-\frac{5a^2b^2\times4b}{10a^2b}=-2b^2$

(2) 与式$=-\frac{8a\times6ab^3}{a^2b^2}=-48b$

(3) 与式$=-3x-6+7-9x=-12x+1$

(4) 与式$=8a-12b-7a+14b=a+2b$

(5) 与式$=\frac{3(3a-1)}{3\times5}-\frac{5(a-2)}{5\times3}=\frac{4a+7}{15}$

(6) 与式$=\frac{3(x-3y)}{3\times4}+\frac{2(-x+y)}{2\times6}=\frac{x-7y}{12}$

2日目 数と式②

整理しよう

1 (1) ① $x^2-5x-24$　② $x^2+12x+36$

③ x^2-81　④ $2x-21$

(2) ① $(x-4)^2$　② $(x+3)(x-3)$

③ $(x+7)(x-4)$　④ $2(x+3)(x+4)$

2 (1) $3\sqrt{3}$

(2) ① $-105\sqrt{2}$　② $\sqrt{3}$　③ $9\sqrt{2}$

④ $4\sqrt{5}$　⑤ $30-20\sqrt{2}$　⑥ $5\sqrt{6}$

定着させよう

1 (1) $x^2+2x-15$　(2) x^2-9y^2

2 (1) $8a-3b$　(2) $15x+9$

3 (1) $(x+7)(x-2)$　(2) $2(x+6)(x-4)$

(3) $(x+3)(x-7)$　(4) $(3x+7)(3x-7)$

4 (1) $10\sqrt{3}$　(2) $3\sqrt{5}$　(3) $7-2\sqrt{10}$

(4) $4+2\sqrt{15}$

5 (1) $8\sqrt{6}$　(2) $n=-1,\ 0,\ 1$

解説

1 (1) 与式$=x^2+(5-3)x+5\times(-3)=x^2+2x-15$

(2) 与式$=x^2-(3y)^2=x^2-9y^2$

2 (1) 与式$=(48a^2-18ab)\times\frac{1}{6a}=8a-3b$

(2) 与式$=x^2+6x+9-x^2+9x=15x+9$

3 (1) 積が-14，和が5となる2数は7と-2

$x^2+5x-14=(x+7)(x-2)$

(2) 与式$=2(x^2+2x-24)=2(x+6)(x-4)$

(3) 与式$=x^2-4x-21=(x+3)(x-7)$

(4) 与式$=9x^2-49=(3x+7)(3x-7)$

4 (1) 与式$=2\sqrt{3}+8\sqrt{3}=10\sqrt{3}$

(2) 与式$=5\sqrt{5}-\frac{10\sqrt{5}}{5}=5\sqrt{5}-2\sqrt{5}=3\sqrt{5}$

(3) 与式$=(\sqrt{2})^2-2\times\sqrt{2}\times\sqrt{5}+(\sqrt{5})^2$

$=2-2\sqrt{10}+5=7-2\sqrt{10}$

(4) 与式$=3(\sqrt{3})^2-\sqrt{15}+3\sqrt{15}-(\sqrt{5})^2$

$=9+2\sqrt{15}-5=4+2\sqrt{15}$

5 (1) $a^2-b^2=(a+b)(a-b)=4\times2\sqrt{6}=8\sqrt{6}$

(2) $1<3<4$より，$1<\sqrt{3}<2$であるから，

$n=-1,\ 0,\ 1$

3日目 方程式

整理しよう

1 (1) ① $x=6$　② $x=-8$　③ $x=2$
　④ $x=5$
(2) ① $x=-2,\ y=7$　② $x=3,\ y=-5$
(3) $x=4,\ y=-1$

2 (1) $x=0,\ 7$　(2) $x=-2,\ 8$
(3) $x=-5,\ 5$　(4) $x=-4$
(5) $x=-3\pm\sqrt{5}$　(6) $x=6\pm2\sqrt{2}$

定着させよう

1 (1) $x=1$　(2) $x=8$

2 (1) $x=3,\ y=2$　(2) $x=1,\ y=2$
(3) $x=-1,\ y=5$　(4) $x=-1,\ y=-2$

3 (1) $x=-6,\ 1$　(2) $x=-1,\ 2$
(3) $x=\dfrac{-3\pm\sqrt{17}}{2}$　(4) $x=\dfrac{-2\pm\sqrt{7}}{3}$
(5) $x=-2,\ 9$　(6) $x=-4,\ 9$

4 $(a,\ b)=(3,\ 18)$

解説

1 (1) $3x-2=-4x+5$ より，
$7x=7$　$x=1$
(2) 両辺を10倍して，
$10x+35=5(3x-1)$　$-5x=-40$　$x=8$

2 (1) $\begin{cases} 2x+y=8 & \cdots ① \\ x-y=1 & \cdots ② \end{cases}$
①＋②より，$3x=9$　$x=3$
①に代入して，$6+y=8$　$y=2$
(2) $\begin{cases} 2x-3y=-4 & \cdots ① \\ -x+2y=3 & \cdots ② \end{cases}$
①＋②×2より，$y=2$
①に代入して，$2x-6=-4$　$x=1$
(3) $\begin{cases} y=3x+8 & \cdots ① \\ 4x+3y=11 & \cdots ② \end{cases}$
①を②に代入して，$4x+3(3x+8)=11$
$13x=-13$　$x=-1$
①に代入して，$y=-3+8=5$
(4) $\begin{cases} x+2y=-5 & \cdots ① \\ 0.2x-0.15y=0.1 & \cdots ② \end{cases}$
②×100より，$20x-15y=10$
両辺を5でわって，$4x-3y=2$　…③
①×4－③より，$11y=-22$　$y=-2$
①に代入して，$x-4=-5$　$x=-1$

3 (1) $(x+6)(x-1)=0$ より，$x=-6,\ 1$
(2) $(x+1)(x-2)=0$ より，$x=-1,\ 2$
(3) $x=\dfrac{-3\pm\sqrt{3^2-4\times1\times(-2)}}{2\times1}$
$=\dfrac{-3\pm\sqrt{17}}{2}$
(4) $x=\dfrac{-4\pm\sqrt{4^2-4\times3\times(-1)}}{2\times3}$
$=\dfrac{-4\pm\sqrt{28}}{6}=\dfrac{-4\pm2\sqrt{7}}{6}=\dfrac{-2\pm\sqrt{7}}{3}$
(5) $x^2-3x-28=4x-10$ より，
$x^2-7x-18=0$　$(x+2)(x-9)=0$
$x=-2,\ 9$
(6) $2(x^2-16)-9x=x^2-4x+4$ より，
$x^2-5x-36=0$　$(x+4)(x-9)=0$
$x=-4,\ 9$

4 $x=-6$ を代入して，$36-6a-b=0$　…①
$x=3$ を代入して，$9+3a-b=0$　…②
②－①より，$-27+9a=0$　$a=3$
②に代入して，$9+9-b=0$　$b=18$
よって，$(a,\ b)=(3,\ 18)$

4日目 方程式の利用

整理しよう

1 (1) 4500m

(2) 男子…150人，女子…120人

(3) A…180円，B…230円

2 8cm

定着させよう

1 272ページ

2 (1) $\begin{cases} x+y=14 \\ 200x+130y=2380 \end{cases}$

(2) ケーキ…8個

シュークリーム…6個

3 (1) 9cm

(2) $12-x$(cm)

(3) 8cm

解説

1 本の全体のページ数をxページとする。

$\frac{1}{4}x+\left(1-\frac{1}{4}\right)x\times\frac{1}{2}+102=x$より，

$\frac{5}{8}x+102=x$　$\frac{3}{8}x=102$

$x=102\times\frac{8}{3}=272$

2 (1) ケーキとシュークリームを合わせて14個買ったので，$x+y=14$　…①

代金の合計が2380円なので，

$200x+130y=2380$　…②

(2) ①×20－②÷10より，

$7y=42$　$y=6$

①に代入して，$x+6=14$　$x=8$

3 (1) 縦と横の長さの和は，$38\div2=19$(cm)

縦の長さは，$7+3=10$(cm)

よって，横の長さは，$19-10=9$(cm)

(2) $19-(7+x)=12-x$(cm)

(3) $(7+x)(12-x)=60$を整理して，

$x^2-5x-24=0$

$(x+3)(x-8)=0$　$x=-3,\ 8$

$x>0$より，$x=8$

5日目 比例・反比例と1次関数

整理しよう

1 (1) ① $y=-4x$　② -4

(2) ① $y=-\frac{12}{x}$　② $-6\leqq y\leqq -3$

2 (1) $y=-3x+10$

(2) $y=-2x+20$　$(0\leqq x\leqq 5)$

定着させよう

1 (1) $y=9$　(2) 10　(3) 18

2 (1) 12　(2) $y=-\frac{1}{2}x+8$　(3) (0, 8)

解説

1 (1) $y=\frac{a}{x}$に$x=3$，$y=-6$を代入して，

$-6=\frac{a}{3}$　$a=-18$

よって，$y=-\frac{18}{x}$で，$x=-2$のとき，

$y=-\frac{18}{-2}=9$

(2) $\frac{y\text{の増加量}}{6}=\frac{5}{3}$より，

yの増加量$=\frac{5}{3}\times6=10$

(3) $x=0$のとき$y=4$で，xが1増えるとyは2ずつ増えるから，$y=2x+4$

$x=7$のとき，$y=2\times7+4=18$

2 (1) 次の図のように，長方形から3つの直角三角形をのぞいて考える。

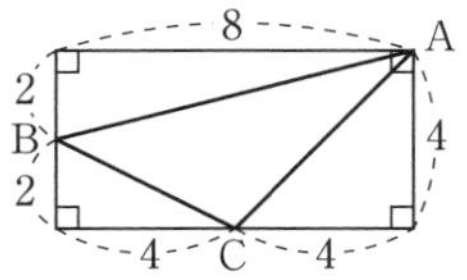

$\triangle ABC=4\times8-\frac{1}{2}\times4\times2$

$-\frac{1}{2}\times4\times4-\frac{1}{2}\times8\times2$

$=32-4-8-8=12$

(2) 直線BCの**傾《かたむ》き**は，

$\frac{1-3}{2-(-2)}=-\frac{1}{2}$

平行な直線どうしでは傾きは等しいから，求める直線の傾きも$-\frac{1}{2}$なので，

$y=-\frac{1}{2}x+b$とおくと，A(6, 5)を通るから，

$5=-\frac{1}{2}\times 6+b$

$b=8$

よって，$y=-\frac{1}{2}x+8$

(3) 底辺BCが共通なので，AP∥BCのとき，△PBC＝△ABCとなる。
よって，点Pは(2)で求めた直線とy軸との**交点**であるから，P(0, 8)
別解 BCとy軸の交点をMとするとM(0, 2)である。

$$\triangle PBC=\triangle PBM+\triangle PCM$$
$$=\frac{1}{2}\times PM\times 2+\frac{1}{2}\times PM\times 2$$
$$=2PM$$

△PBC＝△ABC＝12より，
2PM＝12　よって，PM＝6
点Pのy座標は正であるから，
2＋6＝8より，P(0, 8)
参考 点Pのy座標が負の場合は
2－6＝－4より　P(0, －4)となる。

6日目 関数$y=ax^2$

整理しよう

1 (1) $y=3x^2$　(2) **イ**，**エ**
(3) $-18\leqq y\leqq 0$　(4) 6

2 $0\leqq x\leqq 3$のとき$y=\frac{1}{2}x^2$

$3\leqq x\leqq 5$のとき$y=\frac{3}{2}x$

定着させよう

1 $y=-4x^2$
2 $a=2$
3 $a=-2$
4 (1) $a=-\frac{1}{2}$　(2) BP＝8　(3) $y=2x-8$

解説

1 $y=ax^2$に$x=3$，$y=-36$を代入して，
$-36=9a$　$a=-4$

2 xの**変域**に0がふくまれて，$0\leqq y\leqq 18$であることから，$a>0$で，－2と3の**絶対値**の大きいほう，すなわち$x=3$で$y=18$となる。
$18=9a$より　$a=2$

3 $\frac{9a-a}{3-1}=-8$より，$4a=-8$　$a=-2$

4 (1) $y=ax^2$が点(－4, －8)を通るから，
$-8=16a$　$a=-\frac{1}{2}$
(2) B(4, －8)で，△PABは正三角形なので，
BP＝AB＝4－(－4)＝8
(3) A(－4, －8)，P(0, －4)より，直線APの傾《かたむ》きは$\frac{-4-(-8)}{0-(-4)}=1$
直線APの式は$y=x-4$となり，$y=0$のとき$x=4$より，Q(4, 0)
△ABQの面積を2等分するのは直線CQで，C(0, －8)より直線CQの傾きは，
$\frac{0-(-8)}{4-0}=2$
よって，直線CQの式は，$y=2x-8$

7日目 図形①

整理しよう

1 (1) 右のとおり

(2) 弧《こ》の長さ…

$\frac{8}{3}\pi$ cm

面積…

8π cm^2

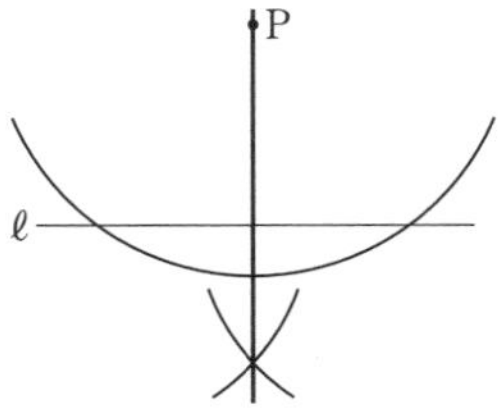

2 (1) 辺AB，辺BC，辺EF，辺FG

(2) 底面積…9π cm^2，側面積…18π cm^2

(3) 表面積…64π cm^2，体積…$\frac{256}{3}\pi$ cm^3

定着させよう

1 右のとおり

2 12cm

3 36π cm^3

4 8cm^3

5 4π cm^2

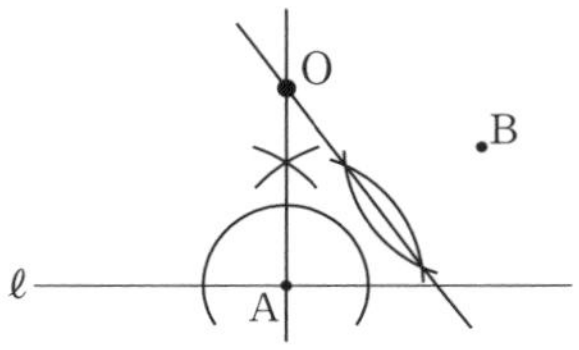

解説

1 点Aを通り直線ℓに垂直な直線と，線分ABの**垂直二等分線**の交点が中心Oである。

2 求める**おうぎ形**の半径を$r$cmとする。

弧の長さは底面の円の円周に等しいから，

$2\pi r\times\frac{120}{360}=2\pi\times4$　$r=12$

3 $\pi\times3^2\times4=36\pi$ (cm^3)

4 底面積は，$\left(2\times2\times\frac{1}{2}\right)\times4=8$(cm^2)

高さ3cmの**正四角錐《すい》**であるから，その体積は，

$\frac{1}{3}\times8\times3=8$(cm^3)

5 側面を展開したおうぎ形の中心角を$a°$とすると，

$2\pi\times3\times\frac{a}{360}=2\pi\times1$　$a=120$

よって，求める表面積は，

$\pi\times1^2+\pi\times3^2\times\frac{120}{360}=4\pi$ (cm^2)

8日目 図形②

整理しよう

1 (1) ① $\angle x=55°$，$\angle y=75°$

② $\angle x=68°$，$\angle y=24°$

(2) 140°

2 (1) △ABDと△ACDにおいて，

仮定より，AB＝AC　…①

∠BAD＝∠CAD　…②

AD＝AD(共通)　…③

①，②，③より，2組の辺とその間の角がそれぞれ等しいから，

△ABD≡△ACD

(2) 平行四辺形　(3) 75°

定着させよう

1 (1) 117°　(2) 105°

2 66°

3 △AFBと△CDAにおいて，

△ABCは二等辺三角形であるから，

AB＝CA　…①

∠ABE＝∠DCA　…②

四角形AFBEは平行四辺形であるから，対辺の長さは等しいので，

AF＝BE

これと仮定BE＝CDより，

AF＝CD　…③

また，FA∥BEより，錯角《さっかく》は等しいので，∠FAB＝∠ABE

これと②より，

∠FAB＝∠DCA　…④

①，③，④より，2組の辺とその間の角がそれぞれ等しいから，

△AFB≡△CDA

4 21°

解説

1 (1) ℓとmの間にある下側の三角形に着目する。139°のとなりの内角は，

180°－139°＝41°

ℓ∥mより，mの下側にある$\angle x$の**同位**

角は，76°と41°の和に等しい。
よって，$\angle x=76°+41°=117°$

(2) $\ell /\!/ m$より，$\angle \mathrm{ABC}=37°+63°=100°$
AB＝CB，AD＝CD，BD＝BDより，
△ABD≡△CBDであるから，
$\angle \mathrm{BAD}=\angle \mathrm{BCD}=\angle x$
四角形ABCDの**内角の和**に着目して，
$\angle x+100°+\angle x+50°=360°$
$2\angle x=210°$　$\angle x=105°$

2 AE＝ABより，$\angle \mathrm{AEB}=\angle \mathrm{ABE}=78°$
AD//BEより，**錯角**は等しいから，
$\angle \mathrm{FAD}=\angle \mathrm{AEB}=78°$
$\angle \mathrm{ADF}=180°-90°-78°=12°$
ひし形の**対角**は等しいから，$\angle \mathrm{ADC}=78°$
よって，$\angle \mathrm{FDC}=78°-12°=66°$

4 円の中心をOとする。
$\mathrm{CD}=\dfrac{1}{2}\mathrm{AB}=\mathrm{OA}=\mathrm{OC}$より，
$\angle \mathrm{ODC}=\angle \mathrm{DOC}=2\angle x$
ABは直径であるから，$\angle \mathrm{ACB}=90°$
△ADCの内角の和は180°なので，
$\angle x+2\angle x+(90°+27°)=180°$
$3\angle x=63°$　$\angle x=21°$

9日目 図形③

整理しよう

1 (1) 5：3　(2) 6cm　(3) 12cm^2
2 (1) $4\sqrt{3}$cm^2　(2) $6\sqrt{7}$cm^2

定着させよう

1 △BEDと△CBEにおいて，
仮定より，ED：BE＝1：2　…①
AD：DB＝AE：EC＝1：3より，
ED//CBだから，錯角《さっかく》は等しいので，
∠BED＝∠CBE　…②
また，ED：CB＝1：4であるから，
CB＝4ED　…③
①より，BE＝2ED　…④
③，④より，
BE：CB＝2ED：4ED＝1：2　…⑤
①，⑤より，
ED：BE＝BE：CB　…⑥
②，⑥より，2組の辺の比とその間の角がそれぞれ等しいから，
△BED∽△CBE

2 $x=\dfrac{2}{3}$

3 27：125

4 $\dfrac{8\sqrt{2}}{3}$cm

5 $12\sqrt{7}$cm^3

解説

2 GF：GD＝x：4より，
$4\mathrm{GF}=x\mathrm{GD}$　$\mathrm{GF}=\dfrac{x}{4}\mathrm{GD}=\dfrac{x}{2}\mathrm{GH}$
HF：HB＝x：2より，
$2\mathrm{HF}=x\mathrm{HB}$　$\mathrm{HF}=\dfrac{x}{2}\mathrm{HB}=x\mathrm{GH}$
GF＋HF＝GHであるから，
$\dfrac{x}{2}\mathrm{GH}+x\mathrm{GH}=\mathrm{GH}$　$\dfrac{3}{2}x=1$
よって，$x=\dfrac{2}{3}$

3 **相似比**の3乗なので，$3^3：5^3=27：125$

4 BD⊥ACとなるとき，BDは最も短くなる。
辺BCを底辺としたときの二等辺三角形ABCの高さを$h$cmとすると，
$h=\sqrt{6^2-2^2}=\sqrt{32}=4\sqrt{2}$(cm)
辺ACを底辺としたときの高さがBDであるから，面積に着目して，
$\dfrac{1}{2}\times \mathrm{AC}\times \mathrm{BD}=\dfrac{1}{2}\times \mathrm{BC}\times h$
$3\mathrm{BD}=8\sqrt{2}$　$\mathrm{BD}=\dfrac{8\sqrt{2}}{3}$(cm)

5 底面積は，$6\times 6=36$(cm^2)
正方形ABCDの対角線の交点をHとすると，OHは正四角錐《すい》OABCDの高さとなる。
$\mathrm{AH}=\dfrac{1}{2}\mathrm{AC}=\dfrac{1}{2}\times 6\sqrt{2}=3\sqrt{2}$
$\mathrm{OH}=\sqrt{\mathrm{OA}^2-\mathrm{AH}^2}=\sqrt{25-18}=\sqrt{7}$
よって，求める体積は，
$\dfrac{1}{3}\times 36\times \sqrt{7}=12\sqrt{7}$(cm^3)

10日目 データの活用

整理しよう

1 (1) 平均値…2.6点，最頻値《さいひんち》…2点，
第1四分位数…2点，
中央値…2.5点，
第3四分位数…4点

(2)

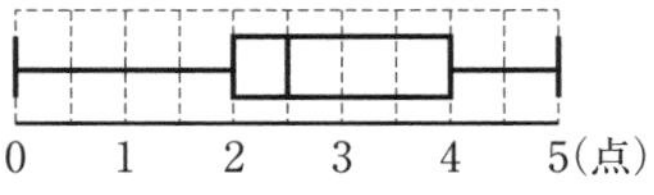

2 (1) $\frac{3}{8}$　(2) $\frac{2}{3}$

3 およそ160個

定着させよう

1 (1) 中央値…6ぴき，最頻値…2ひき
(2) **エ**

2 $\frac{5}{6}$

3 およそ600本

解説

1 (1) 全部で50人なので，25番目と26番目の人が釣《つ》った魚の数の平均値が**中央値**である。
5ひき以下の人の数は
$0+4+8+6+2+4=24$(人)
よって，25番目と26番目の人はどちらも6ぴきなので，中央値は6ぴきである。
また，人数が最も多いのは8人であるから，釣れた魚の数の**最頻値**は2ひきである。

(2) **イ**　中央値は，小さい方から順に並べたデータの5番目と6番目の値の平均値で，存在するとは限らない。
エ　第1四分位数の2点，第3四分位数の8点は，それぞれ小さい方から順に並べたデータの3番目と8番目の値として存在する。

2 右表より，全12通りのうち，積が3以下となるのは10通りだから，求める**確率**は，
$\frac{10}{12}=\frac{5}{6}$

2回目＼1回目	0	1	2	3
0	＼	0	0	0
1	0	＼	2	3
2	0	2	＼	6
3	0	3	6	＼

3 箱の中にくじがx本入っていたとすると，
$x:25=48:2$　$2x=1200$　$x=600$

数学 入試にチャレンジ

[1] (1) ① -11　② $2x+y$　③ $-8x^3$
④ $15x^2+10xy-26y^2$　⑤ $-6\sqrt{6}$
⑥ $4+\sqrt{3}$
(2) ① $(x+5)(x-7)$
② $(a+b+4)(a+b-4)$
(3) ① $x=2$，$y=5$　② $x=\frac{-1\pm\sqrt{13}}{2}$
(4) 308，448，588　(5) $\frac{7}{36}$
(6) およそ440個

[2] (1) $a=\frac{1}{4}$　(2) $0\leqq y\leqq 9$
(3) $y=\frac{1}{3}x+\frac{8}{3}$　(4) 32cm^2

[3] (1) △ABEと△ACDにおいて，
仮定より，AB＝AC　…①
∠BAE＝∠CAD　…②
弧《こ》ADに対する円周角は等しいから，
∠ABE＝∠ACD　…③
①，②，③より，1組の辺とその両端の角がそれぞれ等しいから，
△ABE≡△ACD
(2) $\frac{7}{2}$cm

解説

[1] (1) ① 与式$=-8\div4-9=-2-9=-11$
② 与式$=6x-2y-4x+3y=2x+y$
③ 与式$=4x^2\div3xy\times(-6x^2y)$
$=-\frac{4x^2\times6x^2y}{3xy}=-8x^3$
④ 与式$=16x^2-y^2-(x^2-10xy+25y^2)$
$=15x^2+10xy-26y^2$

⑤ 与式 $=\sqrt{6}-7\sqrt{6}=-6\sqrt{6}$

⑥ 与式 $=3\sqrt{3}+(3-2\sqrt{3}+1)=4+\sqrt{3}$

(2) ① 積が -35，和が -2 となる2数は，5 と -7 であるから，

$x^2-2x-35=(x+5)(x-7)$

② 与式 $=(a+b)^2-4^2$

$=(a+b+4)(a+b-4)$

(3) ① $\begin{cases} 9x-5y=-7 & \cdots① \\ -3x+2y=4 & \cdots② \end{cases}$

①＋②×3より，$y=5$

②に代入して，$x=2$

② $x^2+x-3=0$ より，

$x=\dfrac{-1\pm\sqrt{1^2-4\times1\times(-3)}}{2\times1}$

$=\dfrac{-1\pm\sqrt{13}}{2}$

(4) 百の位の数を a，十の位の数を b とすると，$n=100a+10b+8$ より，

$100a+10b+8=28(a+b+8)$

$72a-18b=216$　$b=4a-12$

$1\leqq a\leqq9$，$0\leqq b\leqq9$ で，a，b は整数であるから，

$(a,\ b)=(3,\ 0)$，$(4,\ 4)$，$(5,\ 8)$

よって，$n=308$，448，588

(5) さいころをA，Bと区別して考える。目の数の和が5の倍数となるのは，5または10の場合で，次の7通りである。

A	1	2	3	4	4	5	6
B	4	3	2	1	6	5	4

和が5　和が10

よって，求める確率は，$\dfrac{7}{36}$

(6) スチールかんの個数を x 個とすると，

$960:x=48:22$

$48x=960\times22$

$x=440$

2 (1) $y=ax^2$ が点A(4，4)を通るから，

$4=16a$

$a=\dfrac{1}{4}$

(2) $x=-6$ のとき，$y=\dfrac{1}{4}\times(-6)^2=9$

よって，$0\leqq y\leqq9$

(3) A(4，4)，B(−4，4)より，C(−8，0)であるから，直線ACの傾《かたむ》きは，

$\dfrac{4-0}{4-(-8)}=\dfrac{1}{3}$

$y=\dfrac{1}{3}x+b$ が点C(−8，0)を通るから，

$0=-\dfrac{8}{3}+b$

$b=\dfrac{8}{3}$

よって，直線ACの式は，$y=\dfrac{1}{3}x+\dfrac{8}{3}$

(4) 直線BCの傾きは，$\dfrac{4-0}{-4-(-8)}=1$

D(0，d)とすると，$y=x+d$ のグラフが点C(−8，0)を通るから，

$0=-8+d$　$d=8$

よって，D(0，8)で，AB＝8より，

△ADC＝△ABC＋△ABD

$=\dfrac{1}{2}\times8\times4+\dfrac{1}{2}\times8\times(8-4)$

$=16+16=32(\text{cm}^2)$

3 (2) BE＝x とする。

△ABE≡△ACDより，

AE＝AD＝3，BE＝CD＝x

∠AEB＝∠DEC(対頂角)，

∠EAB＝∠EDC(円周角)より，

△AEB∽△DECであるから，

AB：DC＝BE：CEより，

$4:x=x:(4-3)$　$x^2=4$

$x>0$ より，$x=2$

また，AE：DE＝AB：DCより，

3：DE＝4：2　4DE＝6

よって，DE＝$\dfrac{3}{2}$

BD＝BE＋DE＝$2+\dfrac{3}{2}=\dfrac{7}{2}$(cm)

1日目 身のまわりの物質

整理しよう

1 (1) **ア**

(2) 白くにごる。

2 (1) 15%

(2) 溶解度《ようかいど》

(3) 再結晶《さいけっしょう》

3 (1) **イ**，**ウ**，**オ**

(2) 小さくなる。

定着させよう

1 (1) **ア**

(2) 手であおいでにおいをかぐ。

(3) 赤色

2 (1) 溶媒《ようばい》

(2) 12.9 g

3 (1) 融点《ゆうてん》

(2) **ウ**

(3) 0.93 g/cm^3

解説

1 (1) アンモニアは水に非常にとけやすいので，水上置換《ちかん》法で集めることはできない。さらに，アンモニアの密度は空気の密度より小さいので，上方置換法で集める。

(2) 気体の中には有毒なものもあるので，一度に多くの気体を吸い込《こ》まないようにするため，気体のにおいを確かめるときは，手であおぐようにしてかぐ。

(3) アンモニアは水にとてもとけやすく，その水溶液《すいようえき》はアルカリ性を示す。フェノールフタレイン溶液は，水溶液がアルカリ性のとき赤色になる。

2 (1) このときの塩化カリウムのように，水などの液体にとけている物質のことを**溶質**《ようしつ》，水などのように溶質をとかしている液体を**溶媒**，溶媒に溶質をとかしたものを**溶液**という。また，溶媒が水である溶液を水溶液という。

(2) **溶解度**とは，100 g の水にとける限度の質量なので，60℃の水 50 g にとけることのできる塩化カリウムの質量は，

$$45.8\,\mathrm{g} \times \frac{50}{100} = 22.9\,\mathrm{g}$$

すでに 10.0 g の塩化カリウムがとけているので，さらにとかすことのできる塩化カリウムの質量は，

$$22.9\,\mathrm{g} - 10.0\,\mathrm{g} = 12.9\,\mathrm{g}$$

3 (1) 固体がとけて，液体に変化するときの温度を**融点**，液体が沸騰《ふっとう》して，気体に変化するときの温度を**沸点**という。物質は，融点，沸点を境として，固体⇄液体⇄気体と**状態変化**する（液体⇄気体の状態変化は，沸点に達していなくても液体の表面から起こる）。

(2) 物質の状態が変化するとき，物質をつくる粒子《りゅうし》（分子や原子）の運動のようすが変わるため，全体の体積が変化する。また，状態変化が起こっても，物質をつくる粒子の大きさや数，種類は変化しないので，質量は変化しない。

(3)
$$\textbf{物質の密度〔g/cm}^3\textbf{〕} = \frac{\textbf{物質の質量〔g〕}}{\textbf{物質の体積〔cm}^3\textbf{〕}} = \frac{25.0\,\mathrm{g}}{27.0\,\mathrm{cm}^3} = 0.925\cdots \rightarrow 0.93\,\mathrm{g/cm}^3$$

2日目 化学変化と原子・分子

整理しよう

1 (1) ① **ウ**　② **エ**
　③ **イ**　④ **ア**
(2) ① 酸素　② 炭素　③ 水素

2 (1) ① CO_2　② H_2O　③ NaCl
(2) $2H_2O \longrightarrow 2H_2 + O_2$
(3) 硫化鉄《りゅうかてつ》
(4) Cu，CO_2
(5) 質量保存の法則

定着させよう

1 (1) 水が逆流して，試験管Aが割れるのを防ぐため。
(2) ① **ア**　② **エ**

2 (1) 空気中の酸素が試験管Aに入るのを防ぐため。
(2) 白くにごった。
(3) $2CuO + C \longrightarrow 2Cu + CO_2$
(4) 還元《かんげん》

解説

1 (1) 加熱をやめると，試験管Aの中の気体が冷えて収縮するため，ガラス管を水の中に入れたままにしておくと，水が試験管Aの中に逆流して，試験管Aが割れるおそれがある。
(2) 銀などの金属は電流を流しやすく，酸素には物質を燃やすはたらきがある。

2 (1) ピンチコックでゴム管を閉じないと，試験管Aの中に空気が入ってきて，その中の酸素と試験管Aの中にできた銅が結びついて酸化銅にもどってしまう。
(2),(3) 炭素が酸化銅の中の酸素と結びついて，二酸化炭素が発生する。酸素をとり去られた酸化銅は銅になる。石灰水《せっかいすい》に二酸化炭素を通すと，**石灰水が白くにごる**。
(4) 酸化物から酸素をとり去る化学変化を**還元**という。

3日目 イオン

整理しよう

1 (1) 陽極…塩素，陰極《いんきょく》…銅
(2) $2HCl \longrightarrow H_2 + Cl_2$
(3) 電解質　(4) －極　(5) **イ**

2 (1) ① 水素　② 水酸化物
(2) $HCl + NaOH \longrightarrow NaCl + H_2O$
(3) 塩《えん》　(4) $BaSO_4$

定着させよう

1 (1) －極　(2) 電子　(3) **エ**　(4) SO_4^{2-}

2 (1) 水　(2) A
(3) うすい塩酸を1 cm^3加える。

解説

1 (1),(2) 亜鉛板では，亜鉛原子Znが亜鉛イオンZn^{2+}となって水溶液《すいようえき》中にとけ出し，亜鉛板に残った電子が，導線を通って銅板へ移動する。
(3) 銅板の表面では，亜鉛板から流れこんできた電子を銅イオンCu^{2+}が受けとって銅原子Cuとなる。
(4) 硫酸亜鉛水溶液中ではZn^{2+}(陽イオン)が増加し，硫酸銅水溶液中ではCu^{2+}(陽イオン)が減少する。電気的なかたよりを防ぐため，硫酸銅水溶液から硫酸亜鉛水溶液へは硫酸イオンSO_4^{2-}が，逆向きへはZn^{2+}が移動する。

2 (1) $H^+ + OH^- \longrightarrow H_2O$
(2) Cは中性でDはアルカリ性なので，水素イオンはない。Bはうすい塩酸10 cm^3中の水素イオンの一部が中和によって水になっているが，Aはうすい塩酸10 cm^3中の水素イオンがすべて残っている。
(3) Cより，うすい塩酸10 cm^3とうすい水酸化ナトリウム水溶液8 cm^3で中性。よって，うすい水酸化ナトリウム水溶液12 cm^3では，うすい塩酸15 cm^3で中性になる。Dにうすい塩酸は$10 + 4 = 14$ cm^3入っているので，あと1 cm^3加えればよい。

4日目 光・音・力・電流

整理しよう

1 (1) ① **ウ**　② **ウ**　(2) **ア**
(3) 弾性力(ばねが物体を引く力)

2 (1) 3 Ω　(2) 12 W　(3) 5 Ω
(4) 電磁誘導《でんじゆうどう》

定着させよう

1 (1) **イ**　(2) 1500 m/s

2 (1) フック　(2) 5.4 cm

3 (1) ① 小さい　② 小さい　(2) 120 Ω

解説

1 (1) 光は，真空中，空気中，水中では伝わるが，金属の中では伝わらない。音は，金属の中，空気中，水中では伝わるが，真空中では伝わらない。

(2) 音は海面から海底までを往復するので，音が伝わった距離《きょり》は深さの2倍である。この距離を6秒間で伝わるので，海水中を伝わる音の速さは，

$$\frac{\text{移動距離〔m〕}}{\text{移動時間〔s〕}}=\frac{4500\,\text{m}\times 2}{6\,\text{s}}$$
$$=1500\,\text{m/s}$$

2 (1) ばねを引く力の大きさとばねののびの関係をグラフに表すと，原点を通る直線となる。つまり，ばねを引く力の大きさとばねののびの間には比例関係がある。これを**フックの法則**という。

(2) グラフより，ばねを引く力の大きさが1 Nのとき，ばねは2 cmのびるので，質量100 gの物体をばねにつるしたときも，ばねは2 cmのびる。

てんびんの左側にばねと物体A，右側に質量270 gのおもりXをつるすとつり合ったことから，物体Aの質量も270 gであるとわかる。

このときのばねののびをx〔cm〕とすると，

$100:270=2:x$　　$x=5.4\,\text{cm}$

3 (1) ① 抵抗1と抵抗2は並列につながれているので，どちらにも電源の電圧と同じ3.0 Vの電圧が加わる。よって，抵抗が大きい抵抗1に流れる電流は抵抗2に流れる電流より小さい。

$$\text{抵抗1に流れる電流}=\frac{3.0\,\text{V}}{300\,\Omega}$$
$$=0.01\,\text{A}$$

$$\text{抵抗2に流れる電流}=\frac{3.0\,\text{V}}{200\,\Omega}$$
$$=0.015\,\text{A}$$

② **電力〔W〕＝電圧〔V〕×電流〔A〕** という式から，消費される電力を求めることができる。よって，それぞれの抵抗に加わる電圧が等しい場合は，消費される電力の大きさは流れる電流の大きさに比例する。したがって，流れる電流が小さい抵抗1で消費される電力は抵抗2で消費される電力より小さい。

抵抗1が消費する電力
$=3.0\,\text{V}\times 0.01\,\text{A}$
$=0.03\,\text{W}$

抵抗2が消費する電力
$=3.0\,\text{V}\times 0.015\,\text{A}$
$=0.045\,\text{W}$

(2) 並列回路全体の抵抗の大きさR〔Ω〕は，

$\dfrac{1}{R_1}+\dfrac{1}{R_2}=\dfrac{1}{R}$　で求められる。よって，

$$\frac{1}{300}+\frac{1}{200}=\frac{1}{R}$$
$$R=120\,\Omega$$

別解　回路全体を流れる電流の大きさは，
$0.01\,\text{A}+0.015\,\text{A}=0.025\,\text{A}$
したがって，回路全体の抵抗の大きさは，

$$\text{抵抗〔Ω〕}=\frac{\text{電圧〔V〕}}{\text{電流〔A〕}}=\frac{3.0\,\text{V}}{0.025\,\text{A}}$$
$$=120\,\Omega$$

5日目 力と運動・仕事とエネルギー

整理しよう

1 (1) 力の合成　(2) 分力　(3) 10 N
(4) 225 km/h　(5) 瞬間《しゅんかん》の速さ

2 (1) ① 30 N　② 45 J
(2) 力学的エネルギーの保存
［力学的エネルギー保存の法則］
(3) エネルギーの保存
［エネルギー保存の法則］

定着させよう

1 (1) 等速直線運動
(2) Aの区間…25 cm/s
B～Cの区間…100 cm/s
(3) 2.25 J

2 (1) 2.0 J　(2) ① 0.40 m　② 2.0 J
(3) 0.10 m/s

解説

1 (1) 一定の速さで一直線上を進む運動。

(2) $$\text{Aの区間の速さ} = \frac{2.5\,\text{cm}}{0.1\,\text{s}} = 25\,\text{cm/s}$$

$$\text{B〜Cの区間の速さ} = \frac{7.5\,\text{cm} + 12.5\,\text{cm}}{0.1\,\text{s} \times 2} = 100\,\text{cm/s}$$

(3) 1 kgの台車にはたらく重力の大きさは 10 N，22.5 cm = 0.225 mより，
$10\,\text{N} \times 0.225\,\text{m} = 2.25\,\text{J}$

2 (1) $10.0\,\text{N} \times 0.20\,\text{m} = 2.0\,\text{J}$

(2) ① 手を動かした距離《きょり》は，台車が斜面《しゃめん》にそって移動した距離と等しい。
② $5.0\,\text{N} \times 0.40\,\text{m} = 2.0\,\text{J}$

(3) **仕事率〔W〕**$= \dfrac{\textbf{仕事〔J〕}}{\textbf{時間〔s〕}}$より，
手を動かした時間をx〔s〕とすると，

$$0.50\,\text{W} = \frac{2.0\,\text{J}}{x\,\text{〔s〕}} \qquad x = 4.0\,\text{s}$$

4.0 sで0.40 m移動するので，

$$\text{速さ} = \frac{0.40\,\text{m}}{4.0\,\text{s}} = 0.10\,\text{m/s}$$

6日目 生物の特徴《とくちょう》と分類

整理しよう

1 (1) 種子植物
(2) 裸《らし》子植物
(3) ① A…やく，B…柱頭
② 受粉

2 (1) ① **オ**　② **ア**　③ **ウ**
(2) ① **ウ**　② **イ**

定着させよう

1 (1) b→d→c→a　(2) 離弁花類《りべんかるい》

2 (1) からだの特徴…**イ**，生物名…**エ**，**カ**
(2) うろこがないから。
(3) **エ**，**オ**

解説

1 (1) 外側から，bのがく，dの花弁，cのおしべ，aのめしべの順についている。

(2) 双子葉類《そうしようるい》のうち，アブラナのように花弁が1枚ずつ離《はな》れているなかまを**離弁花類**といい，タンポポのように花弁が1つにくっついているなかまを**合弁花類**という。タンポポは1枚の花弁のように見えるものが1つの花で，5枚の花弁がくっついている。

2 (1) イカやアサリなどの軟体《なんたい》動物は，背骨や節がなく，あしが筋肉でできていて，内臓は外《がい》とう膜《まく》でおおわれている。バッタやクモは節のある外骨格をもつ節足動物，メダカはセキツイ動物の魚類である。

(2) もしこの生物がハチュウ類であれば，体表がうろこでおおわれているはずであるが，【まとめ】より，うろこがないことがわかっているので，この生物はハチュウ類ではない。

(3) ホニュウ類は胎生《たいせい》である。鳥類の卵はかたい殻《から》で，ハチュウ類の卵は弾力のある殻でおおわれている。両生類の卵には殻がなく，寒天状のものでおおわれている。また，魚類の卵にも殻はない。

7日目 生物のからだのつくりとはたらき

整理しよう

1 (1) a…師管，b…道管，c…維管束《いかんそく》，
d…葉脈[維管束]，e…気孔《きこう》
(2) 光合成

2 (1) アミラーゼ　(2) ブドウ糖
(3) A…肺胞《はいほう》，B…毛細血管
(4) 赤血球　(5) 感覚神経

定着させよう

1 (1) **ア**，**オ**　(2) 道管

2 (1) 物質A…酸素，物質B…養分
(2) b　(3) 柔毛《じゅうもう》

解説

1 (1),(2) 根から吸収した水は**道管**を通って植物のからだ全体へ運ばれる。そのため，赤い色水を根から吸収させると，道管の部分が赤く染まる。茎《くき》の断面を見たとき，道管は維管束の中でも茎の中心に近いところを通っている。また，葉の断面を見たとき，道管は葉脈(維管束)の中の葉の表側に近いほうを通っている。

2 (1) 物質Aは肺を通過後に増えているので酸素である。物質Bは小腸を通過後に増えているが，肺やじん臓を通過後に減っているので，体を循環しながら全身の細胞にとり入れられる養分である。

(2) 肺動脈には，全身をまわったあとの静脈血(二酸化炭素が多くて酸素が少ない血液)が流れている。

(3) 小腸の内側にはひだがあり，その表面には**柔毛**とよばれる突起《とっき》が無数にある。柔毛の中には，**毛細血管**と**リンパ管**が通っている。

8日目 生物のふえ方と遺伝・生態系

整理しよう

1 (1) **オ→ウ→カ→ア→エ→イ**
(2) **イ**　(3) 顕性《けんせい》形質[顕性の形質]

2 (1) **イ**　(2) 食物網《しょくもつもう》　(3) 消費者

定着させよう

1 (1) (**ア→**)**オ→ウ→イ→エ**(**→カ**)
(2) **イ**

2 (1) 二酸化炭素　(2) (う)
(3) 呼吸

解説

1 (1) **ア**(分裂《ぶんれつ》前の細胞《さいぼう》)**→オ**(核《かく》の形が消え，染色体が見えるようになった)**→ウ**(染色体が中央に並んだ)**→イ**(染色体が2つに分かれて両端《りょうたん》に移動した)**→エ**(中央に仕切りができ始めた)**→カ**(分かれた染色体がそれぞれ核をつくり，細胞質が2つに分かれ，2個の新しい細胞ができた)

(2) 体細胞分裂では，それぞれの染色体が複製されて2つに分かれるので，分裂する前とあとの細胞における染色体の数は変わらない。

2 (1),(3) 矢印1～4は，すべての生物のはたらきにより出された気体の移動なので，**呼吸**である。したがって，(あ)は，呼吸によって生物から出された**二酸化炭素**である。

(2) (い)の生物は，二酸化炭素をとり入れるはたらきもあるので，光合成を行う植物である。ウサギは植物を食べる草食動物なので，(い)を食べる(う)である。

9日目 地震《じしん》・火山・天気

整理しよう

1 (1) 初期微動継続時間《しょきびどうけいぞくじかん》
(2) プレート　(3) 活断層
(4) 小さい。　(5) 示相化石　(6) **イ**

2 (1) 小さくなる。　(2) 飽和水蒸気量《ほうわすいじょうきりょう》
(3) 湿度　(4) くもり　(5) 温暖前線
(6) (急に)下がる。

定着させよう

1 (1) しゅう曲　(2) X…**イ**，Y…**ウ**
(3) 大きい。　(4) **イ→エ→ウ→ア**

2 (1) **ウ**
(2) 風向…北寄り
気温…下がる。
(3) 風の強さ…弱い。
天気…晴れ

解説

1 (1) 地層が，大きな力で非常に長い間押《お》され続けると，B層のように押し曲げられる。このような地層の曲がりを**しゅう曲**という。

(2) フズリナは，古生代にだけ栄えて絶滅《ぜつめつ》した生物である。そのため，フズリナの化石が発見された地層は，古生代に堆積《たいせき》したことがわかる。フズリナのように，ある期間だけ広い範囲《はんい》に分布していた生物の化石は，地層が堆積した**地質年代**を推定する手がかりとなる。このような化石を**示準化石**という。また，現在も同じなかまの生物が生存している生物の化石は，地層が堆積した当時の環境《かんきょう》を知る手がかりとなる。このような化石を**示相化石**という。

(3) 冷えたときに白っぽくなるマグマは，ねばりけが大きいので，激しい爆発《ばくはつ》をともなう噴火《ふんか》を起こす。

(4) a－a′の断層面が曲がっていないので，B層が押し曲げられたあとにa－a′の断層ができたことがわかる。また，a－a′の断層がA層とB層の境界面によってとぎれていることから，a－a′の断層ができたあとにA層が堆積したことがわかる。したがって，下のような順に変動が起こったといえる。**イ**(B層が堆積する)**→エ**(B層が曲がる)**→ウ**(a－a′の断層ができる)**→ア**(A層が堆積する)

2 (1) 風は低気圧の中心に向かってふくことから，西寄りの風がふいているのは地点**ウ**と地点**エ**である。そのうち，地点**ウ**の気圧は約1009hPa，地点**エ**の気圧は約1011hPaと読み取れるので，地点**ウ**が条件に最も近い。また，地点**ウ**は寒冷前線が通過した直後なので，雨が降っていると考えられる。地点**エ**は寒冷前線通過前であるため，雨は降っていない。

(2) 図1から図2にかけて，栃木県を寒冷前線が通過するので，寒冷前線の通過後に風向は北寄りとなり，気温は下がる。

(3) 栃木県をふくめて日本全体が高気圧におおわれているので，午前9時から数時間は晴れると予測される。また，等圧線がまばらであることから，風がおだやかであることがわかる。

10日目 地球と宇宙

整理しよう

1 (1) 北極星　(2) 天頂　(3) **ウ**
(4) 地球が地軸《ちじく》を傾《かたむ》けたまま，太陽のまわりを公転しているから。

2 (1) 自転　(2) ① **キ**　② **ア**
(3) 8個　(4) 水星，金星

定着させよう

1 (1) **ア**　(2) **エ**
(3) 天球上の太陽の通り道

2 (1) 惑星《わくせい》
(2) 4月4日…b
7月4日…c
(3) **ア**

解説

1 (1) 地球は太陽のまわりを1年に1回，反時計回りに公転している。図より，おとめ座の位置は，うお座の位置と180度反対側にあることがわかる。また，うお座の位置は，10月1日の地球の位置から見て，真夜中に南中する位置である。よって，おとめ座は，10月1日の半年後の4月1日ごろ，真夜中に南中して見える。

(2) オリオン座は冬の星座である。地球は反時計回りに公転しているので，図より，12月から1月のころ，地球は真夜中におうし座とふたご座が南中する位置にある。この方向にオリオン座が見られる。

(3) **黄道**《こうどう》とは，天球上における太陽の見かけの通り道であり，黄道の近くに見られる星座を**黄道12星座**という。太陽は，1年かけて黄道を1周するように見える。

2 (1) 太陽系には，太陽に近い順に，水星，金星，地球，火星，木星，土星，天王星，海王星の8個の惑星がある。太陽系には，太陽と8個の惑星の他に，火星と木星の間にたくさん見られる**小惑星**や冥王《めいおう》星《せい》のような**太陽系外縁天体**《たいようけいがいえんてんたい》，**すい星**などがある。

(2) 上下左右が逆に見える天体望遠鏡を使っているので，図1を肉眼で見た向きにもどすと下図のようになる。

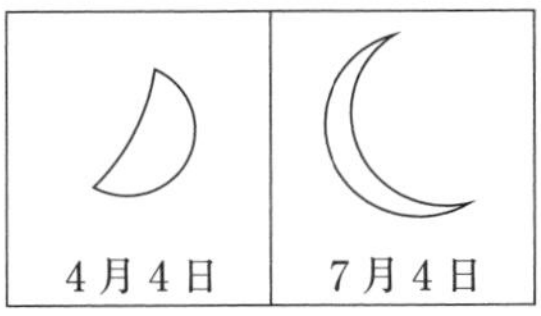

4月4日のように右側が光っているのは，aやbのように，地球から見て金星の右側に太陽があるときである。また，4月4日のように半分よりも欠けているのは，太陽，金星，地球と結んだときにできる角度が90度以上になるときなので，bである。7月4日のように左側が光っているのは，cやdのように，地球から見て金星の左側に太陽があるときである。また，7月4日のように半分よりも欠けているのは，太陽，金星，地球と結んだときにできる角度が90度以上になるときなので，cである（地球に近くなるほど欠け方が大きくなり，大きさも大きくなる。よって，7月4日の金星の位置は4月4日の金星の位置(b)より地球に近いcの位置である）。

(3) aやbの位置に金星があるときは，夕方の西の空でしか見ることができず，cやdの位置に金星があるときは，明け方の東の空でしか見ることができない（下図参照）。

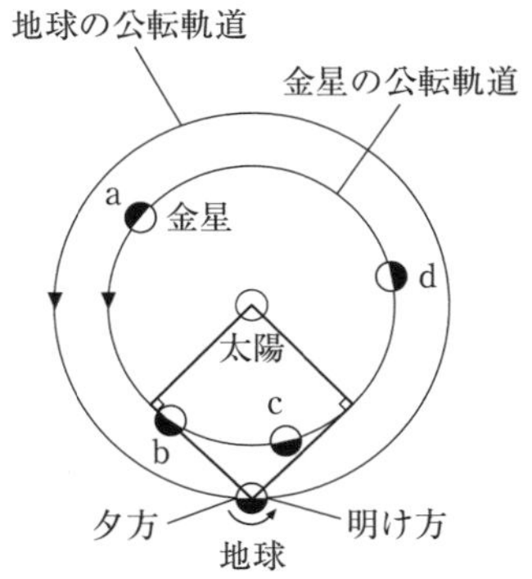

理科 入試にチャレンジ

1 (1) 火山噴出《ふんしゅつ》物
(2) ① **イ** ② **ア**

2 (1) 1.8 (2) 比例 (3) 900

3 (1) 受精 (2) **エ** (3) 3：1
(4) **エ**

4 (1) $CuCl_2 \longrightarrow Cu^{2+} + 2Cl^-$
(2) 水にとけやすい性質
(3) 小さくなる。

解説

1 (1) 火口から出た火山灰，火山ガス，溶岩《ようがん》，火山弾《かざんだん》，火山れきなど，火山から噴出されたものをまとめて**火山噴出物**という。

(2) ① 粘土《ねんど》やごみを水で洗い流し，鉱物を観察しやすくする。

② カンラン石は緑かっ色で，丸みのある不規則な形の小さい粒《つぶ》である。セキエイは無色か白色で，不規則に割れる。キ石は暗緑色で，短い柱状をしている。チョウ石は白色で，決まった方向に割れる。

2 (1) **電力〔W〕＝電圧〔V〕×電流〔A〕**

$= 3\,V \times 0.6\,A = 1.8\,W$

(2) 電熱線の長さが2倍になると，電流の大きさが2分の1になっているので，抵抗が2倍になっていることがわかる。よって，電熱線の長さが2倍になると抵抗が2倍になるので，比例しているといえる。

(3) 抵抗を並列につなぐと，どちらの抵抗にも電源の電圧と同じ大きさの電圧が加わる。よって，図2では，どちらの電熱線にも3Vの電圧が加わるので，電熱線aには600mA，電熱線bには300mAの電流が流れる。図2の電流計には，それぞれの抵抗に流れる電流が合流した大きさの電流が流れるので，電流計の示す値は，

$600\,mA + 300\,mA = 900\,mA$

別解 電熱線aの抵抗の大きさは，

$$\frac{3\,V}{0.6\,A} = 5\,\Omega$$

電熱線bの抵抗の大きさは，

$$\frac{3\,V}{0.3\,A} = 10\,\Omega$$

図2の回路全体の抵抗の大きさをR〔Ω〕とすると，

$$\frac{1}{R} = \frac{1}{5} + \frac{1}{10} \qquad R = \frac{10}{3}\,\Omega$$

これに，3Vの電圧を加えるので，電流計が示す値は，

$$3\,V \div \frac{10}{3}\,\Omega = 3 \times \frac{3}{10} = 0.9\,A$$

$$= 900\,mA$$

3 (1) 花粉がめしべの柱頭につくと，花粉から花粉管が胚珠《はいしゅ》に向かってのびていく。花粉管の中を精細胞が移動し，花粉管が胚珠の中の卵細胞にとどくと，花粉管の中を移動してきた精細胞の核《かく》と胚珠の中の卵細胞の核が合体する。これを**受精**という。

(2) 子葉を黄色にする遺伝子をA，子葉を緑色にする遺伝子をaとすると，親の遺伝子の組み合わせはAAとaaとなる。これが受精してできた子の遺伝子の組み合わせはすべてAaとなるので，子の世代の子葉はすべて黄色となる。

(3),(4) 子の世代のAaどうしの交配では，遺伝子の組み合わせが右表のようになる。

	A	a
A	AA	Aa
a	Aa	aa

AAとAaは黄色，aaは緑色となるので，黄色：緑色＝3：1となる。また表からもわかるように，全体の4分の3がaの遺伝子をもつので，

$$8000 \times \frac{3}{4} = 6000\text{個}$$

4 (1) 塩化銅の化学式は$CuCl_2$。これが電離すると，Cu^{2+}が1個，Cl^-が2個生じる。

(2) 気体Xは塩素で，水にとけやすいので，水上置換《ちかん》法ではあまり集められない。

(3) 電流を流し続けると，塩素と銅ができる一方，電解質の塩化銅が減るため，だんだんと電流の大きさが小さくなっていく。

1日目 世界と日本の姿，人々の生活と環境《かんきょう》

整理しよう

1 (1) ヨーロッパ (2) 中国《ちゅうごく》
(3) オセアニア
(4) ① イギリス ② 180 (5) 7

2 (1) 択捉島《えとろふとう》 (2) 沖ノ鳥島《おきのとりしま》
(3) ① 200 ② 排他的《はいたてき》経済水域

3 (1) イヌイット[イヌピアット]
(2) ① 温帯《おんたい》 ② 熱帯《ねったい》 (3) タイガ
(4) アルパカ
(5) ① イスラム ② ヒンドゥー

定着させよう

1 (1) 北 (2) ユーラシア大陸
(3) 大西洋《たいせいよう》
(4) a…オーストラリア
b…ニュージーランド

2 (1) 例 (冬場の暖房《だんぼう》の熱によって)凍《こお》った土[永久凍土《とうど》]がとけて地盤《じばん》がゆるみ，住居が傾《かたむ》くことを防ごうとしている。
(2) **ア**

解説

1 (1) 地図の外周が赤道にあたる。Dの北アメリカ大陸などが見られることから，北半球と判断できる。
(2) ユーラシアは，ヨーロッパとアジアを組み合わせてつくられた地名である。ヨーロッパ州は大陸の西側，アジア州は東側に位置する。
(3) Bのアフリカ大陸とCの南アメリカ大陸は，大西洋をはさんで向き合っている。大西洋は太平洋《たいへいよう》に次いで大きな海洋。
(4) a…オーストラリアは1つの大陸が国となっていて，国土も排他的経済水域も広い。b…ニュージーランドは日本と同じ島国(海洋国)で，国土面積に比べて排他的経済水域が広い。

2 (1) ヤクーツクは冷帯《れいたい》(亜寒帯《あかんたい》)に属し，冬の気温は非常に低いが夏には比較《ひかく》的気温が上がる。この地域には，地中の深くまで1年中温度が0℃以下のままの凍った土(**永久凍土**)が広がる。暖房のほか，温暖化の影響《えいきょう》で建物が傾く例も見られる。
(2) **ゲル**とよばれる組み立て式の住居，ヤギなどの家畜が見られることからAのモンゴル高原とわかる。Bは**グレートプレーンズ**を示し，**ウ・エ**の**フィードロット**の説明があてはまる。

2日目 世界のさまざまな地域

整理しよう

1 (1) 季節風《きせつふう》[モンスーン]
(2) サヘル (3) ヒスパニック
(4) アボリジニ

2 (1) 経済特区《けいざいとっく》
(2) 情報通信技術[ICT]
(3) 地中海《ちちゅうかい》式農業 (4) ユーロ
(5) プランテーション (6) 多国籍《たこくせき》
(7) 大豆
(8) ① 露天掘《ろてんぼ》り ② 鉄鉱石
(9) 羊

定着させよう

1 (1) **ア**
(2) ブラジル…**イ**
ニュージーランド…**エ**

2 (1) 高い国…イギリス
低い国…オーストラリア
(2) A…**ア**，B…**ウ**
(3) タイ…**エ**，中国《ちゅうごく》…**ウ**

解説

1 (1) 暖流の**北大西洋海流**《きたたいせいよう》と**偏西風**《へんせいふう》が寒さをやわらげるため，ヨーロッパ西部では緯《い》度《ど》が高いわりに気候が温暖となっている。
(2) ブラジルは鉄鉱石の世界有数の産出国であり，アマゾン川流域の**熱帯林**《ねったいりん》を切り

開いてつくった畑で大豆の栽培《さいばい》がさかんなことから，**イ**とわかる(ブラジルは世界一の大豆輸出国)。ニュージーランドでは羊や牛の飼育がさかんなことから，酪農品《らくのうひん》や肉類が上位にある**エ**とわかる。**ア**はコートジボワール，**ウ**はカナダ。

2 (1) 人口密度＝人口÷面積。この式で計算すると，約283人/km^{2}のイギリスが最大，約3人/km^{2}のオーストラリアが最小となる。

(2) いずれも中国が最大なので，その他の国で判断する。Aはアジア州のタイが多いことから米，Bはアメリカ合衆国が多いことから小麦。茶も中国の生産量が世界一だが，その他の上位国はインド・ケニア・スリランカなどである。オリーブはスペインやイタリアなど，コーヒー豆はブラジルなどで生産量が多い。

(3) タイは**ASEAN**《アセアン》(東南アジア諸国連合)の設立当初からの加盟国。工業団地を建設し，外国企業《きぎょう》を積極的に誘致《ゆうち》することで工業化を進めた。中国も経済特区で外国企業の受け入れを進めてきた。また沿海部と内陸部の経済格差を縮めるため，西部大開発を行っている。**ア**はイギリス，**イ**はアメリカ合衆国，**オ**はオーストラリア。

3日目 日本のさまざまな地域

整理しよう

1 (1) ① 梅雨《つゆ》 ② 台風《たいふう》

(2) さんご礁《しょう》

(3) ① 少子化 ② 高齢化《こうれいか》

(4) 多文化[多文化共生]

2 (1) シラス(台地) (2) 扇状地《せんじょうち》

(3) 養殖《ようしょく》漁業[養殖業] (4) 酪農《らくのう》

(5) (石油化学)コンビナート

(6) 中京《ちゅうきょう》 (7) 伝統的

(8) 再生可能

定着させよう

1 (1) オホーツク

(2) 記号…㋒，県名…長野県

(3) リアス海岸 (4) **ア**

(5) 理由…例 日本は石油を輸入にたよっていて，船で外国から運び入れるため。

名称…太平洋《たいへいよう》ベルト

(6) 茶 (7) **ウ**

解説

1 (1) オホーツク海は，日本列島の周辺で冬に海水が凍《こお》るただ1つの海。北海道東岸には1月から2月にかけて**流氷**《りゅうひょう》が接近する。

(2) **フォッサマグナ**は関東《かんとう》地方と中部《ちゅうぶ》地方にまたがる大きなみぞ状の地形で，その西《せい》端《たん》は新潟県糸魚川《いといがわ》市と静岡県静岡市を結んでいる。

(3) 山地が沈《しず》みこんだりすることで谷に海水が入りこんでリアス海岸ができる。多くの入り江と湾《わん》が連続し，天然の漁港が発達することが多い。Bの志摩《しま》半島では真《しん》珠《じゅ》などの養殖場として利用されている。

(4) 銚子《ちょうし》(千葉県)，焼津《やいづ》(静岡県)，釧路《くしろ》(北海道)，境《さかい》(鳥取県)などの主要漁港が示されている。**イ**・**ウ**は太平洋ベルトを中心に，**エ**は東京・成田《なりた》・千歳《ちとせ》などに分布する。

(5) 資料1から，日本は石油の100%近くを輸入にたよっていることがわかる。また，石油は外国から船で輸入しているため，石油の輸入に便利な臨海部に石油化学コンビナートが立地することになった。

(6) 茶の生産は，鹿児島県や静岡県，三重県で多い。他に温暖な地域でよく問われる作物にみかんがあるが，みかんは和歌山県や愛媛県，静岡県で生産が多い。

(7) 北海道の割合が高い**ア**は畜産《ちくさん》，東北《とうほく》の割合が高い**イ**は米，関東の割合が高い**エ**は野菜，残る**ウ**が果実となる。東北では青森県のりんご，福島県のももなど，果実の栽培《さいばい》も比較《ひかく》的さかんである。

4日目 文明のおこり～古代

整理しよう

1 (1) 新人[ホモ・サピエンス]
(2) 象形《しょうけい》[神聖] (3) シャカ[釈迦《しゃか》]
(4) 秦《しん》

2 (1) たて穴 (2) 高床《たかゆか》 (3) 邪馬台国《やまたいこく》
(4) 大和《やまと》[ヤマト]

3 (1) 十七条《じゅうしちじょう》の憲法 (2) 大化《たいか》
(3) 大宝律令《たいほうりつりょう》 (4) 口分田《くぶんでん》 (5) 聖武《しょうむ》
(6) 平安京《へいあんきょう》 (7) 空海《くうかい》 (8) 摂関《せっかん》
(9) 浄土《じょうど》

定着させよう

1 (1) かな (2) **エ** (3) 大王《おおきみ》《だいおう》
(4) **ア**，**エ**

2 (1) 飛鳥《あすか》文化
(2) ① 平城京《へいじょうきょう》
② 例《へいぜい》 都には東大寺《とうだいじ》を建てて大仏をつくらせ，国ごとには国分寺《こくぶんじ》と国《こく》分尼寺《ぶんにじ》を建てさせた。

解説

1 (1) 漢字の草書体からつくられたひらがな(おもに女性に用いられた)と，漢字の「へん」や「つくり」などから発達したかたかながある。

(2) メソポタミア文明でくさび形文字が使われた。**ア**の流域では**象形文字**(神聖文字)，**イ**の流域では**甲骨《こうこつ》文字**，**ウ**の流域では**インダス文字**が発明された。

(3) 大王は，奈良盆地《ぼんち》などの豪族《ごうぞく》たちが連合してつくった**大和政権**(ヤマト王権)の頂点に立っていた。埼玉県の稲荷山《いなりやま》古墳から大王の名が刻まれた鉄剣《てっけん》が出土したことで，関東《かんとう》地方にも大和政権の勢力が広がっていたことがわかる。

(4) **エ**の坂上田村麻呂《さかのうえのたむらまろ》は，平安京がつくられてまもない8世紀末に，桓武《かんむ》天皇により征夷大将軍《せいいたいしょうぐん》に任じられた。**ア**は9世紀初めで，唐《とう》で仏教《ぶっきょう》を学んで帰国した最澄《さいちょう》が，天台宗《てんだいしゅう》を広めた。**イ**は飛鳥時代，**ウ**は奈良時代。

2 (1) 7世紀前半，都のあった飛鳥を中心に，仏教をもとにした文化が栄えた。このころ，政治のよりどころとして，仏教が重んじられた。

(2) ① 朱雀大路《すざくおおじ》を中心に左右対称のつくりで，**碁盤《ごばん》の目状**に道路が整備されていた。
② Xには東大寺《とうだいじ》があてはまる(東大寺は全国の国分寺の中心となる総国分寺)。国分寺・国分尼寺は聖武天皇《てんのう》の詔《みことのり》によって，国ごとにつくられた。

5日目 中世～近世

整理しよう

1 (1) 院政《いんせい》 (2) 平清盛《たいらのきよもり》 (3) 地頭《じとう》
(4) 執権《しっけん》 (5) 元寇《げんこう》[蒙古襲来《もうこしゅうらい》]
(6) 建武《けんむ》の新政 (7) 勘合《かんごう》 (8) 下剋上《げこくじょう》

2 (1) 楽市《らくいち》・楽座《らくざ》 (2) 刀狩《かたながり》
(3) わび茶[茶道《さどう》，茶の湯]
(4) 長崎《ながさき》 (5) 元禄《げんろく》 (6) 徳川吉宗《とくがわよしむね》
(7) 田沼意次《たぬまおきつぐ》 (8) 松平定信《まつだいらさだのぶ》
(9) 解体新書《かいたいしんしょ》 (10) 天保《てんぽう》
(11) 俳諧《はいかい》[俳句]

定着させよう

1 (1) **イ→ウ→ア**
(2) 御成敗式目《ごせいばいしきもく》[貞永《じょうえい》式目]
(3) ① 足利義政《あしかがよしまさ》
② 例 下位の者が上位の者に打ち勝ち，地位を奪《うば》うこと。
(4) 千利休《せんのりきゅう》

2 (1) **エ** (2) 徳川家光《いえみつ》
(3) 例 田沼意次は株仲間《かぶなかま》の営業権を認めたのに対し，水野忠邦《みずのただくに》は株仲間の解散を命じた。
(4) 工場制手工業《こうじょうせいしゅこうぎょう》
[マニュファクチュア]

解説

1 (1) **イ**は935年，**ウ**は1159年，**ア**は1192年。

(2) 執権の北条泰時《ほうじょうやすとき》が1232年に定めた，初めての武家《ぶけ》独自の法律である。

(3) ① 足利義政は応仁《おうにん》の乱以降の混乱に背を向けて，銀閣《ぎんかく》などの文化・芸能に没頭《ぼっとう》した。

② 戦国大名《せんごくだいみょう》の中には，守護《しゅご》大名の地位を奪って実権をにぎった者もいた。戦国大名は領国支配のために**分国法**を定めた。

(4) わび茶は小さな茶室で静かにたしなむ茶道である。

2 (1) **ア**は律令制《りつりょうせい》の下《もと》，地方の政治を行った。**イ**は鎌倉幕府《かまくらばくふ》で将軍を補佐《ほさ》した。**ウ**は鎌倉幕府などで，地方の国の軍事や警察の仕事についた。

(2) 徳川家光は大名に対して，1年おきに領地と江戸《えど》を往復させた。

(3) 株仲間に対する政策は，田沼意次は商工業の振興《しんこう》，水野忠邦は物価の抑制《よくせい》が目的である。

(4) 商人が原料や道具などを農民に貸して，できた製品を買い取る問屋制家内工業《といやせいかないこうぎょう》と区別する。

6日目 近代〜第一次世界大戦

整理しよう

1 (1) 人権宣言　(2) アヘン

(3) ペリー　(4) 大政奉還《たいせいほうかん》

2 (1) 版籍《はんせき》奉還　(2) 学制《がくせい》

(3) ① 富国《ふこく》　② 殖産《しょくさん》

(4) 西南《せいなん》戦争

(5) ① 自由党《じゆうとう》　② 立憲改進党《りっけんかいしんとう》

(6) 伊藤博文《いとうひろぶみ》

(7) ① 下関《しものせき》　② 三国干渉《さんごくかんしょう》　(8) 日露《にちろ》

3 (1) 吉野作造《よしのさくぞう》　(2) 米騒動《こめそうどう》

(3) 国際連盟《こくさいれんめい》

(4) ① 25　② 治安維持法《ちあんいじほう》

定着させよう

1 (1) **エ**

(2) 例 （幕府《ばくふ》が従来の方針をかえて）朝《ちょう》廷《てい》に報告し，諸大名《しょだいみょう》に意見を求めた（から。）

(3) 徴兵令《ちょうへいれい》　(4) **ア**

2 (1) **エ→ア→ウ→イ**

(2) Ⅱ…**エ**，Ⅲ…**ア**

(3) 例 納税額による選挙権の制限が廃《はい》止《し》されたから。

解説

1 (1) **ア**は1851年から，**イ**は1857年から，**ウ**は1840年から，**エ**は1911年から。**エ**のみが20世紀である。

(2) それまで外交は幕府が独断で決めていたが，老中《ろうじゅう》は慣例を破って幅《はば》広く国防に対する意見を求めた。

(3) 新たに兵役《えいえき》を課せられた平民《へいみん》だけでなく，戦いは武士《ぶし》の特権・義務と考える士族《しぞく》からも，徴兵令に反対する声が上がった。

(4) 陸奥宗光《むつむねみつ》は，日清《にっしん》戦争の開戦直前に領《りょう》事《じ》裁判権の撤廃《てっぱい》に成功した。**エ**の小村《こむら》寿太郎《じゅたろう》は，1911年に**関税自主権の回復**に成功した人物。

2 (1) **エ**は1868年，**ア**は1881年，**ウ**は1885年，**イ**は1890年。**自由民権《じゆうみんけん》運動**に関しては，国会開設の決定から政党の結成，内閣制度の創設，憲法制定，帝国議会開会への流れをおさえておく。

(2) Ⅱでは日清《にっしん》戦争に勝って下関条約を結んだ日本に対し，ロシアがドイツとフランスを誘《さそ》い，遼東《りょうとう》《リアオトン》半島を清に返すよう求めたので**エ**。Ⅲではロシアの南下に危機感をもったイギリスが，日本と同盟を結んだので**ア**。Ⅰは**ウ**，Ⅳは**イ**があてはまる。

(3) 1925年，満25歳《さい》以上のすべての男子に衆議院《しゅうぎいん》議員の選挙権をあたえる**男子普通《ふつう》選挙**が実現した。

7日目 第二次世界大戦～現代

整理しよう

1 (1) ニューディール　(2) 満州事変《まんしゅうじへん》
(3) 五《ご》・一五《いちご》　(4) 日中《にっちゅう》
(5) 国家総動員法

2 (1) 日独伊三国《にちどくいさんごく》同盟
(2) ① 勤労動員　② 疎開《そかい》
(3) 沖縄(県)

3 (1) 財閥《ざいばつ》　(2) 冷戦[冷たい戦争]
(3) 朝鮮《ちょうせん》　(4) サンフランシスコ平和
(5) 阪神《はんしん》・淡路《あわじ》

定着させよう

1 (1) **ア**
(2) 例 軍部の政治的発言力が強まった。
(3) **ウ**　(4) ポツダム　(5) **イ**
(6) **ウ**　(7) **エ→ア→ウ→イ**

解説

1 (1) 満州事変が起こると，国際連盟《こくさいれんめい》はリットン調査団を派遣《はけん》し，その調査報告をもとに，1933年，満州国を独立国と認めないこと，日本軍は占領地《せんりょうち》から撤兵《てっぺい》することを勧告《かんこく》した。日本はこれに反発して**国際連盟の脱退《だったい》**を通告した。

(2) 反乱は鎮圧《ちんあつ》されたが，軍国主義が高まり，軍備の増強がおし進められていった。

(3) X…1940年に日本・ドイツと**日独伊三国同盟**を結んだイタリアである。
Y…アメリカ・イギリス・中国《ちゅうごく》とともに，日本を経済的に孤立《こりつ》させるための「ABCD包囲網《もう》」を形成したオランダである。

(4) 連合国が日本の無条件降伏《こうふく》や民主主義の復活などを求めた宣言である。

(5) **ア**は農地改革と同時に行われた経済の民主化。**ウ**は大正《たいしょう》～昭和《しょうわ》時代に多発した農民運動。**エ**は明治維新《めいじいしん》で行われた税制改革。

(6) サンフランシスコ平和条約で日本は独立を回復する一方，**日米安全保障条約**によってアメリカ軍が引き続き日本国内に駐留《ちゅうりゅう》することとなった。**ア**は1966年，**イ**は1948年，**エ**は1978年。

(7) **エ**は1964年，**ア**は1968年，**ウ**は1973年，**イ**は1990年代の初め。

8日目 政治

整理しよう

1 (1) ① グローバル　② 国際分業
(2) ① 科学　② 宗教

2 (1) ① 世界人権宣言
② 国際人権規約
(2) 国民主権
(3) ① 社会権　② 自由権

3 (1) 普通《ふつう》選挙　(2) 世論《せろん》《よ》
(3) 内閣総理大臣　(4) 国事行為《こくじこうい》
(5) 公務員
(6) ① 刑事《けいじ》裁判　② 起訴《きそ》
(7) 地方交付税《ちほうこうふぜい》(交付金)

定着させよう

1 (1) 勤労の義務[子どもに普通教育を受けさせる義務]
(2) 原理…公共の福祉《ふくし》
A…**ウ**，B…**イ**，C…**ア**
(3) **ウ**
(4) A…例 得票に応じて各政党へ議席を配分
B…秘密

解説

1 (1) 社会生活を支えるために，国民には果たすべき義務がある。なお勤労は，国民にとって義務であると同時に権利でもある。

(2) 公共の福祉は個々人の利益を調整したり，社会全体の利益をはかる原理である。
A…景観や安全の面から，建築物の種類

や高さが制限されることがある(建築基準法など)。

B…表現の自由は保障されているが，他人の名誉《めいよ》やプライバシーを侵害《しんがい》することは許されない(刑法《けいほう》など)。

C…公務員の労働基本権は，団結権以外の多くの部分が制限されている(国家公務員法，地方公務員法)。なお，警察職員や消防職員などは団結権も認められていない。

(3) 特別会《とくべつかい》は，衆議院《しゅうぎいん》の解散後の総選挙の日から30日以内に召集《しょうしゅう》される。**ア**は毎年1回，1月中に召集される。**イ**は内閣，あるいはいずれかの議院の総議員の4分の1以上の要求がある場合に召集される。**エ**は衆議院の解散中に緊急《きんきゅう》の必要が生じたときに召集される。

(4) A…投票用紙にも，政党名などを書くことが示されている。比例代表制《ひれいだいひょうせい》では，小さな政党でも議席を獲得《かくとく》しやすいため多党制が生まれやすい。

B…だれがどの政党や候補者に投票したのかを，他人に知られないようにしている。

9日目 経済

整理しよう

1 (1) 労働力
(2) ① 給与《きゅうよ》所得
② 事業所得
(3) 流通の合理化

2 (1) ① 配当《はいとう》 ② 株主《かぶぬし》総会
(2) 利子《りし》[利息《りそく》]
(3) ① 労働組合 ② 労働基準
(4) 景気

3 (1) ① 所得税《しょとくぜい》 ② 消費税《しょうひぜい》
(2) 国債《こくさい》
(3) 日本銀行 (4) 介護《かいご》保険
(5) 循環《じゅんかん》型

定着させよう

1 (1) ① **エ** ② 累進《るいしん》課税(制度)
(2) **ア** (3) 組合
(4) 景気
(5) 例 預金の利子率よりも，貸し出しの利子率を高く設定する(25字)
(6) 社会保険

解説

1 (1) ① 労働力の対価として企業《きぎょう》から支払《しはら》われるものは，**賃金**である。3つの経済主体を軸《じく》として，経済は循環《じゅんかん》している。

(2) 第三次産業は物を販売《はんばい》するだけでなく，医療《いりょう》・情報・サービスなどの提供も行う。日本の産業は第三次産業・第二次産業・第一次産業の順にさかんで，第三次産業の生産額は約7割をしめている。

(3) 労働組合は賃金・労働時間などについて，企業と話し合って労働条件の改善をはかる。ただし，労働組合に加入する労働者の比率は低下し続けている。労働基準法のほか，労働組合法，労働関係調整法を合わせて労働三法とよぶ。

(4) 市場経済における自由な経済活動の中では，景気が良くなったり，悪くなったりする**景気変動**が起こる。好況《こうきょう》や不況《ふきょう》へ行き過ぎないように，政府の財政政策や日本銀行の金融《きんゆう》政策が行われる。

(5) 銀行は預金者には利子を支払い，貸し出し先から利子を受け取る。貸し出し金利は預金金利より高く設定され，その差が銀行の収入になる。

(6) **社会保険**は，病気やけがをしたときに医療費の一部が支払われる医療(健康)保険，介護が必要になったときに介護サービスを受けられる**介護保険**などから成り立っている。

10日目 国際社会

整理しよう

1 (1) ① 条約　② 国際慣習法
(2) ① 常任《じょうにん》理《り》事《じ》国《こく》　② 拒否《きょひ》
(3) ① 冷戦[冷たい戦争]　② テロ
(4) UNHCR

2 (1) ① ODA　② NGO
(2) WTO　(3) フェアトレード

3 (1) リサイクル　(2) 持続可能
(3) ① 温室効果　② 京都議定書
(4) オゾン

定着させよう

1 (1) ① 安全保障理事会　② **イ**
(2) 核《かく》拡散防止条約
[核兵器不拡散条約，NPT]
(3) 難民

2 (1) 関税
(2) A…**イ**，B…**エ**
(3) 例 将来の世代によりよい生活を引きついでいける(ような社会)

解説

1 (1) ① 安全保障理事会は世界の平和と安全の維持《いじ》に責任を負い，平和を脅《おびや》かすような事態が起こると経済封鎖《ふうさ》・軍事的措置《そち》などの制裁を決定する。
② **ア**の「非核三原則」は日本の国会で決議された日本の方針。**ウ**の総会では，各国はそれぞれ1票の投票権を持ち，多数決で議決される。重要問題についての決定は3分の2の多数を必要とする。

(2) アメリカ・ソ連(現在のロシア)・イギリス・フランス・中国《ちゅうごく》以外の国々が核兵器を持つことを禁じた。非核保有国は，核開発を行っていないことを証明するために，**国際原子力機関**(IAEA)の査察を受ける義務がある。

(3) 特にアフリカや西アジアで，多くの人々が紛争《ふんそう》などによって自分の住んでいた土地をはなれ，難民となっている。

2 (1) 世界各国が，関税をかけたり輸入禁止をしたりすることで，国内の産業を保護している。経済連携《れんけい》をめざす協定として自由貿易協定(FTA)や経済連携協定(EPA)があげられる。

(2) **ア・ウ**はリデュース(ごみの減量)にあてはまる。リユースは再利用，リサイクルは再生利用を意味する。

(3) 持続可能な社会の実現のためには，1.将来世代の必要を満たす能力を損《そこ》なわないこと(世代間の公平)，2.世界の貧しい人々の必要を満たすことを優先すること(世代内の公平)，3.環境《かんきょう》が持つ能力の限界を守ること(自然と人間の調和)が求められる。そのために，2015年の国連サミットで**持続可能な開発目標**(**SDGs**《エスディージーズ》)が採択され，2030年までに達成すべき17の目標が設定された。また，これに関連して，発展途上国の貧困《ひんこん》問題を解決するための試みとして，先進国の人々が途上国の農産物や製品を公正な価格で購入《こうにゅう》することで人々の生活を支援《しえん》する**フェアトレード**(公正貿易)が注目されている。

社会 入試にチャレンジ

1 (1) **ウ**
(2) アルプス・ヒマラヤ造山帯《ぞうざんたい》
(3) **ア**　(4) インダス文明
(5) 兵庫県　(6) 広島市　(7) **ウ**

2 (1) **ウ**
(2) ① 基本的人権の尊重
② **エ**
③ 例 所得の低い人ほど所得にしめる税負担の割合が高くなる
(3) **イ**
(4) 例 安定した歳入《さいにゅう》が得られること。
(5) D→C→A→B

解説

1 (1) 緯線《いせん》は0度の赤道《せきどう》が最も長い。同じ経《けい》度《ど》の幅《はば》にあたる3本の緯線を比較《ひかく》すると，赤道を示すEFが最も長くなる。

(2) ヨーロッパ州にはアルプス山脈，アジア州にはヒマラヤ山脈が示されている。アルプス・ヒマラヤ造山帯では地盤《じばん》が隆起《りゅうき》して高くけわしい山脈が形成され，地震《じしん》や火山の活動が活発である。

(3) Gの中国《ちゅうごく》では，沿海部のシェンチェンやアモイなど5か所に，外国企業《きぎょう》を受け入れる**経済特区《けいざいとっく》**が設けられた。Hのインドはかつてイギリスの**植民地**だったため，英語を話す人口が多く，アメリカ合衆国などに本社を置く情報通信技術(ICT)産業が進出している。また，数学の教育水準が高いことも有利にはたらいている。

(4) インダス川流域で，紀元前2500年ごろから，上下水道などの公共施設《しせつ》を整備した計画都市が生まれた。

(5) 兵庫県明石《あかし》市には，日本の**標準時《ひょうじゅんじ》**を示す時計塔《とう》が置かれている。

(6) 広島市は1945年に原子爆弾《げんしばくだん》を投下されたことから，平和記念都市として世界の平和を求める運動を続けている。

(7) 瀬戸内《せとうち》工業地域には水島《みずしま》(岡山県倉敷《くらしき》市)や周南《しゅうなん》(山口県)などに石油化学コンビナートが発達しているため，化学工業の割合が比較的高い。**ア**は食料品の割合が比較的高い北九州《きたきゅうしゅう》工業地域，**イ**は機械工業が中心の中京《ちゅうきょう》工業地帯。

2 (1)「普通《ふつう》選挙法」が成立したのは**大正《たいしょう》デモクラシー**のころの1925年。「納税額による制限が廃止《はいし》された」とあることから考える。選挙権は「直接国税を3円以上納《おさ》める満25歳《さい》以上の男子」から「満25歳以上の男子」に拡大された。女性に参政権が認められたのは戦後の1945年で，選挙権は「満20歳以上の男女」にあたえられることになった。

(2) ① 日本国憲法は，**国民主権**，**平和主義**，**基本的人権の尊重**の3つを基本的な原理としている。資料1はこの基本的人権のうち**自由権**について述べている。

② 憲法は国家の最高法規なので，法律はすべて憲法に違反《いはん》してはならない。裁判所は具体的な事件の裁判を通して，法律が憲法に違反していないかどうかを審《しん》査《さ》する(**違憲審査制《いけんしんさせい》**)。地方公共団体の制定した条例《じょうれい》，行政《ぎょうせい》機関の発した命令や行った処分などに対しても同様である。**ア**は資料2中の国会から裁判所に対する抑制《よくせい》，**イ**は内閣の国会に対する抑制，**ウ**は国会の内閣に対する抑制である。

③ 消費税《しょうひぜい》に代表される間接税は，所得に関係なく，同じ金額の商品を購入《こうにゅう》したら同じ金額の税金を負担しなければならない。このため，所得の少ない人ほど所得にしめる税負担の割合が大きくなる。この傾向《けいこう》を逆進性という。

(3) 日露戦争後の**ポーツマス条約**では，次の内容が定められた。

1. ロシアは韓国《かんこく》における日本の優越《ゆうえつ》権を認める。
2. ロシアは遼東《りょうとう》《リアオトン》半島の租借権《そしゃくけん》を日本にゆずる。
3. ロシアは長春《ちょうしゅん》《チャンチュン》・旅順《りょじゅん》《リュイシュン》(大連《だいれん》《ターリエン》の西にある港)間の鉄道と，鉄道に付属する土地や炭坑《たんこう》などの権利を日本にゆずる。
4. ロシアは北緯《ほくい》50度以南の樺太《からふと》を日本にゆずる。
5. ロシアは沿海州《えんかいしゅう》沿岸の漁業権を日本にあたえる。

このうち3で得た利権をもとに，南満州《みなみまんしゅう》鉄道株式《かぶしき》会社(満鉄《まんてつ》)が発足《ほっそく》した。

(4) 明治《めいじ》政府は富国強兵《ふこくきょうへい》を実現するために，安定した歳入を得る必要があった。1873年から実施《じっし》された地租《ちそ》改正では，収《しゅう》穫高《かくだか》ではなく**地価**を基準にして税をかけたため，作況《さっきょう》によって収入が変動しなくなった。

(5) Dは1876年から，Cは1904年から，Aは1925年，Bは1947年。なお，大日本帝国憲法においても納税は国民の義務であった。

1日目　漢字——読み書きと知識

整理しよう

1 (1) ひんぱん　(2) はあく
(3) きんこう　(4) たずさ
(5) おもむ　(6) とどこお

2 (1) 演奏　(2) 価値　(3) 簡単
(4) 耕　(5) 届

3 エ

4 イ

5 七（画目）

定着させよう

1 (1) じゅんかん　(2) ふんがい
(3) ざんじ　(4) けいだい
(5) もよお　(6) おお
(7) ぬぐ　(8) めぐ

2 (1) 候補　(2) 展望　(3) 専門
(4) 営　(5) 垂　(6) 養　(7) 借

3 エ

4 ウ

5 ウ

解説

3 「礼」と**エ**「祈」は「しめすへん」。**イ**「折」は「てへん」，**ウ**「析」は「きへん」。

4 「夢」は十三画。**ア**「設」は十一画，**イ**「雑」は十四画，**ウ**「絹」は十三画，**エ**「程《ほど》」は十二画。

5 **ウ**「花」のかんむり（艹）の筆順は，楷書《かいしょ》と行書とでは以下のように変わる。

楷書：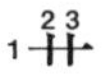

行書：

2日目　熟語の成り立ち／ことわざ・慣用句

整理しよう

1 (1) ① **イ**　② **ウ**　③ **イ**
(2) ① 両　② 一　③ 刀　④ 音

2 (1) **ウ**　(2) **ア**

3 (1) 首　(2) 口　(3) 足

定着させよう

1 (1) **エ**　(2) **ウ**　(3) **イ**　(4) **ウ**

2 **エ**

3 (1) **ウ**　(2) **エ**

4 (1) **エ**　(2) **ア**

解説

1 (1)「通園」は，動詞＋目的・対象。
(2)「疎密《そみつ》」は，意味が対《つい》になっている。
(3)「歓喜《かんき》」は，意味が似ている。
(4)「黙読《もくどく》」は，上の字が下の字を修飾《しゅうしょく》している。

2 **ア**「清廉潔白《せいれんけっぱく》」は，心が清らかで，私欲がないこと。**イ**「我田引水《がでんいんすい》」は，自分の都合のよいように，物事を運ぶこと。**ウ**「森羅万象《しんらばんしょう》」は，あらゆる物や現象のこと。**エ**「順風満帆《じゅんぷうまんぱん》」は，物事が順調に運ぶこと。

3 (1) **イ**「果報は寝《ね》て待て」は，幸運は自然にやって来るのを待つのがよいという意味。
(2) **ウ**「頭角を現す」は，才能や技量が人よりもすぐれていることが目立ってくるという意味。

4 (1) **エ**「たかをくくる」は，大したことはないと見くびるという意味。
(2) **ア**「絵に描《か》いた餅《もち》」は，役に立たないもののたとえ。

3日目 文の成分と組み立て／自立語

整理しよう

1 父は／テーブルで／新聞を／読んで／いる。
九(個)

2 (1) **イ** (2) **エ** (3) **ア**

3 (1) **イ** (2) **ウ** (3) **ア**

4 (1) 活用の種類…カ行変格活用
活用形…連用形
(2) 活用の種類…下一段活用
活用形…未然形

定着させよう

1 **ウ**

2 思い出が

3 **ウ**

4 **ウ**

5 活用の種類…上一段活用
活用形…連体形

解説

1 まず文節に区切ると，「本は／あまり／読みません」となる。「読みません」は，単語「読む」＋「ます」＋「ん」から成る。

2 この町には，（修飾部） 私が友人と過ごした頃《ころ》の（修飾部）
思い出が（主語） たくさん（修飾語） あります。（述語）

3 **ア**「青い」「空を」，**エ**「新型の」「飛行機だ」は修飾《しゅうしょく》・被《ひ》修飾の関係。**イ**「高く」「速く」は並立《へいりつ》の関係で，ともに「飛んで」を修飾する。**ウ**「いるのは」の「いる」は「飛んで」に**意味を添《そ》える補助動詞**。

4 「大きな」と**ウ**「たいした」は連体詞。**ア**「きっと」は副詞。**イ**「穏《おだ》やかな」は形容動詞。**エ**「小さい」は形容詞。

5 「生きる」は「ない」をつけると，「生きない」となる。「ない」の前が**イ段**なので，**上一段活用**。動詞のあとに**「こと」が続くので，連体形**。

4日目 付属語(助動詞・助詞)／敬語・表現

整理しよう

1 (1) **イ** (2) **ウ** (3) **エ** (4) **ア**

2 (1) **イ** (2) **ア** (3) **ウ**

3 (1) **ア** (2) **ウ** (3) **イ**

4 (1) 例 難しいことだ
(2) 例 食べてもらった

定着させよう

1 (1) **エ** (2) **イ** (3) **ウ**

2 (1) 例 いらっしゃる[来られる]
(2) 例 お待ちしています[お待ちしております]
(3) 例 申しあげた[申した]
(4) 例 いただけますか[くださいますか]

3 (1) 例 託された (2) 例 取ることだ

解説

1 (1)「かけられる」と**エは受け身**。**アは尊敬**，**イ・ウは可能**。
(2)「新しいのと」と**イは体言の代用**。**アは主語**，**ウは連体修飾《しゅうしょく》語を示す**。**エは接続助詞「のに」の一部**。
(3)「思い出せない」と**ウ**「来ない」は，**「ない」を「ぬ」に置き換《か》えられるので，助動詞**。**アは形容詞**，**イは補助形容詞**，**エは形容詞「あどけない」の一部**。

2 (1) 校長先生は目上の人なので，**尊敬語**に直す。
(2) 自分の動作なので，**謙譲語《けんじょうご》**に直す。
(3)「言った」のは母で，自分の身内の者なので，**謙譲語**に直す。
(4) 自分のことなので，**謙譲語**に直す。

3 **主語の変化に着目して直す**。
(1)「託《たく》した」を「託された」に直す。
(2)「私の夢は」に対応するように，述語を「取ることだ」に直す。

5日目 小説文の読解――その1

整理しよう

1 全国大会に進む代表校に選ばれること

2 一年生たち

3 ウ

4 エ

解説

1 ――線①のあとに，「目標は北関東大会で金賞をとることじゃなく，全国大会に進む代表校に選ばれることなのである」とある。

2 風香《ふうか》たち一年生が，事前に「どんな結果が出ても大騒《おおさわ》ぎしないで行儀《ぎょうぎ》よくしているように」と言い渡《わた》されていたことに着目する。全国大会出場に落選しても，先輩《せんぱい》たちが会場内でおとなしくしていたのは，これが**部の共通の約束事**になっていたからだと考えられる。

3 角谷《かくたに》先生は，全国大会出場に落選して涙《なみだ》を流している先輩たちに「笑顔《えがお》」を向けている。「演奏は素晴《すば》らしかった」「みんなは最高の演奏をした」は，**落胆《らくたん》している先輩たちを慰《なぐさ》める言葉**である。――線③のあとの「先生だけは，今も自分の感情を抑《おさ》えているのかもしれない」から，**先生も先輩たちと同じように，落選を悔《くや》しがっているだろうと考えられる**。

4 **ア** 本文中に，体言で終わる短い文をはさんでいるところはない。**イ** 本文中では，吹奏《すいそう》楽《がく》部の一年生と先輩たちの交流は描《えが》かれていない。**ウ**「先輩たちの視点から」が誤り。「先輩たちにとって，本当に大事なのはこの後だった」「ようやく先輩たちの涙が見られた」は，先輩たちではない他者から見た描《びょう》写《しゃ》である。**エ**「レギュラーの先輩たちは嬉《うれ》しそうではあった」「あるいは先生だけは…感情を抑えているのかもしれない」のように，**風香の立場(視点)から，先輩や先生のふるまい・心情を詳《くわ》しく描いている**。

6日目 小説文の読解――その2

定着させよう

1 マラソンランナーとしての心得(14字)

2 つい数

3 ア

4 ウ

5 例 芳樹のマラソンランナーとしての能力の高さを、二人が認めていたことに、今まで気付かなかったから。(47字)

6 エ

解説

1 ――線①のあとに，「コーチ五十嵐五月女《いがらしさつき》が説くマラソンランナーとしての心得を真剣《しんけん》に聞き，心に留《とど》めようと思う」とある。

2 ――線②の**直前の部分を読み取る**。芳樹《よしき》が「すごいじゃないか」と「心底《しんてい》が震《ふる》えるような思い」をしたのは，「フルマラソンのコースを完走できる」という自信をもち，「つい数カ月前には二十キロも覚束《おぼつか》なかった自分が，四十二・一九五キロを走り通すことができる」と思ったからである。

3 「不意」は，思いがけないことという意味である。

4 直後の「鞭打《むちう》つように」に合う言葉を選ぶ。

5 芳樹が戸惑《とまど》ったのは，健吾《けんご》と久喜《くき》がともにコーチの言葉に賛同し，芳樹のマラソンランナーとしての能力を「さらりと」認めたからである。芳樹は二人がそう考えていたことに「まるで気付かなかった」とある。

6 **エ** 本文では，「しかし，今は違《ちが》う」「しかし，完走はできる」のような短い文を多用して，主人公の芳樹の感情の高まりを表現している。**ア** 会話文は多用されているが，「話の筋道を論理的に展開」する働きはしていない。**イ** 擬人法《ぎじんほう》は用いられていない。**ウ** 方言は健吾と久喜が用いていて，主人公の芳樹は用いていない。

7日目 論説文の読解――その1

整理しよう

1 A…**ウ**，B…**ア**

2 例 土の中から窒素、硫黄、リンが抜けていき、土壌が痩せていく(28字)

3 C…入っていく量
D…出て行く量

4 **エ**

解説

1 □の前後の文の関係を確認する。

A **前**：農耕はヒトが個体数を増やすための**重要な拠《よ》り所**になっている。

後：特定の土地で植物を育て続ける(農耕を続ける)と，**ある支障を来《きた》してくる**。

前後が**反対の内容**になっているので，**逆接の接続詞**が入る。

B **前**：炭素は大気中に含《ふく》まれているし，水素は水に含まれている。

後：酸素は大気と水に含まれている。

前の内容にあとの内容を**付け加えている**ので，**並列《へいれつ》・累加《るいか》の接続詞**が入る。

2 「ある支障」は，このあとで述べられるので，あとの部分の展開を読み取る。「特定の土地において継続《けいぞく》して植物を育て続けている」ときに起きる支障は，第三段落に，「作物を育てれば育てるだけ，土の中から窒素《ちっそ》，硫《い》黄《おう》，リンが消費され抜《ぬ》けていくことになる。土壌《どじょう》は徐々《じょじょ》に痩《や》せていき，いずれこれらの元素は枯渇《こかつ》する」と述べられている。

3 生き物が「物質を単に通過させているだけ」だということは，食べる物と排泄《はいせつ》される物の「成分とその量」が同じだということである。それが，「成熟した生き物は…(口から)入っていく量と，排泄物や汗《あせ》などとして身体から出て行く量がバランスしているはずだ」と述べられている。

4 「理にかなっている」は，道理に合っているという意味。――線③の直前の「身体から排出されたものを再び田畑に撒《ま》いて，次世代の作物を育てるための糧《かて》に」するというのが，日本でも「一昔前まで広く行われてきた農業のやり方」である。そうすると，野菜を口から食べて栄養を吸収し，排泄物として体外に出された栄養を田畑に返すことになる。**栄養が循環《じゅんかん》して田畑が痩せていかず，排泄物もむだにならないので，合理的なのである**。**ア**「作物に窒素や硫黄を生成させることができる」が誤り。植物は土の中に含まれている窒素・硫黄を利用しているのであって，作り出しているのではない。**イ**「おいしい作物を収穫《しゅうかく》することができる」とは，本文に書かれていない。**ウ**「環境《かんきょう》汚《お》染《せん》を防ぐことができる」とは，本文には書かれていない。

8日目 論説文の読解――その2

定着させよう

1 例 これまで知らなかった知識が、論理的に自分のもっている知識と整合的である(35字)

2 自分の頭のなかに説明の道すじが明瞭に浮かび上がっている

3 **ウ**

解説

1 ――線①の次の段落の「つまり」という接続詞のあとに,「これまで知らなかった知識を与《あた》えられ,それが論理的に自分のもっている知識と整合的であるという場合に,理解できたということになる」と,「理解できた」についての説明がまとめられている。

2 ――線②の直前の「その場合は」が指している内容を確かめる。「その場合は」は**直前の一文を指している**。

・「話題になっていることに関連した知識はほとんどもっている」

・「その話題がその知識によって解釈《かいしゃく》できない,という状態」

・「何かのヒントを得た結果,もっている知識によってその話題が完全に解釈できるということがわかったとき」

これは,〈 〉内で,「知識を得たのではなく,自分のもっている知識によって,ある状況《じょうきょう》が解釈できたという場合」と言い換《か》えられている。よって,――線②のときに人がどのような状態になっているかは,続く「そのような場合には」のあとを見ればよい。「自分の頭のなかに説明の道すじが明瞭《めいりょう》に浮《う》かび上がっている」と述べられている。

3 「その分野のことをかなり知っている人」が,「いくら説明を聞いてもわからない」場合については,――線③の段落と次の段落で一つずつ述べられている。

・「一つ考えられることは,説明のなかに出てくる用語の意味・概念《がいねん》がわからないのでわからないという場合である」

・「もう一つの場合は,…説明の言葉の意味はわかるが,その言葉で説明されている対象世界が明確にイメージできないことによっておこるわからなさである」

よって,**ウ**が正解。

9日目 詩・短歌・俳句の鑑賞《かんしょう》

整理しよう

1 a…**ア**,b…**イ**

2 (1) **エ** (2) 初句切れ

3 (1) や (2) けり

定着させよう

1 **イ**

2 (1) 季語…ひな[ひなの家]
季節…春

(2) 季語…小春
季節…冬

解説

1 「ゆふぞらにみづおとありし」は,**夕方に雨が降って,空に水の音がした**ということ。「そののちの永きしづけさよ」から,**夕顔の花が咲《さ》いたのは,水の音がしてから長く静かな時間が流れたあとだ**ということがわかる。

2 (1)「ひな」は,ひな祭りに飾《かざ》られる**ひな人形**のこと。

(2)「小春」は,**初冬の穏《おだ》やかな春のような天気**のこと。**冬の季語**なので注意する。

10日目 古典（古文・漢文）の読解

整理しよう

1 (1) いずこ　(2) **ウ**

2 (1) 五言絶句
(2) 右のとおり

(2)
看ル二
月
光ヲ一

(3) **エ**

1 【現代語訳】天気が晴れになるか雨になるかをうまく先立って言い当てられる者がいた。「あすは雪が降るだろう」と言う。（しかし）その日になっても雪は降らない。「（あすは）風が激しいだろう」と言う。（しかし）その日になっても風は吹《ふ》かない。「（これはいったい）どうしたことだ」と言うと，（天気を言い当てられるという者は，）「ここでは雪は降っていないけれども，どこかで降ったのだ。ここでは風は吹かなかったが，どこかで吹いたのだ」と言う。

2 【現代語訳】→本冊P.92下段参照。

定着させよう

1 (1) そろえて
(2) 例 鈍い馬で、まちがいがあるにちがいないと判断したから。
(3) **ウ**

2 (1) 開
(2) 例 虫の音が聞こえ、秋の気配を感じたから。（19字）

解説

1 (1) 語頭以外の「は・ひ・ふ・へ・ほ」は「わ・い・う・え・お」に直す。
(2) 馬が足を伸《の》ばして敷居《しきい》に蹴《け》りあててしまったのを見た泰盛《やすもり》は，この馬は「鈍《にぶ》くして，あやまちあるべし（鈍くて，まちがいがあるにちがいない）」と判断したから，乗らなかったのである。
(3) 泰盛が気の立っている馬や鈍い馬に乗ろうとしなかったのは，**まちがいを恐《おそ》れて用心したから**である。

【現代語訳】城陸奥守《じょうのむつのかみ》泰盛は，並ぶものがいないほどの馬乗りだった。馬を外へ引き出させたときに，（その馬が）足をそろえて敷居をひらりと越《こ》えるのを見ては，「これは気の立っている馬だ」と言って，鞍《くら》を置き換《か》えさせた。また，（別の馬は）足を伸ばして敷居に蹴りあててしまったので，「これは鈍くて，まちがいがあるにちがいない」と言って，乗らなかった。その道を極《きわ》めていない人は，これほど恐れるだろうか。

2 (1) 漢詩の[A] [B]の間にはレ点があるので，[B]→[A]の順に読む。この部分にあたる書き下し文は，「門を開きて」なので，「門」が[B]，「開」が[A]に入る。
(2) ——線部のあとに「是《こ》れ風ならず」とあり，作者が微《かす》かな涼《すず》しさを感じたのは，**風が吹いたからではないことがわかる**。前の句に「竹深く樹は密にして虫鳴く処《ところ》」とあり，竹林の中に**虫の声を聞いて秋の気配を感じたからである**。

【現代語訳】夏の夜に涼《りょう》を求める
夜でも暑く，依然《いぜん》として午後の暑さと変わらない
門を開けて外に出，しばらく月明かりの中に立つ
竹林が深く茂《しげ》っていて，虫が鳴いている
かすかな涼しさを感じたが，それは風が吹いたからではない

国語 入試にチャレンジ

1 (1) 近代の人間
(2) **エ**
(3) **ウ**
(4) 例 乱読や乱談の内容が、意識下にある関心と偶然に結びつくことをおもしろいと感じ、新しい発見をすること。(49字)

解説

1 (1)「そのこと」は，直前の「知的活動として話すことはきわめて重要なものである。ときには，文章を書く以上に価値のあることもある」を指している。このことが活字文化によってかくされてきた理由を，ⓐで示した文章から探すと，「近代の人間は，日本だけでなく，どこの国においても，活字の方が話すことばより，高級であるという考え方にとらわれている」という部分になる。

(2) **空所の前の段落から，文脈をとらえる**。「めいめいが違《ちが》った仕事，専門」をもった「数人のものがクラブのようなものをこしらえ」，集まって話をしたら，どういう「小世界」ができるかを考える。筆者は，「異業種の人ばかりの集まり」だから，「めいめいが思う存分なこと」を言い，「思考の断片《だんぺん》」や「点のような思考」をふりまくことになるという。これらは，**論理やまとまりのないもの**である。よって，**エ**「雑然たる」が適切。

(3)「三人以上が集まって話し合う，おしゃべりをする」「数人のものがクラブのようなものをこしらえる」は**具体例**である。また，「いろいろな種類のアイデンティティの星のかがやく夜空のようだ」「半分は意識下にあった関心も星のように飛び出るかもしれない」は**比喩《ひゆ》表現(直喩)**。よって，**ウ**が適切。**ア** 本文では，倒置《とうち》は使われていない。**イ**「常体」は「～だ・～である」で終わる文で，「敬体」は「～です・～ます」で終わる文。本文は一貫《いっかん》して常体が用いられている。
エ 本文では，「五音」や「七音」の和語は連続して用いられていない。

(4) 本文の要旨《ようし》をまとめる。設問文にある「乱読と乱談のそれぞれによって生じることの共通点をふくめて」という条件を手がかりにする。「五十字程度」という条件なので，45字から55字くらいの間でまとめる。
・乱読によって生じることは，第一段落に書かれている。
乱読をすると，「読む側の頭に眠《ねむ》っていた関心とひびき合う考えに，偶然《ぐうぜん》の出会いをする」。すると，「不思議な喜びを覚え」，「おもしろいと感じる」。また，「新しいものを見つけたという気がする」とある。つまり，**乱読をすると，読んだ本の内容が，意識していなかった関心とぶつかり，喜びやおもしろさを感じたり，新しい発見をしたりする**のである。
・乱談によって生じることは，第十段落に書かれている。
(2)で見たように，乱談では，さまざまな人が思う存分に話をするので，話題は雑然としたものになる。すると，「半分は意識下にあった関心も星のように飛び出」て，「それが偶然に結び合って，爆《ばく》発《はつ》するということがおこる」。**乱読と同じように，意識していなかった関心が引き出され，それらがぶつかり合って，場が盛り上がったり，新しいことを発見したりする**のである。
乱読や乱談がもたらすこのような働きを，筆者は「セレンディピティ」と呼んでいる。以上をまとめると，
①**乱読や乱談の内容が意識下にある関心と偶然に結びつく**。
②**そうすることで，おもしろいと感じるとともに，新しい発見をする**。
の二点を答えればよい。